utb 6567

Eine Arbeitsgemeinschaft der Verlage

Brill | Schöningh – Fink · Paderborn –
Vandenhoeck & Ruprecht · Göttingen – Böhlau · Wien · Köln
Verlag Barbara Budrich · Opladen · Toronto
facultas · Wien
Walter de Gruyter · Berlin · Boston
Haupt Verlag · Bern
Verlag Julius Klinkhardt · Bad Heilbrunn
Mohr Siebeck · Tübingen
Narr Francke Attempto Verlag – expert verlag · Tübingen
Psychiatrie Verlag · Köln
Psychosozial-Verlag · Gießen
Ernst Reinhardt Verlag · München
transcript Verlag · Bielefeld
Verlag Eugen Ulmer · Stuttgart
UVK Verlag · München
Waxmann · Münster · New York
wbv Publikation · Bielefeld
Wochenschau Verlag · Frankfurt am Main

Klaus Spremann, Schweizerisches Institut für Banken und Finanzen, Universität St. Gallen. Professor (Baden-Württemberg), Dr.rer.pol.h.c. (Ulm), Habil. (KIT), Dr.rer.nat. (TUM), Dipl.Math. (TUM). Nach Lehrstuhlvertretung In Karlsruhe Professuren in Ulm, Hongkong und St. Gallen. Gastprofessor in Vancouver, Taipei und Innsbruck. Gründungsdirektor eines Universitätsinstituts in Singapur. Diverse Beratungsprojekte in der Industrie und bei Banken. Mitwirkung am internationalen Akademikeraustausch.

https://www.alexandria.unisg.ch/entities/person/Klaus_Spremann

eMail: klaus.spremann@unisg.ch

Klaus Spremann

Innovation

Planung, Finanzen, Risiken

UVK

Umschlagabbildung: © Jorm Sangsorn · iStockphoto
Autorenfoto: © Klaus Spremann

Bibliografische Information der Deutschen Nationalbibliothek

Die Deutsche Nationalbibliothek verzeichnet diese Publikation in der Deutschen Nationalbibliografie; detaillierte bibliografische Daten sind im Internet über http://dnb.dnb.de abrufbar.

1. Auflage 2026

https://doi.org/10.36198/9783838565675

– Ein Unternehmen der Narr Francke Attempto Verlag GmbH + Co. KG
Dischingerweg 5 · D-72070 Tübingen

Internet: www.narr.de
eMail: info@narr.de

Einbandgestaltung: siegel konzeption | gestaltung

Druck: Elanders Waiblingen GmbH

utb-Nr. 6567
ISBN 978-3-8252-6567-0 (Print)
ISBN 978-3-8385-6567-5 (ePDF)
ISBN 978-3-8463-6567-0 (ePub)

Zum Geleit

Vielen Dank, dass Sie sich für dieses Buch über *Innovation* entschieden haben. Sie können es als ein Lehrbuch betrachten, das den *Wandel,* den *Umbruch* und die *Erneuerung in Unternehmen* wie ein Teilgebiet der Wirtschaftswissenschaften darstellt. Das Buch soll die Aus- und Weiterbildung von Studierenden ebenso unterstützen wie Führungsaufgaben von Personen, die bereits im Management oder im Finanzbereich verantwortlich sind. Darüber hinaus richtet es sich an alle, die die Gründung eines eigenen Unternehmens planen.

Innovationen beginnen mit Ideen, Projektarbeit, Entwicklungen und Konstruktionen. Das Neue muss konkret verwirklicht, eingeführt, gepflegt und für die allgemeine Akzeptanz vorbereitet werden (*Planung*). Die verschiedenen Schritte im Prozess der Innovation müssen geplant werden. Ressourcen müssen reserviert und passende Vertragspartner – nicht zuletzt Kapitalgeber – gefunden und eingebunden werden (*Finanzierung*). Für die Vorbereitung der Akzeptanz sind zudem Erklärungen der Nützlichkeit der Innovation zu erstellen. Ohne werbenden und beeinflussenden Auftritt gibt es heute keine Resonanz mehr.

Aufgrund der Neuartigkeit sind diese Schritte besonderen *Risiken*, Unsicherheiten und Wagnissen ausgesetzt. Innovation verlangt daher besondere Maßnahmen, um Unsicherheiten und Wagnisse zu bewältigen. Hinzu kommt, dass enorme Informationsungewissheit und Informationsunterschiede bestehen.

Innovationen haben eine hohe Bedeutung für die Gesellschaft. Gerade heute sind viele Menschen überzeugt, dass sich Wirtschaft und Gesellschaft in einer Phase tiefgreifenden Wandels befinden. Diese Umbrüche sind durch das Aufkommen neuer Technologien, durch internationale geopolitische Machtbildung und durch ein gestiegenes Anspruchsdenken entstanden. So sind einige wirtschaftliche und gesellschaftliche Probleme deutlich geworden, für die *neue Lösungen* gefunden werden müssen. Innovative Lösungen in Wirtschaft und Gesellschaft werden dem Wohlergehen der Gesellschaft als Ganzes dienen.

Das Buch ist aus einem Kurs entstanden, mit dem ich an einem Executive-Master-Programm der Singapore Management University (SMU) beteiligt war. Der Foliensatz wurde nun – übersetzt und ergänzt mit weiteren Materialien – als Lehrbuch ausgearbeitet. Mein Dank geht an den UVK Verlag und an Dr. Jürgen Schechler für die konstruktive Betreuung bei der Arbeit am Manuskript.

St. Gallen, Januar 2026 Klaus Spremann

Noch etwas: Um Respekt für die geschlechtliche Vielfalt zu fördern, war ich bestrebt, geschlechtergerecht zu formulieren. Wie vom Duden empfohlen, wurden Sternchen und Doppelpunkte indes vermieden. Dort, wo die eigentliche Aussage verloren gegangen wäre, bin ich den Empfehlungen des Vereins Deutsche Sprache gefolgt.

Unter
https://files.narr.digital/9783825265670/Zusatzmaterial.zip
können Begleitfolien (Powerpoint) zu diesem Buch heruntergeladen werden.

Zu diesem Buch gibt es einen ergänzenden eLearning-Kurs aus 120 Fragen. Mithilfe des Kurses können Sie online überprüfen, inwieweit Sie die Themen des Buches verinnerlicht haben. Gleichzeitig festigt die Wiederholung in Quiz-Form den Lernstoff. Der eLearning-Kurs kann Ihnen dabei helfen, sich gezielt auf Prüfungssituationen vorzubereiten. Der eLearning-Kurs ist eng mit vorliegendem Buch verknüpft. Sie finden im Folgenden zu den wichtigen Kapiteln QR-Codes, die Sie direkt zum dazugehörigen Fragenkomplex bringen. Andersherum erhalten Sie innerhalb des eLearning-Kurses am Ende eines Fragendurchlaufs neben der Auswertung der Lernstandskontrolle auch konkrete Hinweise, wo Sie das Thema bei Bedarf genauer nachlesen bzw. vertiefen können. Diese enge Verzahnung von Buch und eLearning-Kurs soll Ihnen dabei helfen, unkompliziert zwischen den Medien zu wechseln, und unterstützt so einen gezielten Lernfortschritt.

Inhalt

1 Neuerungen

Die Lernfragen zu diesem Kapitel finden Sie unter:
https://narr.kwaest.io/s/1435

Wirtschaft und Gesellschaft entwickeln sich durch die Verwirklichung, Akzeptanz, Übernahme und Verbreitung von Neuerungen. *Innovationen* sind sichtbare Sprünge, die zu neuer Nützlichkeit führen und von der Gesellschaft positiv aufgenommen werden (→ Abschnitt 1.1). Viele wirtschaftliche Innovationen zeigen sich in neuen Produkten und den entsprechenden Märkten.

Woher kommt Innovation? Erstens ist ein für Technik und Industrie offenes Klima, wie von *Joseph Schumpeter* beschrieben, ein guter Nährboden für Neuerungen. Zweitens: *Peter Drucker* nennt die *Sieben Quellen der Innovation* (→ Abschnitt 1.2).

Drittens: Entdeckungen und Erfindungen werden zwar nicht als Teilschritte des Innovationsprozesses angesehen. Doch sie sind Vorbereitungen und bieten Vorlagen für den *Innovationsprozess.*

Erfindungen sind schöpferische Leistungen, die neue Problemlösungen bieten, die selbst für Fachleute nicht naheliegend sind und sich vom Stand der Technik abheben. Die *Entdeckung* ist ein Aufzeigen von bereits Vorhandenem, das bis dahin nicht bekannt ist. Mit der Entdeckung wird eine Naturgegebenheit oder ein historischer Sachverhalt erstmalig bekannt gegeben (→ Abschnitt 1.3).

1.1 Kleine und größere Innovationen

1.1.1 Zum Begriff der Innovation

Menschen müssen zahlreiche Aufgaben und Probleme bewältigen. Bei vielen helfen ihnen Güter, Dienstleistungen, Einrichtungen, Vorgehensweisen, die sie daher als *nützlich* einschätzen. Diese Güter, Einrichtungen und Kenntnisse haben eine gewisse Leistungsfähigkeit oder Performance, mit der die anstehenden Aufgaben und Probleme der Menschen gelöst werden.

Die Weiterentwicklung und der Wandel in Technik, Wirtschaft und Gesellschaft werden von Neuerungen getragen, die sich in neuen Gütern, Einrichtungen und neuen Dienstleistungen zeigen. Neuerungen zeigen sich in

Erzeugnissen, Geräten oder in Konsumartikeln. Oder sie manifestieren sich als Computerprogramm, als App, als neue Vorgehensweise, als Stil.

Die Neuerungen verbessern die Art und Weise, die Effizienz und Wirksamkeit, mit denen die anstehenden Aufgaben und Probleme der Menschen gelöst werden. Einige der Neuerungen wecken zudem neue Bedürfnisse, erfüllen diese und tragen so zu einer Entwicklung bei, bei der die Wirtschaft und Gesellschaft auf ein höheres Wohlstandsniveau gehoben wird. Im Rückblick erscheint den Menschen die Zeit davor primitiv. Die meisten Menschen wollen nicht zurückkehren. Diese *Neuerungen steigern die Performance, die Nützlichkeit, das Wohlfahrtsniveau.* Manche Neuerungen werden sogar allgemein akzeptiert. Sie durchdringen unser Leben, die Arbeitswelt und die Freizeit, und einige werden zu Selbstverständlichkeiten. Die Menschen sehen die Verbesserungen der Performance, die höhere Nützlichkeit und die Erfüllung neuer Bedürfnisse. Viele Neuerungen werden deshalb aufgegriffen und verbreiten sich in den Märkten.

Neuerungen werden zu einem Thema der Wirtschaftswissenschaft, wenn sie zwei weitere Eigenschaften haben.

- Erstens sollten sie *signifikant* sein, eine wesentliche Änderung mit sich bringen, einen *Sprung* darstellen. Es soll sich nicht nur um eine kleine Neuerung an der Oberfläche oder um eine inkrementelle Weiterentwicklung handeln, sondern um eine deutliche und tiefergehende Neuerung der Objekte und Vorgehensweisen.
- Zweitens sollten sie über die Vorteile für das einzelne Individuum hinaus gewisse Vorteile für die Gesellschaft bieten. Dazu müssen sie ausstrahlen und Impulse geben: Sie müssen *positive Externalitäten* haben. Eine Neuerung soll mithin zu weiteren Neuerungen anregen und das Wirtschaftswachstum begünstigen. Oder sie soll Impulse für die Lösung großer in der Gesellschaft anstehender Aufgaben – etwa im Klimawandel – geben.

Zum ersten Punkt: Selbstverständlich kann es eine gewisse Entwicklung und Verbesserung auch mit kleineren Neuerungen geben. Optimierungen in kleinen Schritten sind vielerorts durchaus möglich. Möglicherweise ergibt sich sogar eine Kette von Versionen, die zwar in jedem Schritt oder Verbesserungen bringen, von denen jede für sich aber keinen großen Sprung darstellt.

Zum zweiten Punkt: Die positiven externen Effekte der Neuerungen sollen nicht einfach verpuffen, sondern die allgemeine Entwicklung von Wirtschaft und Gesellschaft fördern. Dafür müssen *Neuerungen von der Gesellschaft akzeptiert werden.* Das setzt voraus, dass ein Klima der Offenheit besteht und dass die Menschen *veränderungswillig* sind. Nur mit dieser Akzeptanzhaltung werden die Impulse aufgegriffen. Und nur dann kann eine einzelne Neuerung zu einer Entwicklung beitragen, mit der sich

Wachstum durch weitere Verbesserungen fortsetzt und in weitere Bereiche getragen wird. Neuerungen und ihre positiven Externalitäten sollten in Wirtschaft und Gesellschaft auf „fruchtbaren Boden“ fallen.

Zwischenfazit: Neuerungen sind (als Thema der Wirtschaftswissenschaften) interessant, wenn sie

1. die Performance bei bisherigen Aufgaben steigern, neue Bedürfnisse wecken und diese erfüllen, neue Nützlichkeit bieten;
2. eine *wesentliche* Änderung darstellen (nicht nur eine kleine Modifikation);
3. mit externen Effekten positive Impulse geben, ausstrahlen und weitere Entwicklungen und den Fortschritt anregen oder zur Lösung für die großen Aufgaben der Menschheit beitragen.

Solche Neuerungen werden als *Innovation* bezeichnet.

Innovation ist ein sichtbarer *Sprung* zu neuer *Nützlichkeit* mit breiter *Akzeptanz.* Innovationen verbessern Bisheriges oder sie erschließen bis dahin nur angedachte Möglichkeiten. In der Synthese mehrerer Literaturstellen gelangt KI zu dieser Definition: Innovation ist die „Einführung von etwas Neuem oder die signifikante Verbesserung von Bestehendem. Es geht um die erfolgreiche Umsetzung von Ideen und Neuerungen, die einen Mehrwert schaffen und zur Weiterentwicklung von Wirtschaft und Gesellschaft beitragen.“

Beide Definitionen drücken die drei Merkmale einer Innovation aus: 1. Sprung oder Signifikanz der Neuerung. 2. bessere Performance oder höhere Nützlichkeit. 3. Wert für die Gesellschaft.

Rein kommerzieller Erfolg des Innovators genügt nicht. Der Wert für die Gesellschaft, ausgedrückt durch die Akzeptanz, ist mit der Begriffsklärung angesprochen. Hinter der Akzeptanz stehen externe Effekte, Anregungen und positive Wirkungskraft *(Impact)*, welche die Innovation für die Gesellschaft insgesamt entfaltet. Mit dem Begriff der Innovation sind folglich auch keine Projekte geadelt, die Raubbau an der Natur leisten oder grundlegende Menschenrechte verletzen. Auch modischer Schnickschnack ist keine Innovation. Und ein bloßer Geistesblitz stellt auch noch keine Innovation dar.

1.1.2 Mokyr: Akzeptanz verlangt Wissen

Innovationen verlangen umfangreiche Arbeit. **Joseph Schumpeter** (→ Kapitel 3) folgend, umfasst diese Arbeit drei Schritte: 1. Das neue Produkt, die neue Dienstleistung, die neue Vorgehensweise muss *entwickelt* werden. 2. Sie müssen in den Markt *eingeführt* werden. 3. Die ansetzende *Marktdurchdringung* mit dem Absatzprozess muss erreicht werden. Der Begriff der

Innovation wird für die neuen Produkte (mit den genannten Eigenschaften) sowie für den Weg von der **Produktentwicklung** über die Markteinführung und die sich anschließende **Marktdurchdringung** verwendet.

Die innovative Arbeit (Entwicklung, Markteinführung, Marktdurchdringung) wird teils in kleinen Teams geleistet, die sich etwa in einer eigens gegründeten Unternehmung finden. Teils wird die innovative Arbeit auch in eigens dafür eingerichteten Abteilungen größerer Unternehmungen geleistet. Selbstverständlich ist dafür Ressourceneinsatz erforderlich, besonders in den ersten beiden Phasen des Innovationsprozesses. Während der Marktdurchdringung sollte sich dann für den Innovator der angestrebte kommerzieller Erfolg manifestieren. Durchaus können zwischen einer möglicherweise vorgelagerten Erfindung und den sich anschließenden Arbeiten im Innovationsprozess viele Jahre oder sogar Generationen liegen.

Beispiel: Die Grundlage der Photovoltaik wurde 1839 von *Alexandre Becquerel* entdeckt, der den fotoelektrischen Effekt beobachtete. Die Versuchsanordnung für eine erste Solarzelle aus Selen wurde 1883 von *Charles Fritts* gebaut. Die erste praktisch verwendbare Silizium-Solarzelle hatten 1954 die Bell Labs entwickelt. Sie hatte einen Wirkungsgrad von 6%. Solarzellen im heutigen Handel erreichen 15% bis 25% und im Labor fast 50% Wirkungsgrad.

Einer der Preisträger des Nobelpreises für Wirtschaftswissenschaften 2025, der Wirtschaftshistoriker **Joel Mokyr** (geboren 1946), hat untersucht, warum in den letzten Hunderten von Jahren zwar viele Innovationen gelungen sind, aber einige sehr lange Zeit gebraucht haben, bis sie verbreitet waren. Ein Beispiel: Der Buchdruck mit beweglichen Lettern, um 1440 in Mainz entwickelt von *Johannes Gutenberg*, ermöglichte die schnelle und kostengünstige Herstellung zahlreicher Buchkopien. Das führte zwar zu weitreichenden wirtschaftlichen, politischen und kulturellen Veränderungen, hat jedoch sehr lange gedauert.

Eine Schlüsselrolle für den Erfolg spielen die Impulse, die Innovationen für die Gesellschaft, für Fortschritt und Wachstum geben, und ob diese Impulse Akzeptanz und Aufnahme finden. Dabei hat Mokyr die Bedeutung des *Wissens* in der Gesellschaft aufgezeigt. Damit Innovationen erfolgreich sind, muss ein doppeltes Verständnis vorhanden sein: Erstens, warum die Neuerung überhaupt funktioniert, und zweitens, wie man sie nutzt. Das Grundverständnis der *Funktion* setzt *erklärendes Wissen* voraus. Das Verständnis für die *Nutzung* verlangt *praktische Instruktionen.* Letzteres allein ist allerdings etwas wenig. Ohne das erklärende Wissen werden Innovationen schlecht genutzt und schnell fehlerhaft bedient. Deshalb könnten möglicherweise Innovationen gestärkt werden, wenn Wissen über die Funktion („erklärendes Wissen“) an die praktischen Kenntnisse zur Nutzung („präskriptives Wissen“) gekoppelt werden. So kann eine Innovation so gestaltet werden, dass sie „leicht bedienbar" wird. Die Bedienungselemente können andererseits auch so konstruiert und gestaltet werden, dass die Bedienung das Verständnis für die Funktionsweise unterstützt.

Die Erkenntnis von Mokyr weist auf eine Problematik. Denn je komplexer die Systeme in der modernen Welt sind, desto weniger verbreitet ist grundlegendes Wissen über ihre Funktion. Wer könnte schon das Quantencomputing erklären? Ein anderes Beispiel ist die Künstliche Intelligenz (KI). Ablehnung und geringe Akzeptanz gehen wohl auf darauf zurück, dass einem beträchtlichen Teil der Bevölkerung völlig unklar bleibt, wie die verschiedenen KI-Systeme funktionieren. Die Bringschuld der Gesellschaft gegenüber einer innovativen Wirtschaft besteht mithin in der positiven Orientierung dem Wissen gegenüber.

Wer den **Innovationsbegriff** erläutert, betont stets die neue Nützlichkeit „mit breiter Akzeptanz" oder den „Wert für die Gesellschaft". Was dies bedeutet, wird heute anders verstanden als noch vor Jahrzehnten. Früher wäre die Akzeptanz so verstanden worden, als ginge es darum, dass die Innovation von zahlreichen Personen nachgefragt wird, einfach weil ein privates Gut nützlich ist und bei vielen Abnehmern Zahlungsbereitschaft besteht. Heute werden die **externen Effekte** einer Innovation betont: Sie gibt Impulse für Weiteres und für benachbarte Gebiete. Und die Gesellschaft muss über ein gewisses Grundwissen verfügen, um die Innovation aufnehmen zu können.

Versuche, Neuerungen zu verwirklichen, können selbstverständlich gänzlich scheitern. Vier Beispiele:

1. Der von *Felix Wankel* erfundene und nach ihm benannte Motor wurde zwar von einigen Fahrzeugherstellern übernommen, hat sich aber letztlich nicht im Markt durchsetzen können. Der thermische Wirkungsgrad ist schlechter als bei Hubkolbenmotoren. Es gab nur wenige Versuche, dies zu verbessern.
2. Gleiches ist für das nach *Ferdinand Graf von Zeppelin* genannte Luftschiff zu sagen. Der Unfall mit der *Hindenburg* 1937 hat allen die Gefährlichkeit von Wasserstoff vor Augen geführt.
3. Viele Beobachter erkennen an, dass die Magnetschwebebahn zwar funktioniert, dass sie aber den Markt nicht überall hat durchdringen können. Dies, nachdem sich der Innovator (Siemens und ThyssenKrupp) angesichts eines Unfalls mit dem *Transrapid* 2006 zurückgezogen hatte. Hinzu kam die Konkurrenz durch den wachsenden Flugverkehr.
4. Ebenso gescheitert ist die 2012 vorgestellte Datenbrille *Google Glass* wenige Jahre später. Sie wurde als zu futuristisch wahrgenommen und

im Markt nicht aufgenommen. Die Batterieleistung war gering und der Preis der „Explorer Edition" war mit 1500 USD hoch.

1.1.3 Impact Investment

Heute sind sich alle der Begrenzung der Welt bewusst sowie der Tatsache, dass die Produktion, aber auch der Konsum zahlreicher Güter mit negativen **Externalitäten** verbunden ist.

> Ein an sich privates Gut zeigt **externe Effekte**, wenn die Produktion oder der Konsum des Gutes den Nutzen von Dritten beeinflusst. Das kann negativ sein (wie Lärm oder eine Umweltbelastung) oder positiv, etwa wenn die Umwelt gereinigt und regeneriert wird.

Die Gesellschaft verlangt als Mindestes, dass gerade bei Neuerungen der mit ihnen verbundene Fußabdruck minimal ist. Der mit der Entwicklung, der Produktion und mit der Nutzung einer Innovation verbundene Ressourcenverbrauch soll so gering wie möglich sein, selbst wenn die Wirtschaftlichkeit dadurch etwas eingeschränkt würde. Breite Akzeptanz als ein Merkmal der Innovation hieße dann *Nachhaltigkeit.*

	Externe, öffentliche Effekte	**Zielsetzung**
Traditionelle Kapitalanlage	Externalitäten werden kaum beachtet.	Ziel ist die Rentabilität bei Kontrolle des finanziellen Risikos.
Nachhaltigkeit / ESG	Negative Externalitäten (Schädigungen) sollen auf ein Minimum reduziert werden.	Rendite für Investoren und gleichzeitig Schadensbegrenzung durch geringen Fußabdruck.
Spenden	Spender hat den gemeinnützigen oder öffentlichen Zweck festgeschrieben.	Verfolgung eines philanthropischen Zwecks, Förderung von Kunst, Kultur, Wissenschaft und Politik.
Wirkungsorientierte Investments	Wirkung (Impact) aufgrund positiver Externalitäten.	Rendite für Investoren und gleichzeitig messbare, positive Wirkung auf Gesellschaft, Klima und Umwelt.

Abb. 1-1: Neuerungen sind nur dann eine Innovation, wenn sie neben der Nützlichkeit für Privatpersonen breite Akzeptanz und Wert für die Gesellschaft bringen und dazu negative Externalitäten minimieren und positive Externalitäten sicht- und messbar machen.

Die bei einer Innovation verlangte Akzeptanz und Schaffung von Wert für die Gesellschaft kann noch eine Stufe stärker auf die Zukunft ausgerichtet werden: Die UNO hat das **Impact Investment** angeregt, die Wirkungsorientierung. Der **Impact**, also die Wirkung auf Mensch, Gesellschaft und Natur, soll *messbar* und *positiv* sein.

Es geht dann nicht (wie bei der Nachhaltigkeit) um die Minimierung weiterer Schädigungen der natürlichen oder auch der sozialen Umwelt. Vielmehr soll durch Aktivitäten und Entwicklungen, die Impact anstreben, eine Regeneration erkennbar und messbar sein.

Die Weiterentwicklung der Auffassung vom „Wert für die Gesellschaft" geht mithin von der rein privat beurteilten, kommerziellen Nützlichkeit einer Innovation und dem Verlangen, wertvoll für die Gesellschaft zu sein, bis zur Forderung der **Nachhaltigkeit** und führt in einem weiteren Schritt zum **Impact**. Mit einem wirkungsorientierten Vorhaben sollen Investitionen angestrebt werden, die eine positive Rendite (im klassischen Sinn), zusätzlich aber auch positive Externalitäten mit messbaren Wirkungen erwarten lassen. Dieser Schritt geschieht durch die explizite Festlegung von Wirkungszielen und die Messung positiver Externalitäten. Beispiele bieten neue Technologien zur Bekämpfung der Wirkungen des Klimawandels oder Projekte mit sozialen und ökologischen Zielen.

Zur Vorgehensweise beim Impact Investment gehören Direktinvestitionen, Mikrofinanz und finanzielle Inklusion. Die größten Intermediäre im Bereich des wirkungsorientierten Investments sind 1. International Finance Corporation's Investments, New York, 2. Open Society Foundations Soros Economic Development Fund, New York, 3. Actis Capital, London, 4. United Nations Capital Development Fund, New York, 5. BlueOrchard Finance Ltd, Zürich. Jede dieser Gesellschaften tätigt Impact Investments mehrerer Milliarden Euro.

1.1.4 Reform versus Innovation

Gelegentlich werden Änderungen und Neuerungen als **Reform** bezeichnet. Reform und Innovation sind verwandte Konzepte.

- *Innovation* ist die erfolgreiche Einführung neuer Ideen, Produkte, Verfahren oder Geschäftsmodelle, die Vorteile und Verbesserungen bieten oder die zusätzliche Möglichkeiten eröffnen, die es bislang nicht gab. Bei einer Innovation werden neue Systeme oder Technologien eingeführt, die alte Systeme erheblich verändern oder ersetzen.
- Eine *Reform* bezeichnet einen oftmals überfälligen Prozess der Verbesserung oder Veränderung bestehender Strukturen, Organisationen und Praktiken, um diese effizienter oder effektiver zu machen und an andere Entwicklungen anzugleichen. Bei einer Reform wird die grundlegende Natur der Strukturen nicht radikal verändert.

- Eine *Revolution* ist hingegen eine grundlegende Veränderung der bestehenden politischen, sozialen oder wirtschaftlichen Verhältnisse. Revolutionen sind rascher und radikaler als Reformen. Sie unterbrechen und erschüttern, sind *disruptiv*.

Disruption ist ein tiefgreifender Umbruch. Gelegentlich wird auch eine Innovation als disruptiv bezeichnet: Bestehende Strukturen werden aufgebrochen und durch neue ersetzt. Disruptive Innovationen verändern eine ganze Industrie.

Eine **Revolution** wird in der Regel von einer beachtlichen Mehrheit getragen.

Das ist bei einer **Rebellion** anders. Sie bezeichnet Auflehnung und offener Widerstand, gegen die etablierte Autorität oder bestehende Ordnung, meist von einer kleinen Personengruppe getragen. Schließlich sei noch die **Piraterie** erwähnt, oder allgemeiner der Überfall (**Hold-Up**).

Piraterie gibt es nicht nur als Seeräuberei. Gelegentlich hat es den Anschein, als ob mit einer Innovation ein bestehender Markt überfallen worden wäre. Die nicht-innovativen Unternehmen fühlen sich überfallen und ihrer vermeintlichen Rechte im Markt beraubt.

Manches läuft dabei ab wie ein Spiel nach der Regel „The Winner Takes It All“: Ein einziger Akteur oder ganz wenige Akteure können mit einem kleinen Vorsprung alles gewinnen, während jene, die nur ein wenig langsamer sind, gar nichts erhalten. Wo es Öffentlichkeit gibt, hilft sie selten dem durch Hold-Up Benachteiligten. Populärer ist die Seite des Gewinners.

Die Spieltheorie sieht diese Situation bei manchen wirtschaftlichen Konstellationen. So beispielsweise, wenn Produzenten *Skalenerträge* haben wie bei Netzstrukturen: Ein kleiner Vorsprung verhilft zu weiteren Vorteilen, sodass der Gewinner seinen anfangs nur kleinen Vorsprung immer weiter ausbaut und dadurch anderen alle Chancen genommen werden.

Hold-Up (Überfall) bezeichnet ein überraschendes, unerwartet negatives Verhalten einer anderen Person, wobei sich diese begünstigt. Hold-Up gibt es immer wieder auch im Geschäftsleben, wo eine andere Partei unerwartet vorprescht, eine Position besetzt, und man selbst hat das Nachsehen.

Hold-Up kann ein großes Problem bei Innovationen werden, wenn die unmittelbare Umgebung bei ihrer Rolle, Akzeptanz zu zeigen, zu zögerlich und nörglerisch ist. Die Innovation könnte in einer anderen Umgebung – in einem anderen Land – von anderen Produzenten vorgestellt werden und dort schnelle Akzeptanz finden. Bei Skalenerträgen kann der zeitliche Vorsprung dazu führen, dass dem Originator alle Chancen entgleiten.

1.2 Wie Innovation entsteht

Was führt auf Innovation? Woher kommt sie? Drei förderliche Fundgruben sind:

1. Ein für *Technik und Industrie offenes Klima*, technische Hochschulen sowie für Neuerungen offene Menschen in einem Land oder Kulturkreis schaffen einen guten Nährboden für Innovationen.
2. Peter Drucker nennt *Sieben Quellen der Innovation*, die ein Unternehmen für sich nutzen kann.
3. Entdeckungen und *Erfindungen* werden zwar nicht als Schritte des Innovationsprozesses angesehen, doch sie schaffen oftmals gute *Vorlagen* für die Innovation.

Zum ersten Punkt: In einer offenen Gesellschaft ist angewandte Forschung in überwiegendem Umfang sichtbar und zugänglich. Mit der industriell geprägten Wirtschaft werden Technologien und Entwicklungen sichtbar und auf Messen gezeigt. Jede Partei kann darauf zugreifen und Eigenes beitragen. Neue Möglichkeiten sind „in der Diskussion“ und „im Fluss“. Auf diesem Nährboden können Ideen gedeihen. Jede Partei kann darauf aufbauend mit Eigenentwicklungen beginnen, die dann womöglich zu Innovationen führen.

Die angewandte Forschung und die Offenheit der industriellen Wirtschaft bieten also gute Startpunkte für Innovationen. Das setzt voraus, dass in einem Land oder in einem Kommunikationsbereich eine Fachrichtung oder Branche, wenn es sie denn dort überhaupt gibt, gut vertreten ist. Ein solches Klima wird wiederum begünstigt, wenn sich die Länder hinsichtlich der Branchen und Technologiebereiche spezialisieren können, wie das bei freiem internationalen Handel möglich ist.

> Innovationen ergeben sich oftmals als Ergebnis einer Produktentwicklung vor dem Hintergrund einer neuen, allgemein verfügbaren Technologie. Und diese ist wiederum das Ergebnis der Kommunikation in einer Branche oder an einem Ort.

Als ein Beispiel sei *Silicon Valley* genannt, die San Francisco Bay Area in Kalifornien, Sitz zahlreicher Hightech-Unternehmen. Und *Cambridge und Boston* in Massachusetts an der Ostküste der USA, nahe bei den drei Universitäten MIT, Harvard und Boston University, sind zu einem Zentrum für Biotechnologie und Medizintechnik geworden. *Huntsville* in Alabama im Süden der USA hat sich als Zentrum für Raumfahrt- und Verteidigungstechnologie entwickelt. Und schließlich sei *Bangalore* in Indien genannt mit dem Fokus auf Software und IT-Dienstleistungen. Diese und andere Zentren begünstigen den Austausch für Neuerungen auf dem jeweiligen Gebiet und bilden damit einen Nährboden für Innovationen.

Wo und wie sich Innovation zeigt

Selbstverständlich gibt es kleinere und größere Innovationen, wobei die ganz kleinen Änderungen und inkrementelle Neuerungen vom Begriff ausgeklammert bleiben. Eine eher als klein angesehene Innovation liegt vor, wenn sie bestehende Produkte in ihrer Performance und Nützlichkeit verbessert, wozu Aufbau und Konstruktion des Objekts neuartig sind. Als Beispiel sei das Matrix-Licht bei Fahrzeugscheinwerfern genannt.

Eine Innovation *mittlerer* Bedeutung zeigt sich darin, dass die Neuerung *Standards* setzt, die alsbald in dem betreffenden Bereich übernommen und sogar weiter ausgebaut werden, auch wenn die Bedeutung für die Probleme der menschlichen Gesellschaft vielleicht beschränkt bleibt. Als Beispiel sei die Telechirurgie genannt. Sie ist mittlerweile zu einem Standard geworden. Bei Knie- und Hüftoperationen kombiniert sie fortschrittliche OP-Robotik, Internet und entsprechende Eingabegeräte.

Eine *größere* Innovation oder *Sprunginnovation* liegt vor, wenn sie bahnbrechende Neuerungen bietet, die zu grundlegenden Veränderungen in Technologie, Wirtschaft und Gesellschaft führen, wobei neue Industrien und Märkte entstehen und neue Einstellungen und Denkweisen aufkommen. Von einer *Basisinnovation* wird gesprochen, wenn sie über Jahrzehnte hinweg die Grundlage für weitere Innovationen legt und dabei mehrere Industrien verändert. Die erste der wirklich großen Innovationen der Menschheit war die Entdeckung und der Übergang zum Ackerbau in der neolithischen Revolution vor 10000 Jahren.

- Viele Innovationen entstehen durch eine *Reihe* von Objekten oder Versionen, die jeweils nur kleinere Verbesserungen aufweisen, insgesamt jedoch eine beträchtliche Neuerung darstellen. Dies trifft wohl auf viele haltbare Konsumgüter zu, die nach einer gewissen Nutzungszeit ersetzt werden.
- Wieder andere Innovationen bestehen aus einem System *komplementärer* Geräte und Einrichtungen. Beispiel dafür ist das *Global Positioning System* (GPS), das ein Satellitennetzwerk (4 Satelliten in 6 Bahnen), Bodenstationen zur Kontrolle sowie die zahlreichen GPS-Empfangsmodule umfasst. Außerdem muss sich das Netz in die Navigation der Fahrzeuge einbinden.
- Einige Innovationen verändern nicht nur ein einzelnes Objekt, sondern einen ganzen *Markt*. So haben beispielsweise kleine elektronische Musikgeräte in *Verbindung* mit dem Streaming den Markt der großen Hi-Fi-Geräte und der Tonträger beträchtlich zurückgedrängt. Manche Innovationen sind so bedeutend, dass sie ganze Industrien verändern. Dies

ist in der Fahrzeugindustrie durch die Robotik zu beobachten, wodurch besonders in der Karosseriefertigung das Fließband stark zurückgedrängt wurde.

- Und schließlich gibt es Innovationen, die so groß und bedeutend sind, dass sie *fundamentale Veränderungen in mehreren Industrien* bewirken. Ein Beispiel hierfür ist die künstliche Intelligenz, die womöglich einen neuen Kondratieff-Zyklus bildet.

Ebenso gibt es Innovation bei Abläufen, bei der Fertigung, bei Absatz und Distribution, bei den Geschäftsmodellen, bei der Führung des Personals, bei der Kommunikation. Zudem gibt es Innovationen nicht nur bei Unternehmen mit wirtschaftlicher Zielsetzung. Der Staat setzt Innovationen bei der öffentlichen Verwaltung um, im Bildungswesen, beim Militär, bei der internen Organisation. Innovationen der öffentlichen Hand zeigen sich entweder in der Infrastruktur oder als Gesetz. Staatliche Innovationen sollen die Sicherheit erhöhen, die Qualität verbessern, die Wohlfahrt der Bevölkerung und die Gerechtigkeit steigern. Außerdem gibt es Innovationen im gesellschaftlichen und im kulturellen Leben, in Kunst und in Sprache. Ein Beispiel ist die Stilrichtung des Kubismus in Gemälden von *Pablo Picasso* und anderen Künstlern. Ein anderes Beispiel ist die neuartige Verbindung von Investigativ-Journalismus und Whistleblower zur Aufspürung von Skandalen in Politik, Wirtschaft und Gesellschaft.

1.2.1 Sieben Quellen der Innovation

Ein Unternehmen, das bereits produktiv tätig ist, erhält Anregungen zu Innovationen auch aus der Reflexion der eigenen Fabrikation, in der Warenlogistik, beim Verkauf von Erzeugnissen.

Diese Quelle betont **Peter Drucker** (1909-2005), Pionier der Managementlehre. Drucker lehrte in New York sowie an der Claremont Graduate University. Unter anderem hat er das *Management by Objectives* (MBO), die Führung durch Zielvereinbarung formuliert.

Peter Drucker sah Unternehmen als Einrichtungen, die zugleich profitabel sein und dabei soziale Verantwortung zeigen können.

Das Management von Unternehmen muss fünf laufende Aufgaben bewältigen: Planung, Organisation, Personal, Führung und Kontrolle. Unternehmen müssen außerdem, so Drucker, einen systematischen, organisatorischen Ansatz entwickeln, um laufend innovative Schöpfungen zu entwickeln und umzusetzen. Die Innovation muss zum integralen Bestandteil der Planung aufrücken. Drucker empfiehlt, den Blick auf Ungereimtheiten bei den eigenen Abläufen sowie auf Veränderungen im Umfeld zu lenken.

Diese Empfehlung hat Drucker als die **Sieben Quellen der Innovation** aufgefächert:

1. *Unexpected Occurrences*: Unerwartete Erfolge, Misserfolge oder allgemein unerwartete Ereignisse können Anregungen für Innovationen bieten.
2. *Incongruities*: Ganz ähnlich können Diskrepanzen zwischen Ist und Soll einen Verbesserungsbedarf anzeigen.
3. *Process Needs*: Wer Engpässe oder Ineffizienzen in den betrieblichen Abläufen beachtet, findet schnell innovative Verbesserungen.
4. *Industry and Market Changes*: Veränderungen im Verbraucherverhalten erfordern Anpassungen und Innovationen.
5. *Demographic Changes*: Veränderungen der Bevölkerung, der Altersstruktur und des Einkommens lassen neue Bedürfnisse und Möglichkeiten für Innovationen erkennen.
6. *Changes in Perception*: Die Menschen ändern sich in ihren Wahrnehmungen, in ihren Wertvorstellungen und Überzeugungen, was Neuerungen erlauben sollte.
7. *New Knowledge*: Wissenschaftliche Durchbrüche können Raum für neue Technologien und Produkte öffnen.

Die ersten drei Quellen verlangen herauszufinden, warum etwas „im eigenen Haus“ nicht funktioniert. Das ist eine klare Aufforderung zu von linearer Logik abweichendem Denken und zu sprunghaften Assoziationen, auch zu Abschweifungen.

Diese Suche wird heute als *Querdenken* oder **Laterales Denken** bezeichnet – ein Begriff, der 1967 von dem Kognitionswissenschaftler **Edward de Bono** (1933-2921) geprägt wurde. De Bono hat zu Kreativitätstechniken publiziert und auch die „Six Thinking Hats“ (Denkhüte) mit den Farben Blau, Weiß, Rot, Schwarz, Gelb, Grün als Gruppen-Kreativitätstechnik geschaffen.

Die anschließenden vier Quellen der Innovation von Drucker zeigen Felder unternehmerischer Aktivität, in denen es womöglich Änderungen gibt: im Markt, bei der Demografie, bei der allgemeinen Wahrnehmung und beim technologischen Wissen. Darauf zu reagieren, verlangt vielleicht Änderungen bei Produkten und im Marktauftritt, die so ausfallen, dass sie als innovativ gelten. Von den Sieben Quellen der Innovation regen also die ersten drei zum Lateralen Denken an, die anschließenden vier dazu, die Änderungen im Markt, in Demografie, Wahrnehmung und Wissen zu analysieren. Einen seiner Aufsätze hat Peter Drucker mit „Disziplin der Innovation“ überschrieben. Und eines seiner Zitate lautet: „Der beste Weg, die Zukunft vorherzusagen, ist, sie zu gestalten.“ Zu einer Innovation kommt es nicht rein zufällig, sie ist das Resultat von Überlegung und Arbeit.

Nicht überraschend wurden zahlreiche andere Studien verfasst mit Empfehlungen für Unternehmungen, worauf sie für Innovation, Wandel und Erneuerung achten sollten. *Moritz Maier* und sein Forschungsteam vom *Fraunhofer-Institut für Arbeitswirtschaft und Organisation (IAO)* haben 2025 mithilfe von KI eine Synthese aus 250.000 Quellen erstellt und diese auf 31 Faktoren konzentriert.

Die Journalistin *Julia Beil* und ihr Team berichten darüber im *Handelsblatt.* Die 31 Faktoren wurden sodann in 5 Kategorien gruppiert. Diese lauten: 1. Richtig gesetzte Anreize. 2. Kluge externe Partnerschaften. 3. Ein Führungsstil, der Veränderung fördert. 4. Eine flexible Organisationsstruktur. 5. Passende technologische Lösungen. Anhand dieser Kategorien kann durchaus ein Denkprozess gestartet werden.

1.2.2 Erfinderische Arbeit

Einige Innovationen basieren auf einer konkreten Erfindung. Vielleicht hat eine Unternehmung sie selbst gemacht oder sich eine Lizenz besorgt und beginnt nun mit der Produktentwicklung.

Eine **Erfindung** ist eine schöpferische Leistung, mit der eine neue technische oder ablauforganisatorische Lösung für ein Problem oder eine Aufgabe beschrieben oder dargestellt wird.

Das Problem und die Aufgabe, die mit der Erfindung gelöst werden, kann bereits bestehen oder sich erst in Zukunft stellen. Vielleicht sind Problem oder Aufgabe sogar nur Fachleuten bekannt und nur für deren Arbeit relevant, vielleicht stellen sie sich in der Gesellschaft ganz allgemein. *Gablers Wirtschaftslexikon* erklärt den Begriff so: „Erfindungen sind schöpferische Leistungen, die auf der *Anwendung* von vorhandenen Erkenntnissen auf technischem Gebiet beruhen."

Für die schöpferische Leistung der Erfindung sind 1. Expertise, 2. Kreativität und, nicht zu vergessen, 3. Arbeit erforderlich. Zur Arbeit gehören Versuchsreihen und deren Auswertungen sowie das Kombinieren, oder wie *Albert Einstein* sagte, das *kombinatorische Spiel.* Der Geistesblitz oder die *Idee*, die im Schlaf einfällt, ist allenfalls ein kleiner Teil der erfinderischen Arbeit.

Aufgrund dieser drei Voraussetzungen für die erfinderische Arbeit – Expertise, Kreativität, Arbeit – wird man als Organisationsform für Erfindungen an ein Labor denken, das sich in räumlicher Nähe zu Instituten befindet, die im Umfeld einer Technischen Hochschule angewandte Forschungsarbeit leisten.

Praktisch alle Hochschulen haben heute solche **An-Institute**. Das sind organisatorisch, wirtschaftlich und rechtlich eigenständige Forschungseinrichtungen, die mit Kooperationsverträgen eng mit den Universitätsinstituten verbunden sind, aber nicht zur Hochschule gehören. Die An-Institute haben als Rechtsform meist die einer GmbH oder einer gemeinnützigen GmbH. Die Träger der An-Institute sind Unternehmen oder Stiftungen.

Beispiel: Die Technische Universität München (TUM) hat 18 An-Institute, die sich auf vier Themenschwerpunkte angewandter Forschung in den Life Sciences konzentrieren, so das Zentrum Straubing mit dem Schwerpunkt Biotechnologie und Nachhaltigkeit. Um eine Größenordnung zu nennen: ein An-Institut hat 30 Mitarbeitende und einen Haushalt von 3 Millionen Euro jährlich.

Bei Erfolg wachsen diese Gründungen schnell zu Forschungsunternehmen mit zahlreichen Mitarbeiterinnen und Mitarbeitern, was den Umfang und Aufwand der erfinderischen Arbeit unterstreicht. Und viele dieser Einheiten sind, genau wie die Forschung sonst auch, mit anderen Einrichtungen in Kooperation und Partnerschaft verbunden.

Welche Naturgesetze für die Suche bei der erfinderischen Arbeit infrage kommen, dürfte erahnbar sein. Viele Ideen werden beim Studium der Naturgesetze geboren. Die erfinderische Arbeit kann durchaus mit einer Idee beginnen, doch das ist dann nur der Anfang der Erfindungsarbeit.

In Gesprächen geben immer wieder Personen an, eine *Idee* zu haben. Sie sehen ein Problem und glauben zu wissen, wie es gelöst werden könnte. Doch nicht alle Menschen, die eine Idee haben, sind zur sich anschließenden erfinderischen Arbeit fähig (auch wenn sie ihre Idee vielfach bereits für eine Erfindung halten). Erst die Ausarbeitung und Darstellung der Erfindung durch einen technischen Versuchsaufbau oder eine logische Ablaufsequenz zeigt, ob die Lösung funktioniert.

> Das **Ergebnis** der erfinderischen Arbeit wird durch eine formale Beschreibung, einen technischen Aufbau oder durch eine logische Ablaufsequenz (Programm) dargestellt. Die Darstellungen demonstrieren in wiederholbarer Weise, dass die Aufgabe oder das Problem tatsächlich gelöst werden.

1.2.3 Patentschutz

Bei der erfinderischen Arbeit ist kommerzieller Erfolg durchaus erwünscht, wobei offensichtlich nicht jede Erfindungsarbeit auch dazu führt. Es kommt auch vor, dass andere als der Erfinder reich werden.

Beispiel ist *Karlheinz Brandenburg*, der als Mitarbeiter bei *Fraunhofer IIS* in Erlangen die Entwicklung der Musikkomprimierung MP3 geleitet hatte. Das Fraunhofer-Institut hatte zwar MP3 patentiert, aber nicht selbst oder nur ungünstig vermarktet.

Verschiedene Gründe können den wirtschaftlichen Erfolg erfinderischer Arbeit verhindern, darunter auch solche, die außerhalb der Kontrolle des Erfinders liegen. Die drei am häufigsten genannten Gründe für ein Scheitern sind:

1. Die Finanzmittel werden vorzeitig aufgebraucht und die Arbeiten abgebrochen.
2. Das Team hat doch nicht die richtigen Fähigkeiten, was erst im Lauf der Zeit erkennbar wird.
3. Große Unternehmen verdrängen kleinere Erfindergruppen. Ab und zu kommt es auch vor, dass in einem Umfeld aggressiven Wettlaufens Ideen gestohlen werden.

Beispiel: *Xerox* entwickelte die erste grafische Benutzeroberfläche (GUI) mit Fenstern, Icons, Mausbedienung. Der *Xerox Star*, offizielle Bezeichnung Xerox 8010 Information System, wurde 1981 vorgestellt, konnte den Markt aber nicht richtig durchdringen. Zwar war das neue System revolutionär für den Heimcomputer, doch vermutlich hatte *Xerox* dies nicht richtig erkannt. *Steve Jobs* soll für eine Bezahlung mit Apple-Aktien Zugang zum Xerox Forschungslabor erhalten haben. Sicherlich hat das Xerox System Apple und Microsoft inspiriert, die zwei Jahre später mit eigenen Geräten und eigener Software auf den Markt kamen und ihn mit großem Erfolg durchdringen konnten.

> Einrichtungen der angewandten Forschung müssen stets ein Gleichgewicht zwischen dem Schutz eigener Arbeitsergebnisse einerseits sowie einer offenen Kommunikation und Zusammenarbeit andererseits finden und einhalten.

In einer an Fortschritt orientierten Gesellschaft sollen Personen, die kreativ sind, die kombinieren, mühevolle Versuchsreihen auswerten und die erkennen, was funktionieren könnte, belohnt werden. Erfinder sollten zu ihrer Arbeit motiviert werden. Denn der Fortschritt erhöht die allgemeine Wohlfahrt. Deshalb wird unter gewissen Bedingungen *Patentschutz* gewährt.

Eine der Bedingungen für den Patentschutz verlangt, dass die neue technische Problemlösung für Fachleute *nicht naheliegend* sein darf, sondern einen wirklich originellen Schritt darstellen muss, der sich *vom Stand der Technik abhebt.*

> Eine **Erfindung** kann patentiert werden, wenn sie 1. neu ist, 2. auf erfinderischer Tätigkeit beruht und 3. gewerblich anwendbar ist (§ 1 Abs. 1 PatG).

Alle *Erfindungen* sind wissensbasiert: Sie beruhen auf naturwissenschaftlichen Erkenntnissen, sind Anwendungen von Logik oder bekannten und gesicherten Sachverhalten. Erfindungen nutzen also ihrerseits *Entdeckungen*, wie etwa die Gesetze der Naturwissenschaften. Sie nutzen bekannte Sachverhalte oder historisches Wissen. Viele Erfindungen unserer Zeit nutzen zuvor entdeckte Gesetze der Elektrodynamik, Chemie oder Biologie. Einige Erfindungen nutzen auch proprietäres Wissen, Wissen also, das einen Eigentümer hat. So verwendet die Künstliche Intelligenz (KI) neben allgemein bekanntem Wissen auch Wissen, das unter dem Autorenschutz schriftlicher oder künstlerischer Werke steht. Heute wirft die KI folglich die Frage auf, in welchem Umfang Erfindungen solchermaßen geschützte Werke übernehmen und verwenden dürfen.

1.3 Ergänzung und Fazit

1.3.1 Erste Ergänzung: Die Entdeckung

Die **Entdeckung** ist ein Aufdecken von bereits Vorhandenem, das bis dahin nicht bekannt ist, wobei auch die Nützlichkeit des neuen und zusätzlichen Wissens anfangs noch unklar ist. Mit oder kurz nach der Entdeckung wird gleichsam eine Naturgegebenheit oder ein historischer Sachverhalt erstmalig einem Leser- und Hörerkreis beschrieben.

Beispiele:

1. Zur Schwerkraft als zwischen Massen wirkende Anziehungskraft kursierten im 17. Jahrhundert gewisse Vorstellungen. Die Entdeckung der Allgemeingültigkeit des Naturgesetzes der Gravitation und seine Formulierung geht auf *Isaac Newton* (als Entdecker) zurück.
2. Die Entdeckung Amerikas durch Europäer wird zwar *Christoph Kolumbus* zugeschrieben, der 1492 eine Insel der Bahamas betreten hatte (die er San Salvador nannte). Aber inzwischen gilt als hochbestätigt, dass bereits 1003 der Wikinger *Leif Eriksson* amerikanisches Festland betreten und dort Siedlungen gegründet hatte. Es gab auch Fahrten aus Irland und aus Afrika nach Amerika. Kolumbus hat vermutlich davon

gewusst und seinen Seeweg aufgrund dieser Erfahrungen festgelegt. Kolumbus, der unter der Flagge des spanischen Königspaares segelte, war für Spanien von unermesslicher Nützlichkeit. Er war wohl kein Entdecker, aber ein großartiger Innovator.

Noch etwas: **Entdeckungen** können nicht patentiert werden, auch wenn sie gelegentlich zu Besitzergreifung und Waffengewalt geführt haben.

1.3.2 Zweite Ergänzung: BioNTech

Die Messenger-RNA (mRNA) wurde gemeinsam von der Biochemikerin *Katalin Karikó* (Universität Szeged in Ungarn) und dem Immunologen *Drew Weissman* (University of Pennsylvania) entdeckt. Sie wurden dafür 2023 mit dem Nobelpreis in Medizin ausgezeichnet.

Auf Basis dieser Entdeckung wurde die Entwicklung als Impfstoff gegen Grippe und Covid-19 in der Firma *BioNTech* in Mainz geleistet. Dieses forschungsnahe Unternehmen wurde 2008 mit einem Preisgeld von dem Ehepaar *Uğur Şahin* und *Özlem Türeci* zusammen mit *Christoph Huber* gegründet. Sahin, Türeci und Huber haben auf Basis der Entdeckung von Karikó und Weissmann Therapien entwickelt und konnten zahlreiche Patente erhalten. Ihre Firma wuchs. Im Jahr 2021 wurde der Impfstoff gegen Covid-19 entwickelt, der dann von *Pfizer* produziert und in die Distribution gebracht wurde. Die Firma *BioNTech* hat heute mehrere Tausend Mitarbeitende und neben Mainz weitere Standorte.

1.3.3 Hauptpunkte

1. Innovation ist ein sichtbarer *Sprung zu neuer Nützlichkeit* mit breiter Akzeptanz. Innovationen verbessern Bisheriges oder sie erschließen bis dahin nur angedachte Möglichkeiten. Eine Innovation hat drei Merkmale: 1. Signifikanz der Neuerung, 2. bessere Performance oder höhere Nützlichkeit, 3. Akzeptanz und Wert für die Gesellschaft.
2. Hold-Up (Überfall) bezeichnet ein überraschendes Verhalten einer anderen Partei, meist in einem gesetzlichen Freiraum, der eine Umverteilung von Wohlstand mit sich bringt. Hold-Up gibt es immer wieder auch im Geschäftsleben, wo eine Partei vorprescht, eine Position besetzt, und die anderen haben das Nachsehen.
3. Drei Arten von Nährboden begünstigen die Innovation: 1. ein für Technik und Industrie offenes Klima. 2. Peter Drucker nennt sieben Quellen der Innovation, die im Unternehmen zu finden sind. 3. Entdeckungen und Erfindungen werden zwar nicht als Schritte der Innovation angesehen, doch sie schaffen oftmals Vorlagen für Innovationen.

4. Drucker empfiehlt einerseits in den *Sieben Quellen der Innovation,* den Blick auf Ungereimtheiten bei den eigenen Abläufen zu werfen: 1. unerwartete Ereignisse bei Produktion und Absatz, 2. Inkongruenzen im Betrieb, 3. unerwartete Prozessanforderungen. Andererseits sollen Veränderungen im Umfeld beachtet werden: 4. Veränderungen in der Industrie und auf dem Markt, 5. demografischer Wandel, 6. Veränderungen in der Wahrnehmung der Menschen, 7. neues Wissen.
5. Erfindungen können *patentiert* werden, sofern sie erstens neu sind (auch für Fachleute nicht naheliegend), zweitens auf erfinderischer Tätigkeit beruhen (Experimente, Versuchsreihen, „kombinatorische Spiele") und drittens gewerblich anwendbar sind. (§ 1 Abs. 1 PatG).

1.3.4 Literatur

Julia Beil, Annika Keilen, Anna Westkämper: *Einzigartige Transformationsstudie – So gelingt Firmen der Wandel.* Handelsblatt, 16.10.2025.

Edward de Bono: *Das Sechsfarben-Denken. Ein neues Trainingsmodell.* Econ, Düsseldorf 1989, ISBN 3-612-23013-1.

Peter F. Drucker: *Innovation and Entrepreneurship.* Harper Business, New York, 1985.

Peter F. Drucker: *The Discipline of Innovation*: Harvard Business Review 2002.

Modesto A. Madique, Billie Jo Zirger: A study of Success and Failure in Product Innovation: The Case of the U.S. Electronics Industry, *IEEE Transactions on Engineering Management.* November 1984, pp. 192–203.

Joel Mokyr: *The Gifts of Athena: Historical Origins of the Knowledge Economy.* Princeton University Press, 2002.

Joseph A. Schumpeter: *Kapitalismus, Sozialismus und Demokratie.* 10. Auflage, Narr Francke Attempto Verlag, Tübingen 2020, pp. 103–110.

Joseph A. Schumpeter: *Konjunkturzyklen: Eine theoretische, historische und statistische Analyse des kapitalistischen Prozesses.* Vandenhoeck & Ruprecht, 1939, 2006.

Gerhard Speckbacher: *Innovationen für gemeinsamen Gewinn: Mit betriebswirtschaftlichem Denken und unternehmerischem Handeln die Zukunft gestalten.* Springer Gabler 2023.

Dietmar Vahs, Alexander Brem und Christian Oswald: *Innovationsmanagement: Von der Idee zur erfolgreichen Vermarktung.* Schäffer/Poeschel, Stuttgart, 6. Auflage 2023.

WIPO: Global Innovation Tracker – What is the current state of innovation? How rapidly is technology progressing and being embraced? What are the resulting societal impacts? *World Intellectual Property Organization,* 2023.

2 Der Innovationsprozess

Die Lernfragen zu diesem Kapitel finden Sie unter:
https://narr.kwaest.io/s/1436

Der Prozess der Innovation setzt sich aus drei Abschnitten zusammen: 1. Produktentwicklung, 2. Markteinführung und 3. Marktdurchdringung. Diese drei Abschnitte oder Phasen erfordern unterschiedliche Organisationen, verschiedene Ressourcen und spezifische Vorgehensweisen. Die *Planung* der Ressourcen, die *Finanzen* und die Bewältigung der *Risiken* sind daher in jeder Phase des Innovationsprozesses andere.

Zwei besondere Punkte in diesem Kapitel sind: die Wettbewerbsanalyse nach *Michael Porter* mit den *Fünf Wettbewerbskräften* (→ Abschnitt 2.1) sowie die *Dreifache Selbstverstärkung* (→ Abschnitt 2.2).

Porter betont generell die Bedeutung des Marktes. Jede Unternehmung muss verstehen, welche Kräfte im Markt bestehen und wie Produkte und Dienstleistungen gestaltet sein müssen, damit sich die Chancen verwirklichen. Die primäre Frage lautet, was die Unternehmung verkaufen könnte. Die Frage, was sie produzieren könnte, stellt sich erst danach. Die Dreifache Selbstverstärkung zeigt jene Kräfte auf, die in der dritten Phase des Innovationsprozesses, in der Phase der Marktdurchdringung, wirken. Durch den Absatz entfalten sich Kräfte, die den weiteren Absatz fördern. Es handelt sich um den Zeigeeffekt, um das Achtzig-Prozent-Gesetz und um das Lernen durch Tun.

2.1 Phase 1: Produktentwicklung

Die Erfindung zeigt sich in einem Versuchsaufbau auf einem Labortisch. Oder sie zeigt sich in Datenreihen, einem Signifikanztest und einer Ergebnisbeschreibung. Oder sie wird durch eine klare und genaue Darstellung einer Vorgehensweise deutlich, etwa ein Programm.

Die Erfindung hat noch nicht die Form eines Produkts, das von anderen Personen verwendet werden könnte (um deren Problem oder Aufgabe zu lösen). Die Erfindung hat vielleicht nicht einmal die Gestalt eines vereinfachten Endprodukts, eines *Prototyps*, mit dem Tests und Probeläufe durchgeführt und erste Nutzer-Feedbacks ausgewertet werden könnten. Die Erfindung ist also weder durchkonstruiert noch als verwendbares Produkt ausgereift. Sie ist noch nicht anwenderfreundlich gestaltet, auch wenn Erfinder die gewerbliche Nutzung im Auge haben. Die Erfindung zeigt lediglich, dass die Idee in der Realität wirklich funktioniert.

Eine **Erfindung** hat in der Regel noch nicht die Form und Gestalt, die sich für eine Weitergabe an Nutzer, eine Markteinführung oder das Erreichen breiter Akzeptanz und Marktdurchdringung eignet. Und selbst wenn die Erfindung vorliegt, ist noch unsicher, ob damit kommerzieller Erfolg erreicht werden kann. Überdies ist die Erfindung oftmals nicht juristisch abgesichert. Womöglich verletzt sie proprietäres Wissen, Patente oder Gesetze.

2.1.1 Prototyping und Finalisierung

Die Produktentwicklung, die erste Phase im Innovationsprozesse, umfasst zwei Schritte: 1. Prototyping und 2. Produktfinalisierung. Zuerst wird ein *Prototyp* entwickelt – diese Arbeiten werden als Prototyping bezeichnet – und anschließend wird der Prototyp zum Endprodukt ausgereift, getestet und finalisiert.

Der Prototyp hat im Wesentlichen die Gestalt des Endprodukts und kann dem angestrebten Kreis von Nutzern präsentiert werden.

Der **Prototyp**, oft als Beta-Version angesprochen, ist eine womöglich noch vereinfachte, jedenfalls noch nicht finalisierte Vorversion des Produkts. Der Prototyp hat indes die grundlegenden Funktionen des finalen Produkts und, von Details abgesehen, dessen Form und Gestalt. So kann der Prototyp einerseits Tests und Probeläufe absolvieren und er kann andererseits Journalisten gezeigt und Personen aus dem intendierten Kreis der Nutzer vorgeführt werden. Der Prototyp wird gleich mehrfach gebaut und bildet dann die Nullserie.

Anschließend wird der Prototyp mit den Ergebnissen der Tests und der Probeläufe und mit dem Feedback von Journalisten und ersten Nutzern zum Endprodukt finalisiert. Das Endprodukt kann dann nach Freigabe seitens aller Instanzen und Anspruchsgruppen allgemein vorgestellt und in den Markt eingebracht werden.

Der Prototyp wird auf Grundlage einer der drei genannten Quellen der Innovation – Offenheit für Technologie, Auswertung einer der Sieben Quellen von *Drucker*, Erfindungsarbeit und Patent – entwickelt. Dazu gehören Tätigkeiten in den Bereichen Konstruktion, Gestaltung, Design, Funktionalität und juristische Prüfung.

- Die multidisziplinäre Zusammenarbeit führt zum Prototypen.
- Nach Korrekturen bei Prototyp und Nullserie und nach Freigabe wird die erste Serie aufgelegt, die bereits für den Verkauf gedacht ist.

	Tätigkeit	Ergebnis
Entdeckung	Erstmalig Naturgesetz oder Sachverhalt erkennen und bekannt geben.	Erweiterung des Grundwissens.
Erfindung	Originelle technische Lösung für eine Aufgabe oder ein Problem finden und formal beschreiben, eventuell ausgehend von einer Idee.	Versuchsanordnung oder technischer Aufbau zeigen Funktion der Problemlösung.
Produktentwicklung (Prototyping & Finalisierung)	Konstruktion und Umgestaltung in ein produzier- und verkaufbares Erzeugnis oder Endprodukt.	Getesteter, finalisierter Prototyp.
Markteinführung	Vervielfältigung und Erreichen von Sichtbarkeit und Akzeptanz.	Hinreichende Bekanntheit und Wertschätzung des Produkts.
Marktdurchdringung	Skalierung und Logistik für breite Abnehmerschichten.	Sich selbst verstärkender Absatzprozess und kommerzieller Erfolg.
Marktsättigung	Variationen und Modifikationen für kommende Marktsättigung schaffen.	Absatzerfolge stabilisieren sich.
Imitation	Aufkommen von Nachahmern.	Kopien treten in Konkurrenz.

Abb. 2-1: Die Kette der sieben Schritte von der Entdeckung bis zur Imitation. Zur Innovation werden üblicherweise drei Phasen gerechnet: die Produktentwicklung, die Markteinführung und die Marktdurchdringung.

Die multidisziplinäre Zusammenarbeit muss allerdings als Bedingung beachten, zwei Ziele zu erreichen: 1. Das Produkt muss industriell machbar sein. 2. Die Anforderungen der Abnehmer und Kunden des Produkts müssen erfüllt werden. Das ist nicht immer einfach, weil die Erwartungen der Abnehmer und Kunden nicht Verständnis für die technischen Anforderungen haben, etwa was Größe, Gewicht, leichte Bedienbarkeit betrifft.

Folglich muss jedes Mitglied im multidisziplinären Team – die Fachpersonen für Werkstoffe, Konstruktion, Design, Controlling – etwas nachgeben und Kompromissbereitschaft mitbringen. Die Erfahrung lehrt, dass dieses Nachgeben aller Mitglieder des multidisziplinären Teams eine starke *Hierarchie* verlangt.

Ein Beispiel ist die kraftvolle und wohl auch harte Führung durch den Unternehmer *Steve Jobs* (1955-2011), als Apple das iPhone entwickelte. Das erste iPhone, vorgestellt 2007, brachte verschiedenste Bauteile – Mobiltelefon, Musikspieler, Kamera, Tastatur auf dem Bildschirm - mit neuer Software und Internetzugang auf kleinstem Raum zusammen.

Ein zweites Beispiel ist die Entwicklung der Saturn V, eine eigens entwickelte dreistufige und über 111 Meter hohe Trägerrakete für die bemannten Mondflüge der USA 1968-1972. Die Saturn V konnte 140 Tonnen Nutzlast heben. Dafür waren neue Anordnungen der Triebwerke und Treibstofftanks sowie Kühlaggregate verlangt. Verschiedene, jeweils spezialisierte Unternehmen mussten zusammenarbeiten. Das hieß, jede Mitwirkende sollte zu Kompromissen bereit sein, denn jede Komponente musste ungewöhnlich klein und leicht und dennoch leistungsfähig sein. Der Projektleiter hatte die Fachleute zur Koordination in einen Hörsaal gebracht, wo sie sich gegenseitig angeschrien haben sollen. Denn es gab hierarchischen Druck von Präsident *John F. Kennedy*, der 1961 versprochen hatte, die USA würden innerhalb von zehn Jahren „to land a man on the Moon and return him safely to Earth before the end of the decade".

Der fertige **Prototyp** ist industriell machbar, geglättet, ästhetisch gestaltet und haptisch angenehm. Juristische Fragen sind geklärt. An das Prototyping schließt sich die Finalisierung an, die zum Endprodukt führt.

Die Produktentwicklung führt bis zur Serienreife. *Die Produktentwicklung (Prototyping und Finalisierung) ist die erste Phase der Innovation.* Die Erfindung selbst wird üblicherweise nicht als Teilschritt des Innovationsprozesses angesehen.

2.1.2 Multidisziplinäre Teamarbeit

Für die Produktentwicklung sind Fähigkeiten in Konstruktion und Design verlangt. In der Regel ist dafür eine multidisziplinäre Entwicklungsarbeit unter kraftvoller hierarchischer Führung erforderlich.

1. Der Prototyp muss nicht nur ansprechend sein, sondern auch ästhetisch und haptisch überzeugen. Dabei sollte er Gestaltungsmerkmale des Unternehmens erkennen lassen, um die Glaubwürdigkeit bei der Kommunikation zu stärken.
2. Um die Bedienung für die Nutzer zu erleichtern, muss ein intuitiver Aufbau gefunden werden. Die im Prototyp und erst recht im Endprodukt sich zeigende Intuition muss der Nutzungs- und Arbeitsweise der Kundschaft angepasst werden.

3. Für die Produktion oder Fertigung der Serie müssen konstruktive Vorbereitungen getroffen werden. Schädliche Materialien sind zu vermeiden und auch die Produktion soll nachhaltig, schadstoffarm und energiesparend möglich sein.
4. Es müssen Gesetze berücksichtigt werden, um Nutzersicherheit und Reparierbarkeit zu erreichen.

Mit dem Prototyp soll auch ein Name vorgestellt werden. Der Name soll die Akzeptanz und den Absatz fördern. Ein **Markenname** ist eine markenrechtlich geschützte Produktbezeichnung. Geeignete Namen hängen stark vom Kulturkreis ab.

- Für den einen sind Produktbezeichnungen wie *ID.4* (VW) oder *A380* (Airbus) perfekt,
- wogegen andere Kulturen Assoziationen vorziehen, zu denen etwa *Spring* (Dacia) oder *Dreamliner* (Boeing) anregen.
- Wiederum andere Menschen bevorzugen Kunstnamen. So sollen etwa die Namen von Nahrungsmittelergänzungen an diejenigen von Medikamenten erinnern.

Markennamen sollten einzigartig und einprägsam sein und positive Assoziationen wecken. *EUIPO*, das *European Union Intellectual Property Office*, schützt Wort- und Bildmarken (in der Reihenfolge ihrer Anmeldung) für Unternehmen und Einzelpersonen.

2.1.3 Entscheidungen bei der Produktentwicklung

Bei der Produktentwicklung hat die Unternehmung verschiedene Wahlmöglichkeiten. Sie werden üblicherweise so ausgeübt, dass der angestrebte kommerzielle Erfolg gefördert wird. Der kommerzielle Erfolg hat indes mehrere Dimensionen. Vorrangig sind die von Geld und Zeit gemeint. Hinzu kommt eine hoffentlich positive Wirkung für die allgemeine Reputation der Unternehmung und die Existenzsicherheit der Unternehmung mit ihrer Mitarbeiterschaft und den anderen Stakeholdern. Die allgemeine Reputation hängt heute stark von der Nachhaltigkeit (Vermeidung negativer Externalitäten) und der Wirkungsorientierung (Anstreben positiver Externalitäten) ab. Das Erfolgsziel verlangt also, dass die Neuerung alles vermeidet, das als klimaschädlich gilt, dass sie sicher bei der Benutzung ist, und so fort.

Diese vieldimensionale Zielsetzung muss zunächst etwas zusammengefasst werden. Eine generelle Empfehlung besagt, dass beim Prototyping eine *einfache*, eben keine komplizierte Umsetzung (der Erfindung oder der neuen Technologie) angestrebt werden sollte, und dass das Produkt in Serie *günstig*, nicht zu aufwendig produzierbar werden soll, und dass Nachhaltigkeit und Wirkung vorhanden und sichtbar sein müssen.

Die Empfehlung – einfach und günstig, nachhaltig und sichtbarer Impact – durchzusetzen, verlangt ein Abwägen. Denn nach dem Votum der technischen Seite sollte alles *perfekt* und *vollständig* sein. Doch Käufer und Nutzer der Produkte haben den Wunsch nach *Einfachheit.* Außerdem ist die Innovation für Käufer neu, und wie gut sie wirklich sein wird, ist anfangs trotz perfekter Markteinführung unsicher. Deshalb sollte sie nicht zu teuer wirken. Im Fazit lautet die Empfehlung, dass die Produktentwicklung sich frühzeitig an der Kundensicht orientieren muss, dabei aber die Notwendigkeiten für eine zukunftssichere Nutzung und Verwendung erfüllt werden.

Die weiteren Entscheidungen beim Prototyping werden so getroffen, dass drei Fragekreise einfließen:

1. An wen wendet sich die Innovation? Welche Erwartungen hat die Zielgruppe? Welches Kundensegment wird angestrebt, was ist der spätere Vertriebsweg? Welche Situation liegt im betreffenden Marktsegment vor und welche Preispolitik wird möglich sein?
2. Wie kann die Verbesserung oder Nützlichkeit der Neuerung sichtbar gemacht werden? Welche Merkmale kann der Innovator glaubwürdig kommunizieren, um Produktakzeptanz herbeizuführen und die Markteinführung zu erleichtern? Immerhin soll die Innovation die versprochene Verbesserung oder die in Aussicht gestellte Nützlichkeit glaubhaft machen.
3. Welche Kosten für Produktion und Logistik fallen an? Die Produktionsmöglichkeiten und Produktionskosten, vor allem die Kosten für Rohstoffe, für Fertigung, Logistik und Transport sind zu beachten und selbstverständlich auch Folgekosten (etwa für eine spätere Entsorgung).

Die **Produktentwicklung** (Prototyping und Finalisierung) ist mithin nicht nur eine fertigungstechnische Umsetzung. Neben der technischen Umsetzungsarbeit werden wesentliche unternehmerische Entscheidungen verlangt. Einflussfaktoren sind die Zielgruppe, die Glaubwürdigkeit bei der Darstellung von Vorteilhaftigkeit und Nützlichkeit sowie die Kostenfrage. Des Weiteren werden Nachhaltigkeit und Wirkung (Impact) beachtet.

Beispiel: Im Jahr 1977 stellte *Texas Instruments* erstmals einen programmierbaren wissenschaftlich-technischen Taschenrechner (in den drei Versionen TI-57, TI-58, TI-59) vor. Von da war es bis zu einem Rechner, der sich für die Ausgabe der Rechenergebnisse an einen Bildschirm anschließen lässt, kein großer Schritt. In der Industrie machten sich mehrere Unternehmen daran, den programmierbaren Taschenrechner zu einem *Tischrechner* mit Monitor umzugestalten. Dabei wurden 1980 verschiedene unternehmerische Wege eingeschlagen:

- Die Firma *Commodore International* entwickelte bis 1982 den *C64* als einen Heimcomputer, der sich für die Ausgabe an den Fernseher daheim und, für die Datenspeicherung, an Kassettenspieler anschließen ließ. Ein Hauptziel war, *Computerspiele* zum Laufen zu bringen.
- *IBM* entwickelte bis 1981/82 sein Modell *5150* als einen Personal Computer, der das Betriebssystem DOS und einen offenen Standard verwendete. Der PC sollte sich für die Arbeit in Büros eignen, für *professionelle Aufgaben*, die keinen Großcomputer verlangten. Das Hauptziel waren *Office-Programme*, Textverarbeitung und Tabellenkalkulation.
- Und in den Jahren 1983/84 brachte *Apple* zwei Tischcomputer auf den Markt, wobei der *Macintosh* ein großer kommerzieller Erfolg wurde. Das Hauptziel war, ganz neue Standards hinsichtlich *Bildausgabe* und *Bildverarbeitung* zu verwirklichen.

2.2 Phase 2: Markteinführung

2.2.1 Roll-out und Markteinführung

Zum Abschluss der Arbeiten der Produktentwicklung (Prototyping und Finalisierung) wird das serienreife Endprodukt an eine andere Geschäftseinheit übergeben, die sich sodann um die Vorstellung und die Akzeptanz im Markt bemüht (Roll-out, Markteinführung). Für die Vorstellung eines neuen Produkts wird heute der Auftritt der Hierarchiespitze der Einheit, die das Prototyping bewerkstelligt hat, oder eine Präsentation des CEO erwartet. Zeitpunkt und Ort der ersten Vorstellung müssen gut überlegt werden.

	Tätigkeit	**Organisation**
Phase 1: Produktentwicklung	Auf Basis einer Erfindung oder einer Technologie wird erst ein Prototyp und dann ein Endprodukt entwickelt.	Kleines, multidisziplinäres Team unter kraftvoller Leitung: Produktentwickler, Designer, Konstrukteure, Juristen.
Phase 2: Markteinführung	Roll-out: Der Prototyp wird vorgestellt und in den Markt eingeführt und dazu wird die Serienproduktion angeworfen.	Werbefachleute kommunizieren mit Multiplikatoren und organisieren Berichte, parallel wird mit Serienproduktion begonnen.
Phase 3: Marktdurchdringung	Der Absatz pro Zeiteinheit nimmt zu (bis zu einem Maximum der Absatzgeschwindigkeit), Produktion und Logistik werden skaliert.	Große Betriebseinheiten betreiben Produktion, Logistik, Marketing und Controlling.

Abb. 2-2: Die drei Phasen der Innovation mit drei unterschiedlich organisierten Einheiten.

Direkt anschließend werden Muster und Probeexemplare an jene Personen verteilt, von denen man sich eine *Multiplikatorenwirkung* und eine weitere, positive Ausstrahlung erhofft. Eventuell kommt auch eine *First Edition* in Frage, die attraktives Beiwerk enthält und günstig abgegeben wird.

Alle diese Kontaktaufnahmen mit dem Markt sollen durch die Medien begünstigt werden, was vom Innovator weitere Vorbereitungen verlangt. Bei der Vorstellung und der Kontaktierung von Multiplikatoren müssen die sozialen Regeln von Kommunikation und Medien berücksichtigt werden. Das Ziel ist, rechtzeitig in Produktvorstellungen, Tests und Berichten von Influencern und Bloggern prominent platziert zu werden.

Journalisten und Lobbyisten werden auf ganz unterschiedliche Weise angesprochen. Manche Unternehmen begünstigen die *aufdeckende Arbeit* von Journalisten und lassen Fotos und Berichte vorweg kursieren. Gerüchte und Dementi gehören ebenso zum Instrumentarium der Markteinführung.

Bei der Konzeption des Roll-outs für ein Produkt, das international angeboten werden soll, muss die *Reihenfolge der Länder* sorgsam überlegt werden. Der Roll-out beginnt meist in Ländern mit größerem Marktpotenzial und in Ländern mit unterstützenden regulatorischen Rahmenbedingungen für die vorgestellten Produkte. Gelegentlich beginnt die Unternehmung aber mit ihrem neuen Produkt in einem kleinen Land, um dort Verkaufserfahrungen zu sammeln und die beabsichtigte Preispolitik vorweg zu testen. Beispiel: Als Testmärkte für die EU und Konsumerzeugnisse wird vielfach das Saarland gewählt.

Eine Voraussetzung ergibt sich aus den Forschungen von *Joel Mokyr* (→ Abschnitt 1.1): Wissen sollte bei den im Testmarkt Angesprochenen vorhanden sein, und zwar Grundwissen über die Funktionsweise der Innovation sowie praktische Grundkenntnisse zur Bedienung und Nutzung. Eventuell müssen hier Instruktionen entwickelt werden. Gibt es das nicht, scheitert die Akzeptanz.

Ein Beispiel dafür ist die Digitalisierung der Cockpits in Autos um 2024. Niemand war darauf vorbereitet. Es gab einen Aufschrei der Tester. Neufahrzeuge sollten so gebaut werden, dass das traditionelle Bedienungskonzept mit Drehknöpfen erhalten bleibt. Der Testmarkt wird so gewählt, dass die Akzeptanz höchste Chancen hat.

Die meisten Unternehmen wenden sich bei der Produktvorstellung nicht an den Markt ganz generell, sondern an ein bestimmtes Kundensegment.

- Oftmals wird mit viel Glamour und einer Präsentation in Las Vegas zuerst *High-End* mit einem Produkt angesprochen, das dann einige Jahre später im mittleren Segment verkauft wird.

- Eine andere Strategie ist, sich von Beginn an auf *Low-End* zu fokussieren oder auf das *Segment der jungen Leute*. Dies geschieht dann ohne teure Glanzlichter. So kann der Anbieter des neuen Produkts im Strom der Rückmeldungen der Nutzerinnen und Nutzer das Produkt verbessern und zu einer wirklichen Innovation reifen lassen, die dann in die anderen Marktsegmente hochgehoben werden. Zehn Jahre vergehen schnell, und heute Fünfzehnjährige sind dann 25.

Als ein Beispiel diene die Automarke *Dacia*, die, gleichsam von Medien unbeachtet, ihre preisgünstigen Modelle laufend verbessert und aufwertet – wohl bis sie als ein ebenbürtiger Player in den höheren Segmenten präsent wird und dort ebenso mit Innovationen aufwarten wird.

Gleichzeitig mit der Vorstellung muss die Serienproduktion vorangetrieben werden. Produktion und Logistik für eine höhere Stückzahl oder Auflage müssen skaliert werden. Hierzu kann selbstverständlich eine Kooperation mit einem etablierten Produzenten eingegangen werden. Allerdings sollte nicht übersehen werden, dass auch die Produktion nützliche Lerneffekte erzeugt. Von daher kann es für den Innovator vorteilhafter sein, die Produktion nicht auszugliedern.

> Die Vorstellung des Produkts, die Vorbereitung der Akzeptanz sowie die erste industrielle Produktion in höherer Stückzahl bilden die zweite Phase der Innovation. Sie wird als Schritt der **Markteinführung** bezeichnet.

2.2.2 Zielgruppe, Wettbewerbsanalyse, Marketingbotschaft

Das Marketing empfiehlt, für die Markteinführung einer strukturierten Vorgehensweise, also einem Plan zu folgen. Drei Aufgaben stellen sich:

1. eine genaue Definition von *Zielgruppe* und Marktsegment,
2. eine *Analyse des Wettbewerbs* in diesem Segment,
3. die Formulierung einer klaren *Marketingbotschaft*.

Zur *Zielgruppe*: Bei Produkten für den Konsum muss die Unternehmung sich bewusst werden, ob sie das untere oder das obere Ende des Marktes anstrebt. Bei dieser Festlegung spielt hinein, ob das neue Produkt bereits als ausgereift gelten kann oder ob vielleicht für die kommenden Jahre technische Verbesserungen zu erwarten sind. Eventuell soll sich die angestrebte Zielgruppe später noch ändern. In der Regel ist der Weg von einem oberen in ein unteres Kundensegment leichter und schneller als der Aufstieg von unten nach oben.

Zur *Analyse des Wettbewerbs*: Hierzu gibt es mehrere Ansätze und Methoden. Nach **Michael Porter** (geb. 1947), einflussreicher Managementdenker, Harvard Business School, Cambridge, Massachusetts, sollte vorrangig die Struktur des Marktes genauer betrachtet werden. Porter schlägt dazu eine **Branchenstrukturanalyse** vor, die **fünf Wettbewerbskräfte** einbezieht. Eine Branche ist eine Gruppe von Unternehmen, die nahe Substitute produzieren.

Ausgangspunkt von Porter ist die Feststellung, dass die Attraktivität eines Marktes für Unternehmen durch die *Marktstruktur* bestimmt wird. Die Unternehmen passen ihre Entscheidungen und Strategien an die gegebene Marktstruktur an. Die gegebenen Marktstrukturen zusammen mit optimierten Strategien bestimmen den unternehmerischen Erfolg. Letztlich also bestimmt die Marktstruktur den Erfolg der Unternehmen in der betreffenden Branche.

Zur *Marketingbotschaft*: Die bei der Markteinführung dargestellte und von der Unternehmung vorgelebte und mitgeteilte Botschaft soll ein Dreifaches bewirken:

- Erstens sollen Kundennutzen und Alleinstellungsmerkmale deutlich werden.
- Zweitens sollen Nachhaltigkeit und Impact sichtbar werden.
- Drittens soll einsichtig werden, weshalb die Botschaften 1 und 2 überhaupt glaubwürdig sind.

Das Unternehmen muss zur Vorstellung verständlich, nachvollziehbar und glaubwürdig erklären können, worin der zusätzliche Nutzen durch das neue Produkt, die neue Dienstleistung oder die neue Technologie liegt. Ist es ein Zeitgewinn bei der Nutzung, eine höhere Performance hinsichtlich wesentlicher Merkmale, höhere Sicherheit, oder was genau ist das Neue und Bessere? Die Darstellung der Nützlichkeit muss verständlich und auf den Punkt gebracht formulieren, wo konkret die Performance der Innovation überlegen ist.

Begleitende Maßnahmen sollen die Glaubwürdigkeit dieser Marketingbotschaft unterstreichen. Dazu dienen die Vorführung des Produkts und die Gelegenheit für das Publikum, die Neuerung selbst zu probieren.

Mit der Markteinführung sollen Mechanismen geweckt werden, die den Absatzprozess begünstigen. Die als Erstes angesprochenen Abnehmer sollen als **Multiplikatoren** wirken. Die bei der Markteinführung als Erstes angesprochenen Personen sollen positive externe Effekte für den Weitergang des Absatzprozesses erzeugen. Diese Personen erleichtern es folglich, den Markt zu durchdringen.

2.2.3 Analyse des Wettbewerbs

Die um 1980 entstandenen Arbeiten von *Porter* werden nicht nur auf bestehende Märkte angewandt, ungeachtet der Frage, wie stark sie durch technischen Fortschritt dem Wandel unterliegen.

Die in der Mikroökonomie üblichen Unterscheidungen zwischen Monopol, monopolistischer Konkurrenz und vollständiger Konkurrenz genügen nach Porter nicht, um die Marktstruktur einer Branche differenziert zu beschreiben. Vielmehr kommt es auf die Ausprägungen von *fünf Wettbewerbskräften* an, um die Marktstruktur – und die darauf abgestellten Strategien – zu beschreiben.

Die fünf Wettbewerbskräfte lassen sich unmittelbar auf die Innovation anwenden und treffen dann Aussagen darüber, welche Innovationskräfte in einer Branche vorherrschen. Nicht nur, wie stark die Innovationskräfte wirken, sondern auch, wo sie ansetzen und in welcher Richtung Neuerungen gesucht und umgesetzt werden.

Die **fünf Wettbewerbskräfte** sind:

1. Die *Rivalität zwischen den bestehenden Unternehmen in der Branche.* Ist diese gering, werden die Unternehmen auftauchende Neuerungen in ihre Kontrolle bringen. Sie wollen vermeiden, dass sich der Wettbewerb in der Branche durch Innovationen grundlegend verändert und sie womöglich verdrängt werden. Die Rivalität ist gering, wenn die bestehenden Unternehmen einen monopolistischen Handlungsspielraum haben. Immer wieder weisen Ökonomen darauf hin, dass der Nachteil von Monopolen nicht allein in den hohen Preisen zu sehen ist, sondern auch in der Unbeweglichkeit von Monopolen bei möglichen Verbesserungen von Produkt und Service. Der Innovationsgrad im Monopol ist gering.
2. Die *Bedrohung der vorhandenen Unternehmen durch neu in den Markt eintretende Unternehmen,* die Innovationen mitbringen. Neue Wettbewerber dürften die bestehenden Unternehmen dazu zwingen, selbst innovativer zu werden. Denn die bisherigen Unternehmen wollen ihre Marktposition verteidigen. Dazu werden sie die Innovation wenigstens teilweise übernehmen, und zum Teil werden sie die Innovation auch abwehren. Dazu werden die bisherigen Unternehmen *Markteintrittsbarrieren* errichten. Beispielsweise werden sie technische Standards verlangen, die aus Sicherheitsgründen einzuhalten sind. Denn neue Wettbewerber haben, besonders beim Marktzutritt, oftmals Schwierigkeiten, alle Vorschriften einzuhalten.
3. Die *Verhandlungsmacht der Zulieferanten.* Porter hat sich intensiv mit Wertschöpfungsketten befasst. Haben die Zulieferanten eine starke Verhandlungsmacht, dann werden die Abnehmer der Vorleistungen

sich intensiver bemühen, mit Innovationen die Abhängigkeit zu durchbrechen. Sie sind deshalb auf solche Innovationen bedacht, mit denen bestehende Zulieferketten an Bedeutung verlieren.

4. *Verhandlungsmacht der Kunden.* Ganz ähnlich wirkt die Macht der Kundschaft. Haben die Abnehmer der Produkte große Verhandlungsmacht, dann üben sie Druck aus, um höhere Qualität und dennoch niedrigere Preise zu erhalten. Um diesem Druck auszuweichen, werden die Unternehmen nach technischem Fortschritt suchen, um Kosten zu sparen oder die Qualität der Produkte zu verbessern. Innovationen bei Produktion und Fertigung sind gesucht, auch Innovationen zur Verbesserung der Abläufe und der Logistik.
5. *Bedrohung durch Substitute* (Ersatzprodukte und Dienstleistungen): Die Abnehmer der Produkte können leichter ausweichen, wenn sie Ähnliches woanders finden. Folglich müssen sich Unternehmen bemühen, die mit ihren Produkten verbundene Nützlichkeit für die Kunden zu erhöhen.

Die Wettbewerbskräfte von Porter betrachten mithin die Beziehung zur horizontalen Nachbarschaft im Markt (andere Unternehmen der Branche, neue in den Markt eintretende Unternehmen) sowie die vertikale Nachbarschaft innerhalb der Wertschöpfungskette (Zulieferanten, Kunden, Ersatzprodukte). Wo der Wettbewerb besonders hoch ist, wird die Unternehmung mit ihren Neuerungen versuchen, die Kraft des Wettbewerbs abzuschwächen.

2.3 Phase 3: Marktdurchdringung

2.3.1 Dreifache Selbstverstärkung

Nach der Markteinführung, also dem Betreten des Marktes, soll der beginnende Verkaufsprozess im betreffenden Markt Geschwindigkeit aufnehmen. Die Übernahme der Neuerung soll sich beschleunigen. Eine Marketingstrategie hilft, Kräfte zu mobilisieren, dass der Prozess sich *zunehmend selbst unterstützt.*

Beispielsweise kann die Marketingstrategie so ausgelegt sein, dass sie das Zeigen des Produkts unterstützt, sodass die jeweils bereits getätigten Käufe zu weiteren Käufen anregen. Der Anbieter beabsichtigt, dass der Prozess der Marktdurchdringung möglichst „von alleine" weiterläuft.

Diese Phase der **Marktdurchdringung** oder *Marktpenetration* ist der dritte Abschnitt im Innovationsprozess. In diesem Abschnitt muss sich der kommerzielle Erfolg manifestieren. Danach setzt eine Zeit der Marktsättigung ein, die im Allgemeinen weniger rentabel ist. In der Phase der Marktsättigung nehmen die den Absatz stärkenden Kräfte wieder ab, die in der Phase der Marktdurchdringung aufgekommen sind. Zudem wird der Wettbewerb intensiver. Billiger produzierte Varianten und günstige Konkurrenzprodukte sowie Nachahmungen werden erhältlich.

In der Phase der Marktdurchdringung wirkt eine **Dreifache Selbstverstärkung**: Der Verkauf unterstützt weitere Verkäufe des Produkts durch drei Effekte:

1. Der *Zeigeeffekt* oder *Bandwagon-Effekt*: Die erhöhte Neigung, das neue Produkt zu kaufen, sobald man sieht, dass es andere Menschen bereits gekauft haben. In derselben Richtung wirkt der *Mere-Exposure-Effekt*, ein psychologisches Phänomen: Der bloße Sichtkontakt genügt. Wir bewerten ein Objekt oder eine Sache umso positiver und nützlicher, je öfter wir es sehen oder damit konfrontiert werden. Eine Zunahme des Absatzes bedeutet zunehmende Sichtbarkeit und diese wird als bessere Qualität interpretiert, was die weitere Nachfrage nach dem neuen Produkt verstärkt. Es wird auch vom *Vertrautheitseffekt* gesprochen.
2. Das *Achtzig-Prozent-Gesetz*: Diese hoch bestätigte Regel besagt, dass sich die Kosten für die Herstellung und den Vertrieb einer Einheit mit dem Absatz verringern. Und zwar führt jede Verdopplung der insgesamt produzierten und verkauften Quantität dazu, dass sich die Stückkosten auf 80% reduzieren. Durch diese Kostenreduktionen hat die Unternehmung mehr Möglichkeiten, die weitere Marktdurchdringung zu unterstützen, etwa durch eine größere Beweglichkeit bei der Preispolitik.
3. *Learning by Doing:* Mit zunehmendem Absatz und zunehmender Produktion sind Verbesserungen am Produkt möglich. Die skalierte Produktion stärkt das Erkennen von Verbesserungsmöglichkeiten. Zudem bedeuten höhere Absatzzahlen mehr Rückmeldungen, und Unternehmen nehmen Kritik und Anregungen seitens tatsächlicher Käufer bei höheren Absatzzahlen tatsächlich wahr. Bei höherem Absatz lohnen sich Bemühungen um Produktverbesserungen. Das Produkt reift also mit dem Absatz aus mehreren Gründen.

Die Dreifache Selbstverstärkung begünstigt die Beschleunigung des Absatzes. Ein anfangs nur schwacher Absatz beschleunigt sich durch diese drei Effekte – Präsenz, Kostenreduktion, Produktreifung – immer mehr. Dadurch können innovative Produkte, die anfangs nur wenig beachtet in einer Marktnische angeboten werden, gleichsam überraschend zu einem Verkaufsstar im Gesamtmarkt werden. So ist das beispielsweise ab 1965 mit den japanischen Autos gewesen.

Die vorteilhafte Wirkung der Produktion oder des „Tuns“ hat erstmals **Aristoteles** (384-322 v.Chr.) ausgedrückt, als er vom „Lernen durch Tun“ sprach, vom „Learning by Doing“. Mit der Produktion und dem Absatz einer Neuerung wird Wissen erzeugt, und Wissen wirkt auf vielfältige Weise positiv.

2.3.2 Beschreibung als Diffusionsprozess

Die Marktdurchdringung wird quantitativ als Diffusionsprozess mit Sättigungsniveau beschrieben. Dafür gibt es mehrere Modelle. Am bekanntesten sind die *logistische Funktion* und das darauf aufbauende *Absatzmodell von Frank Bass* (1926-2006), Professor an der Perdue University, West Lafayette, Indiana. Beide Modelle erklären, wie sich die Absatzgeschwindigkeit, also die in einer Zeiteinheit verkaufte Stückzahl, im Verlauf der Zeit *t* ändert.

Dazu stellen diese Modelle die Absatzgeschwindigkeit zu *t* dar als eine Funktion mit zwei Argumenten. Das eine Argument ist der bis zu diesem Zeitpunkt *t* bereits getätigte Gesamtabsatz, das andere Argument ist das zu jenem Zeitpunkt noch verbleibende Marktpotenzial, und dieses ist die Differenz zwischen dem Sättigungsniveau und dem getätigten Gesamtabsatz.

- Sowohl die logistische Funktion als auch das Bass-Absatzmodell erfassen den Sachverhalt, dass sich anfangs der bislang getätigte Gesamtabsatz vorteilhaft auf die Absatzgeschwindigkeit auswirkt, auf den Absatz pro Zeiteinheit also. Jedes verkaufte Stück begünstigt die Absatzgeschwindigkeit.
- Die Diffusionsmodelle erfassen ebenso, dass mit zunehmender Ausschöpfung des Marktpotenzials die Absatzgeschwindigkeit wieder geringer wird.

Wie stark diese beiden Kräfte wirken, hängt von der Nutzungsdauer des Produkts ab. Ist es ein Verbrauchsgut oder ein haltbares Produkt, für dass es später allenfalls Ersatzbedarf geben wird?

Wo beide Kräfte gleich groß sind, hat die **Absatzgeschwindigkeit** ein Maximum. Dort ist nach üblicher Auffassung die Phase der Marktdurchdringung beendet und geht in die nachfolgende Phase der Marktsättigung über. Diese gedankliche Teilung der gesamten Absatzzeit des Produkts in die Abschnitte Marktdurchdringung und Sättigung macht deshalb Sinn, weil sich die Ertragsmöglichkeiten und die Strategie des Anbieters ändern.

2.3.3 Kommerzieller Erfolg

In der Phase der Marktdurchdringung ist der kommerzielle Erfolg hoch. Womöglich kann eine höhere Kaufbereitschaft abgeschöpft werden (Skimming) und die Innovation hat kaum Wettbewerber. Vielfach werden nur leichte und kostengünstige Produktverbesserungen vorgenommen. In der Sättigungsphase treten hingegen Wettbewerber mit ähnlichen Produkten hinzu. Die innovative Unternehmung muss dann ebenso Preisnachlässe offerieren. Auf der Käuferseite tritt in der Sättigungsphase auch eine andere Personengruppe in den Vordergrund. Sie zeigt Interesse an günstigeren Produktvarianten und Sortimentsausweitungen.

Deshalb muss der Innovator den kommerziellen Erfolg in und mit der Phase der Marktdurchdringung realisieren. Die Einnahmen in dieser Phase müssen neben den Kosten für Produktion und Distribution die Kosten für das Prototyping und die Markteinführung tragen.

Bei der Erfolgskalkulation ist für den Innovator unsicher, ob nach der Phase der Marktdurchdringung und mit Eintritt in die der Marktsättigung das neue Produkt letztlich auslaufen wird. Zwar gibt es ab und zu, aber eben nicht mit Sicherheit, die Möglichkeit, das Produkt vom Grundsatz her aufzufrischen und zu erneuern, sodass der Absatzerfolg fortgesetzt und ausgebaut werden kann.

Gelegentlich kommen auch weitere Innovationen aus dem eigenen Haus, die bisherige Innovationen obsolet machen. Das heißt, dass auch im guten Fall einer Fortsetzungsmöglichkeit die Phase der Marktdurchdringung den kommerziellen Erfolg bringen muss.

Ein Beispiel ist der *iPod*, der als Meilenstein angesehene Musikspieler von Apple. Er wurde 2001 als iPod classic vorgestellt und es folgten die Varianten iPod nano, iPod shuffle und iPod touch. Doch 2022 wurde die Produktion eingestellt, weil Smartphones die Funktionen des iPods übernommen haben.

2.3.4 Zusammenfassung

Der Innovationsprozess umfasst drei Abschnitte oder Phasen:

1. Produktentwicklung (Prototyping und Finalisierung): Entwicklung eines Prototyps und dann eines Endprodukts (beziehungsweise einer Dienstleistung oder einer Technologie). Dies beginnend mit einer Erfindung oder einem erworbenen Patent oder aufgrund von allgemein verfügbaren technologischen Ideen durch konstruktive und gestalterische Arbeit, verbunden mit vielen Abklärungen.

2. Markteinführung: Roll-out, also Vorstellung des Prototyps und Verhelfen zu Aufnahme und Akzeptanz. Eine Aufgabe der Kommunikation und eine Herausforderung für Präsentation und Marketing. Gleichzeitig das Anwerfen der industriellen Maschinerie für Produktion und Absatz.
3. Marktdurchdringung mit Produktion, Logistik und Absatz, dabei Beobachtung und Förderung der Dreifachen Selbstverstärkung und eventuelle Produktverbesserungen.

Die drei Teilschritte erfordern unterschiedliche Fachleute, Organisationen, Partner, Finanzierungsarten und Kapitalgeber mit verschiedenen Orientierungen. Im ersten Teilschritt der Innovation arbeiten Fachleute für Konstruktion/Design mit Experten für Kommunikation und Marketing zusammen.

Der zweite Teilschritt der *Markteinführung* betont einerseits die Kommunikation, andererseits die Produktion.

Im dritten Teilschritt, für die *Marktdurchdringung*, sind ein Hochfahren der Produktion und Absatzlogistik sowie Strategien zur Optimierung des kommerziellen Erfolgs erfordert. Zu diesen Strategien gehören das Ausnutzen der Dreifachen Selbstverstärkung sowie das Management von Produktverbesserungen und von Anschlussinnovationen.

2.4 Ergänzung und Fazit

2.4.1 Ergänzung: Benz, Jellinek, Daimler

Die Unterschiedlichkeit der drei Phasen der Innovation (Prototyping, Markteinführung, Marktdurchdringung) verdeutlicht *Carl Benz* aus Bad Cannstatt (Stuttgart), Erfinder des Automobils:

1. *Produktentwicklung*: *Carl Benz* baute 1885 das erste Auto für flüssigen Treibstoff (Benzin, Alkohol). Es war ein Dreirad mit Einzylinder-Viertaktmotor und hatte einen Vergaser. Das Auto konnte zwei Personen transportieren. 1886 meldete Carl Benz sein „Fahrzeug mit Gasmotorenbetrieb“ zum Patent an – Benz hatte den Vergaser erfunden und eingebaut. Allerdings gab es kaum Nachfrage – der Markt hatte das Automobil zunächst nicht akzeptiert und blieb skeptisch.
2. *Markteinführung*: Die Akzeptanz gelang, als seine Frau, *Bertha Benz*, mit dem Fahrzeug zusammen mit ihren beiden Söhnen auf unbefestigten Wegen in 12 Stunden von Stuttgart nach Pforzheim fuhr (mit Nachtanken von Alkohol in einer Apotheke). Damit wurde das Fahrzeug populär. Nach dieser Vorstellung waren für die breite Marktdurchdringung indes noch weitere organisatorische Schritte nötig.

3. *Marktdurchdringung*: Der österreichisch-ungarische Geschäftsmann und Konsul *Emil Jellinek* übernahm den Vertrieb in Cannes und wählte „Mercedes-Benz" als Markennamen (benannt nach seiner Tochter Mercédès). Jellinek regte auch an, beim Fahrzeug mehr auf Geschwindigkeit und Eleganz zu setzen.

Unabhängig von *Carl Benz* arbeitete *Gottlieb Daimler* zusammen *Wilhelm Maybach* an einem schnelllaufenden Einzylinder-Verbrennungsmotor (Patent 1883). Die Daimler-Motoren-Gesellschaft und der eigenständige Motorenhersteller Maybach sind 1926 mit der Firma Benz & Cie. verschmolzen, wobei die Daimler-Benz AG entstand.

Die Daimler-Benz AG wurde 2022 im Zusammenhang mit der Abspaltung der Nutzfahrzeugsparte Daimler Truck umbenannt in Mercedes-Benz Group AG. Diese heutige Aktiengesellschaft konzentriert sich auf die drei Marken Mercedes-Benz, Mercedes-AMG (Sportlichkeit und Leistung) und Mercedes-Maybach (Luxus).

Neben Carl Benz (Vergaser und Gasfahrzeug), Bertha Benz (Markteinführung), Emil Jellinek (Marktdurchdringung) sowie Gottlieb Daimler und Wilhelm Maybach (Verbrennungsmotor) arbeiteten in der zweiten Hälfte des 19. Jahrhunderts weitere Personen an Motoren und neuer Fahrzeugtechnik.

Arbeiten zu einem Patent gehen wohl in Italien auf *Felice Matteucci* zurück, in Frankreich auf *Étienne Lenoir*, der ab 1859 einen Gasmotor betrieb. *Christian Reithmann* (1818-1909) entwickelte 1873, drei Jahre vor *Nicolaus Otto* (1832-1891), das *Viertaktprinzip.* Auf *Rudolf Diesel* (1858-1913) geht das Prinzip der Selbstzünder zurück. Rudolf Diesel war auch als Autor tätig und hatte in seinem Buch „Solidarismus" eine genossenschaftliche Wirtschaftsordnung gezeichnet.

2.4.2 Hauptpunkte

1. Drei Arten von Nährboden begünstigen Innovation: 1. Ein für Technik und Industrie offenes Klima. 2. Im Unternehmen geben nach Peter Drucker die *Sieben Quellen* Anregungen. 3. Entdeckungen und Erfindungen werden zwar nicht als Schritte der Innovation angesehen, doch sie schaffen oftmals Vorlagen für Innovationen.

2. Erfindungen können *patentiert* werden, sofern sie erstens neu sind (auch für Fachleute nicht naheliegend), zweitens auf erfinderischer Tätigkeit beruhen (Experimente, Versuchsreihen, „kombinatorische Spiele") und drittens gewerblich anwendbar sind. (§ 1 Abs. 1 PatG).

3. Der Innovationsprozess umfasst drei Phasen: 1. *Produktentwicklung* (Prototyping und Finalisierung), 2. *Roll-out / Markteinführung* und 3. *Marktdurchdringung.* Üblicherweise wird die Erfindung, die einer

Innovation vorangehen kann, nicht als eigener Schritt des Innovationsprozesses betrachtet.

4. Die Produktentwicklung – die erste Phase im Innovationsprozess – verlangt eine multidisziplinäre Entwicklungsarbeit, bei der vor allem drei Einflussfaktoren berücksichtigt werden: 1. Für wen ist die Innovation gedacht? 2. Wie kann die Verbesserung oder Nützlichkeit glaubwürdig dargestellt werden? 3. Welche Kosten für Produktion und Logistik fallen an?
5. Die *Dreifache Selbstverstärkung* begünstigt die Absatzbeschleunigung in der Phase der Marktdurchdringung. Die drei Rückkopplungseffekte wirken über die *Präsenz*, die *Produktreifung* und die *Kostenreduktion* umso stärker, je weiter Produktion und Absatz voranschreiten. Dadurch können innovative Produkte, die anfangs nur wenig beachtet in einer Marktnische angeboten werden, überraschend zu einem Verkaufsstar im Gesamtmarkt werden.

2.4.3 Literatur

Jens Kohler: *Wissenstransfer bei hoher Produkt- und Prozesskomplexität.* Gabler Edition Wissenschaft, Wiesbaden 2008.

Volker Oppitz, Volker Nollau: *Taschenbuch Wirtschaftlichkeitsrechnung. Quantitative Methoden der ökonomischen Analyse.* Carl Hanser Verlag, München 2004.

Michael Porter: *Wettbewerbsstrategie: Methoden zur Analyse von Branchen und Konkurrenten.* Campus, Frankfurt/New York, 12. Auflage 2013.

Martin Vetter: *Praktiken des Prototyping im Innovationsprozess von Start-up-Unternehmen.* Gabler, Wiesbaden 2011.

3 Schöpferische Zerstörung

Die Lernfragen zu diesem Kapitel finden Sie unter:
https://narr.kwaest.io/s/1437

Joseph Schumpeter hat die Wirtschaftsordnung freier Märkte, den Kapitalismus und das Unternehmertum untersucht. Dabei hat er die enorme Bedeutung der Innovation für den Wandel in Wirtschaft und Gesellschaft aufgezeigt.

Schumpeter präzisiert Innovation als erfolgreiche Durchsetzung neuer Kombinationen von Produktionsmitteln am Markt. Nach der Einführung *durchdringt* die Neuerung den Markt und *verdrängt* zunehmend die bisherigen Produkte und deren Anbieter.

Schumpeter gelangt zu dem Urteil, dass gesamtwirtschaftlich die Vorteile der Innovation die Nachteile der Verdrängung überwiegen.

Zwei weitere Punkte in diesem Kapitel:

1. *Clayton Christensen* untersucht anhand von Fallstudien, warum es immer wieder dazu kommt, dass sich etablierte Unternehmen vom Markt verdrängen lassen. Die Marktdurchdringung benötigt Zeit, weshalb die im Markt etablierten Unternehmungen eigentlich genug Möglichkeit hätten, selbst neue Entwicklungen zu beginnen oder sich ganz umzustellen, eben um nicht verdrängt zu werden (→ Abschnitt 3.2). Warum also kommt es zur Verdrängung?
2. Ein Merkmal der freien Marktwirtschaft ist, dass es für alles eine kaum zu überblickende Vielfalt ganz *ähnlicher* Produkte gibt. Ist das nicht eine unnötige Verschwendung von Ressourcen? *Sherwin Rosen* gesteht ein, dass die freie Marktwirtschaft redundant und daher etwas kostspielig ist, was den Verbrauch von Ressourcen anbelangt. Doch die Systemtheorie lehrt, dass bei redundanter Vielfalt das System ermöglicht, Risiken und Fehler auszugleichen. Die auf den ersten Blick unnötige Vielfalt der Produkte trägt durch die größere Systemsicherheit zu Sicherheit und Stabilität bei (→ Abschnitt 3.3).

3.1 Verdrängung des Bisherigen

3.1.1 Joseph Schumpeter

Der österreichische Nationalökonom **Joseph Schumpeter** (1883-1950) gilt als einer der herausragendsten ökonomischen Denker des 20. Jahrhunderts. Schumpeter lehrte von 1911 bis 1919 als Professor in Graz, von 1925 bis 1932 in Bonn und ab 1932 an der Harvard University in Boston.

Schumpeter hat die Wirtschaftsordnung freier Märkte, den Kapitalismus und das Unternehmertum untersucht. Dabei hat er die enorme Bedeutung der Innovation für den Wandel in Wirtschaft und Gesellschaft aufgezeigt und in seinem Buch 1939 über Konjunkturzyklen dargestellt.

Schumpeter konzentriert sich auf Innovationen, die *wesentliche Verbesserungen* von industriellen Produkten darstellen, für die es bereits einen Markt gibt.

Die Verbesserungen sind durch neue Technologien möglich, die mit der Zeit aufkommen und in einer offenen, industriellen Wirtschaft allgemein bekannt werden. Findige Unternehmer greifen die neuen Technologien auf, gestalten auf ihrer Basis neue Produkte und bringen diese in den Markt.

Die neuen Produkte verdrängen die bisherigen Produkte, weil sie den Menschen eine überlegene Performance bieten – stark verbesserte Lösungen derjenigen Probleme und Aufgaben, die schon die bisher im Markt angebotenen Produkte gelöst haben (nur eben nicht so gut). Mit der Durchdringung des Marktes mit den neuen Produkten werden die alten *verdrängt.* Die nicht-innovativen Anbieter müssen ihre Geschäftstätigkeit *reduzieren* oder *aufgeben.*

Schumpeter präzisiert die **Innovation** als erfolgreiche Durchsetzung neuer Kombinationen von Produktionsmitteln am Markt. Nach der Einführung *durchdringt* die Neuerung den Markt und *verdrängt* zunehmend die bisherigen Produkte und deren Anbieter.

Welche Situation besteht im Absatzmarkt vor der Innovation?

1. Wenn in einem Markt zahlreiche Unternehmen gut substituierbare Produkte anbieten, dann führt der *Preiswettbewerb* immer mehr zu einem vollkommenen Marktgleichgewicht: Alle Preise sind gleich hoch. Sie entsprechen den Grenzkosten der Produzenten. Durch den Preiswettbewerb können Unternehmer letztlich keine Marge mehr erzielen – anders als dies in einem Monopol, Oligopol oder bei monopolistischer Konkurrenz der Fall wäre.
2. Der Zustand ohne Marge nimmt dem vollkommenen Marktgleichgewicht jedoch die Stabilität. Denn kein Anbieter ist zufrieden, keiner betrachtet das vollkommene Marktgleichgewicht als Dauerzustand. Einzelne Unternehmer werden damit beginnen, das bloße Betreiben

und Weiterbetreiben der Faktorkombination zu durchbrechen. Dazu entwickeln sie Neuerungen, die den Abnehmern der Produkte Verbesserungen und eine höhere Nützlichkeit versprechen. Deshalb können diese Unternehmer mit den Neuerungen einen höheren Preis erzielen und haben Erfolg.

Die innovativen Unternehmer werden die Neuerungen in den Markt einführen und den Markt weiter durchdringen. Dabei werden die bisherigen Produkte und ihre Anbieter verdrängt. Nicht-innovative Anbieter verlieren die Existenzgrundlage. Auch wenn (zunächst) nur einzelne Unternehmer innovative Anstrengungen unternehmen, wird die Existenz der anderen Unternehmer bedroht. Ihnen bleibt nur, selbst innovativ tätig zu werden. So werden alle Anbieter gedrängt, innovativ tätig zu werden.

Das ursprüngliche Gleichgewicht im Markt ist *labil.* **Die freie Marktwirtschaft hat eine innere Kraft zur Innovation.**

3.1.2 Prozess schöpferischer Zerstörung

Wenn Unternehmen verdrängt werden und aufgeben, ist dies immer mit gewissen Kosten verbunden, aber es gibt auch Vorteile:

1. Manche der freiwerdenden Kapazitäten können nicht anderweitig verwendet werden. Nicht alle Arbeitskräfte finden eine entsprechende Weiterbeschäftigung. Mühsam erworbenes Wissen wird obsolet. Die *Verdrängung zerstört folglich wertvolle Ressourcen* bei den Anbietern nicht mehr absetzbarer Produkte.
2. Die Innovation verursacht selbstverständlich auch Kosten bei der innovativen Unternehmung. Dort entstehen *Kosten für die Produktentwicklung und die Markteinführung.*
3. Andererseits bietet die Neuerung mit ihrer *besseren Performance eine höhere Nützlichkeit* (die sich in einer grundsätzlich höheren Zahlungsbereitschaft ausdrückt). Diese ist sehr hoch einzuschätzen, wenn die Neuerung wesentlich und der Markt groß ist.
4. Zudem hat die Innovation *positive externe Effekte*, weil sie weitere Innovationen begünstigt, die ihrerseits wieder Vorteile bringen.

Schumpeter gelangt zu dem Urteil, dass gesamtwirtschaftlich die Vorteile der Innovation (Punkte 3 und 4) die Nachteile (Punkte 1 und 2) überwiegen. Immerhin nimmt in der Phase der Marktdurchdringung die Anzahl derjenigen zu, die die Vorteile der Innovation nutzen. Die Innovation verbessert, auch wenn dabei das Bisherige verdrängt wird. Schumpeter prägt dafür das Wort **schöpferische Zerstörung** oder *Creative Destruction* (→ Kapitel 7 in Schumpeter: Kapitalismus, Sozialismus und Demokratie, 1942).

Durch Innovationen kommt es, so Schumpeter, gesamtwirtschaftlich zu Fortschritt. Dieser strahlt wiederum auf Wirtschaft und Gesellschaft aus und begünstigt deren Weiterentwicklung. Der Bonner Betriebswirt *Horst Albach* (1931-2021) erklärt: Die Tatsache, dass nicht-innovative Unternehmen scheitern und verdrängt werden und Betriebe aufgeben müssen, sollte nicht als Fehler der Marktwirtschaft gesehen werden. Es ist der *Regelfall des Systems der freien Marktwirtschaft.*

Noch zu dem positiven Effekt, dass eine Innovation Impulse gibt, weitere Innovationen anregt und begünstigt, was wiederum Vorteile bringt.

Eine Innovation hält der nächsten die Steigbügel. Hierbei wirken gewisse zeitliche Verzögerungen, durch die sich **Trends** bilden, die über längere Zeit wirken. Zwei augenfällige Beispiele für diese Trends sind die *Miniaturisierung* und die *Digitalisierung.* Trends schwächen sich dann irgendwann ab. So entstehen langfristige **Zyklen.**

Schumpeter hatte in seinem Buch über Konjunkturzyklen dargelegt, dass langfristige Zyklen der Wirtschaft mit Innovationen zusammenhängen. Neuere Forschungen bestätigen diesen Zusammenhang. Konjunkturzyklen von etwa 40-60 Jahren Länge, wie sie der russische Wirtschaftsstatistiker *Nikolai Kondratieff* (1892-1938) untersucht hat, werden mit Basisinnovationen in Verbindung gebracht. Bislang wurden vier Kondratieff-Zyklen gesehen: 1. Dampfmaschine/Baumwolle (um 1800), 2. Eisenbahn/Stahl (um 1850), 3. Elektrotechnik/Chemie (um 1900) sowie 4. Petrochemie/Automobil (um 1950). Einige Experten sehen heute in der Künstlichen Intelligenz, im Quantencomputing, oder auch in der Raumfahrt eine stärker werdende Basisinnovation, die später einmal als fünfter Kondratieff-Zyklus gesehen werden könnte.

3.1.3 Kosten-Nutzen-Analyse

In einer gesamtwirtschaftlichen Kosten-Nutzen-Analyse erscheinen die vier bereits genannten Positionen:

1. Kosten der verdrängten Unternehmen,
2. Kosten für die Entwicklung der Innovation beim Innovator,
3. Nutzenzuwachs bei jenen Personen, die die Innovation übernehmen.
4. Positive Externalitäten: Innovationen schaffen Chancen und geben Anregungen für weitere Erfindungen und Entwicklungen in der Wirtschaft und Gesellschaft. Außerdem können positive Impacts sicht- und messbar werden.

Ein Teil des Nutzenzuwachses (Punkt 3) kann der Innovator mit dem Verkaufspreis für sich realisieren (und so seine in Punkt 2 erwähnten Kosten ausgleichen), der restliche Teil des Nutzenzuwachses verbessert die Position jener, die die Innovation übernehmen.

Notwendig dafür, dass die Innovation gesamtwirtschaftlich vorteilhaft ist, sind zwei Bedingungen:

- Erstens dürfen die genannten Kosten (Punkte 1 und 2) nicht zu hoch sein, insbesondere die Kosten für die Verdrängung und Schließung nicht-innovativer Unternehmen. Diese Bedingung ist wohl erfüllt, wenn es gut funktionierende Märkte für Unternehmen gibt und wenn die Arbeitsmärkte aufnahmefähig sind. Doch auch wenn dies in einem Land der Fall ist, bleiben immer noch gewisse Kosten, auch gesamtwirtschaftliche Kosten, wenn Unternehmen schließen und Personal entlassen wird.
- Zweitens muss die Summe der beiden positiven Wirkungen – Nutzenzuwachs bei denjenigen, die die Innovation übernehmen, sowie positive Externalitäten – hinreichend hoch sein, um die eben benannten Kosten zu überwiegen. Die erstgenannte positive Wirkung, der Nutzenzuwachs, ist zweifelsfrei in einer gesamtwirtschaftlichen Kosten-Nutzen-Analyse als größer einzuschätzen, wenn der Markt größer ist und wenn die allgemeine Akzeptanz von Neuerungen hoch ist. Die Menschen sollten Neuerungen akzeptieren und Bereitschaft zeigen, die bessere Performance und die höhere Nützlichkeit zu honorieren. Die positiven Externalitäten sollten natürlich messbar sein und sie können durch gezielte Impact Investments (⟶ Abschnitt 1.1), verstärkt werden.

Sind diese Vorbedingungen *nicht* erfüllt, dann sind Innovationen gesamtwirtschaftlich kaum vorteilhaft.

- Die Kosten für die Verdrängung von Betrieben sind typischerweise hoch, wenn die Märkte für Unternehmen nicht gut funktionieren – es gibt keine Investoren – oder wenn die Arbeitsmärkte nicht so effizient sind, vielleicht weil ohnehin die Arbeitslosigkeit hoch ist.
- Und die Neuentwicklung eines Produkts lohnt sich wohl kaum, wenn der Markt für das Produkt zu klein ist. Praktisch bedeutet das: Der Innovator in einem kleinen Land muss Möglichkeiten sehen, selbst oder über Partner ein innovatives Erzeugnis international vermarkten zu können.
- Und die innovative Tätigkeit lohnt sich auch nicht, wenn die Menschen nur eine geringe Akzeptanz gegenüber Neuerungen zeigen. Das Marketing lehrt, dass bei allen Produkten der Heimatmarkt des Produzenten eine enorme Bedeutung für das Produkt hat. Es wird folglich nur wenige Innovatoren geben, die in einem Land Entwicklungsarbeiten vornehmen und dann dort aufgrund der landestypischen Gewohnheiten keine Resonanz finden.

So verwundert nicht, dass kulturelle Unterschiede, vielleicht auch die Geschichte eines Landes, zu ausgeprägten Unterschieden der Innovation zwischen den Ländern führen.

Der **Global Innovation Index GII** nennt 2024 fünf Länder als die innovativsten: 1. Schweiz, 2. Schweden, 3. USA, 4. Singapur, 5. Großbritannien. Es ist keine Frage allein des Einkommensniveaus im Land. Der GII ermittelt für reichere wie für ärmere Länder Rankings des Innovationsgrads. In der Gruppe der Länder mit hohem Einkommen sind dies: Schweiz, Schweden, USA. In der Gruppe der mittleren bis höheren Einkommen sind China, Malaysien und die Türkei auf den ersten drei Plätzen.

Was die Akzeptanz von Innovationen betrifft, so sind wir wohl alle neugierig. Dennoch sollen zwei typische Unterschiede in der Akzeptanz von Innovationen angesprochen werden.

- Erstens gibt es Lebensbereiche, in denen wir Menschen ausgesprochen traditionell sind, so oftmals bei der Nahrung, vielfach auch bei unserer Wohnungseinrichtung, im Hausbau und bei der städtischen Raumplanung. In anderen Lebensbereichen schätzen wir hingegen eine hohe Rate von Neuerungen, beispielsweise in der Unterhaltungsindustrie.
- Zweitens sind wohl junge Menschen generell innovativer als ältere, für die in vielen Lebensbereichen das Gewohnte eine Stütze bietet. Junge Menschen haben oft auch mehr Akzeptanz für Innovationen.

Einige Unternehmen verfolgen die Strategie, sich mit einer Innovation bewusst auf junge Leute zu fokussieren. Oft wird das von den Älteren gar nicht beobachtet. Die Innovation kann dann durch Feedback aus dem Marktsegment der Jungen ausreifen. Nach einiger Zeit kann die Innovation die Grenzen des Marktsegments der Jungen verlassen und generell im Markt angeboten werden – in einer perfektionierten, reiferen und auch teureren Modifikation.

Insgesamt ist die Leistung von **Schumpeter** als sehr hoch einzuschätzen. Er hat argumentiert, dass Innovation so wertvoll für den Fortschritt ist, dass selbst nach Ausgleich der volkswirtschaftlichen Kosten für die Zerstörung der nicht-innovativen Unternehmungen eine „Schöpfung“ stattfindet. Zwei Preisträger für den Wirtschaftsnobelpreis 2025 (die sich den Preis mit *Joel Mokyr* teilen), haben diesen Sachverhalt mit mathematischer Formulierung eines Wachstumsmodells gezeigt: *Philippe Aghion* (geboren 1956), Professor Insead Paris und London School of Economics, sowie *Peter Howitt* (geboren 1946), Brown University in Providence, Rhode Island.

Aghion und **Howitt** zeigen mit ihrem mathematisch formulierten Wachstumsmodell 1992 – anders als der Historiker Mokyr dies mit Auswertung von Fallstudien tat – dass trotz der immer wieder stattfindenden Zerstörung („Disruption") ein immer wieder monopolistische Erlöse generierender Prozess von Innovationen auf ein insgesamt höheres Wachstum der Wirtschaft führt. Aghion und Howitt argumentieren auch, dass sehr große Unternehmungen die Rate der Innovation „kontrollieren" können, wodurch das ansonsten mögliche und durch Innovation bewirkte Wachstum einer Volkswirtschaft reduziert wird.

3.2 Das Dilemma

Unternehmer, die in einem Markt mit ihren Produkten und Leistungen präsent sind, sehen die laufenden technologischen Entwicklungen und beobachten die für ihren Bereich oder ihre Branche relevante Erfindungstätigkeit.

Da alle diese Entwicklungen und Neuerungen Zeit benötigen, sollten die in einem Markt gut vertretenen Unternehmungen genug Möglichkeit und Zeit haben, selbst neue Entwicklungen zu beginnen, aufzunehmen oder sich ganz umzustellen, um sich nicht verdrängen zu lassen. Warum geschieht es dennoch immer wieder, dass Unternehmen, die als Anbieter in einem Markt eigentlich gut positioniert sind, verdrängt werden?

3.2.1 Clayton Christensen

Dieser betriebswirtschaftlichen Frage ist der Harvard-Professor **Clayton Christensen** nachgegangen. Christensen hat die Frage in einem Buch behandelt, für das er im Titel von einem *Dilemma* spricht, also einem Entscheidungsnotstand. Es handelt sich um ein Dilemma, vor das die im Markt etablierten Unternehmungen gestellt werden, sobald eine Innovation auftaucht. Seine Botschaft lautet, dass die einem Markt etablierten Unternehmen mit dem Aufkommen von neuen Technologien und neuen Produkten in einen ziemlich nachteiligen Zustand geraten und gleichsam zwischen Pest und Cholera wählen müssen. Das Festhalten am Bisherigen ist ebenso ungünstig wie ein Umschwenken auf die Neuerung.

Christensen untersucht mehrere Unternehmen, darunter *General Motors (GM)*. Gegründet 1908, hatte GM um 1960 beliebte und komfortable Fahrzeuge im Angebot mit allgemein geschätzten Marken, darunter Buick und Cadillac, Chevrolet und Pontiac. Durch die aufkommende Konkurrenz mit kompakten und kraftstoffeffizienten japanischen Autos wurde GM im angestammten Markt für Pkws vollkommen auf die Seite gedrängt – die Marke Pontiac wurde 2010 aus finanziellen Gründen eingestellt.

Viele US-Amerikaner konnten nicht verstehen, wie ab 1966 der kleinere (und damals noch nicht ausgereifte) *Toyota Corolla* gegen die bequemen größeren US-amerikanischen Wagen hat bestehen können.

Hier werden bereits zwei Charakteristika der Neuerung (Toyota Corolla) deutlich: Die Neuerung (Corollas) wurde anfangs nicht als überlegen, besser oder nützlicher angesehen. Und es war damals nicht zu erwarten, dass die japanischen Fahrzeuge einmal die US-amerikanischen verdrängen würden.

1. Zu Beginn, als Corollas in den US-amerikanischen Markt eingeführt worden sind, sowie in den Anfängen der Marktdurchdringung, stellten sie keine ernst zu nehmende Konkurrenz für GM dar. Denn die japanischen Autos waren klein, unbequem und zu jener Zeit unausgereift – auch wenn sie billiger und kraftstoffeffizienter gewesen sind. Sie waren keine als überlegen anzusehende Fahrzeuge.
2. Es war höchst unsicher, ob der anfängliche Verkaufserfolg von Toyota sich überhaupt fortsetzen würde und ob nicht der Markt für Corollas dauerhaft auf die Marktnische junger Leute und von Personen aus der Unterschicht beschränkt bleiben würde. Allgemein wurde erwartet, dass die Verkaufszahlen japanischer Autos bald stagnieren würden.

Am Anfang waren die japanischen Autos keine Innovation. Weder waren sie im US-Markt der Personenfahrzeuge überlegen oder allgemein nützlicher, noch war die Marktdurchdringung zu erwarten. Auf Käuferseite war ihr Kauf wohl eine unsichere Investition. Jedoch begann, vielleicht von etablierten Herstellern unterschätzt, die Dreifache Selbstverstärkung zu wirken. Die Corolla-Fahrzeuge wurden mit der Zeit im Markt öfters gesehen, und die Präsenz hat den Kaufinteressierten Unsicherheit genommen. Die japanischen Fahrzeuge wurden verbessert und ausgereifter.

Einige Extras der Oberklasse wurden übernommen. Aufgrund des Achtzig-Prozent-Gesetzes konnten die Corolla-Fahrzeuge günstiger angeboten werden. Die Nützlichkeit der Fahrzeuge erhöhte sich mit dem Absatz spürbar. Die Corollas waren zwar anfangs keine Innovation, aber sie wurden im Verlauf der Zeit mit zunehmender Marktdurchdringung zu einer Innovation.

Ganz ähnlich war der Fall von *Kodak* im Markt für Filmtechnik. Der Erfinder *George Eastman* hatte 1882 die Company gegründet, die ab 1935 mit ihrem Produkt, dem Farbumkehrfilm *Kodachrome*, weltweit im Zentrum der Filmtechnik stand. Der Kodachrome wurde über 74 Jahre, bis zur Produktionseinstellung 2009, in der Kinematografie und der professionellen Farbfotografie verwendet.

Kodak hatte auch einige Kameras im Angebot, darunter ab 1976 eine Sofortbildkamera (deren Produktion und Verkauf 1985 wegen eines Patentstreits mit *Polaroid* eingestellt wurde).

Zudem hatte Kodak 1975 die Digitalkamera erfunden; 1986 entwickelte Kodak den ersten digitalen Fotosensor mit mehr als einer Million Pixel. Im Jahr 1992 führte Kodak die Photo-CD zur digitalen Archivierung von Fotos ein. Kodak hatte weit über 100 Tausend Mitarbeitende.

Doch ab 1960 brachten japanische Hersteller (*Fuji, Minolta, Ricoh* und andere) preisgünstige Kameras auf den Markt und machten sich durch deren hohe Qualität einen Namen im Bereich Fotografie. In der Folge konnten sie auch japanische Farbfilme verkaufen, unter ihnen besonders *Fujifilm*. Dies, obwohl diese Filme anfangs kühle Farben zeigten und qualitativ den lebendigen Farben von Kodachrome unterlegen waren. Der Absatz von Kodachrome ging immer weiter zurück. Im Jahr 2012 musste Kodak Konkurs anmelden.

> Die **Dreifache Selbstverstärkung** zeigt, dass ein neues Produkt, auch wenn es zunächst keine bessere Performance oder allgemein höhere Nützlichkeit zeigt, für etablierte Unternehmungen gefährlich werden kann, sobald die positive Rückkopplung in Gang kommt: Verbesserungen erweitern die Absatzmöglichkeiten und größere Absatzzahlen ermöglichen weitere Verbesserungen.

3.2.2 Die Entscheidungsalternative

Die Fallstudien von *Christensen* bemerken, dass die etablierten Unternehmungen das Aufkommen von Neuerungen zwar sahen, ihnen aber – aus Sicht der damaligen Information durchaus richtig – keine echten Chancen einräumten. Erst später, im Verlauf der dargestellten positiven Rückkopplung, korrigierten sie diese Einschätzung.

- Wenn sich eine Neuerung abzeichnet, ist anfangs unsicher, ob sie wirklich zu einer Innovation wird und sich im Markt durchsetzt. Ein frühzeitiges, gänzliches Umschwenken auf die Neuerung wäre für etablierte Unternehmen zu riskant. In einigen Fällen bleibt die Neuerung eine technische Spielerei und reift nicht zu einer Innovation heran. Dann erweist es sich als klug, falls die etablierte Unternehmung nicht auf den fahrenden Zug aufgesprungen sein sollte.
- Wenn sich eine Neuerung abzeichnet, könnte die etablierte Unternehmung allerdings auch entscheiden, ihre Position und die des bisherigen Produkts zu verteidigen. Dazu würde die Unternehmung in die Beziehung zu ihren Kunden investieren und das Produkt mit mehr Komfort und Luxus ausstatten. Das wäre aber eine irreversible Investition, weil

das Produkt sich schon vor Auftauchen der Neuerung optimiert war. Und sollte sich dann doch die Neuerung als Innovation durchsetzen, wird ein Umschwenken für das etablierte Unternehmen teuer: 1. Als zögerlicher Zuspätkommer wird es teuer. 2. Die jüngsten, irreversiblen Investitionen in das bisherige Produkt gehen verloren. 3. Ursprüngliche Investitionen in den Markt und der Aufbau eines Markennamens für das bisherige Produkt gehen verloren.

Die Entscheidung führt auf das **Dilemma**: So oder so ist es ungünstig. Viele Unternehmen werden sich für die Beibehaltung der bisherigen Technologie und der bisherigen Produkte entscheiden, und diese durch ein stärkeres Eingehen auf Kundenwünsche verbessern. Falls es dann zu einem Durchbruch der Neuerung kommen sollte und diese zu einer marktweiten Innovation wird, müsste diese Wahl allerdings als fatal beurteilt werden.

Was wäre ein Ausweg aus dem Dilemma? Christensen verweist auf eine weitere Entscheidungsmöglichkeit: Das im Markt etablierte Unternehmen könnte beim Auftauchen der Neuerung zwar nicht ganz auf diese umschwenken, aber eine kleinere und unabhängige Einheit gründen, welche die technologischen Entwicklungen beobachtet und Produkte der neuen Art lanciert.

Das **Innovationsdilemma** ist Gegenstand aktueller Forschung.

Einige Publikationen warnen, den Fehler einfach bei einem zögerlichen Management zu sehen oder generell in mangelnder Innovationsbereitschaft zu orten. Denn es wird unterschätzt, dass manche Neuerungen zu Anfang nur in einem Nebensegment angeboten werden und dort im Laufe der Zeit zu einer Innovation reifen, die dann auch im Gesamtmarkt angeboten wird.

Zudem wurden die Innovationen bei *GM* und bei *Kodak* von einer wenig beachteten Entwicklung überlagert: Die Fallstudien von GM und von Kodak zeigten Produkte US-amerikanischer Unternehmen, die von japanischen verdrängt wurden. Damals war Japan ein Niedriglohnland. Aufgrund der Faktorpreiskonvergenz (*Paul Samuelson*) war Druck auf die Löhne in den USA unvermeidlich. In Deutschland sind in jener Zeit ganze Branchen verdrängt worden, so etwa die Hersteller in der Branche Radio, TV, Hi-Fi.

3.3 Nachhaltigkeit und Redundanz

3.3.1 Moden, Spielereien, Variantenvielfalt

Neuerungen werfen in der Gesellschaft kritische Fragen auf, wenn die Verdrängung des Bisherigen mit sehr hohen Kosten einhergeht und die Vorteile der Neuerung nicht ausreichen, sie in einer *gesamtwirtschaftlichen Kosten-Nutzen-Analyse* auszugleichen.

Dennoch kann eine gesamtwirtschaftlich kritisch zu sehende Neuerung einzelwirtschaftlich vorteilhaft sein.

- Dies erstens, weil keine einzelne Unternehmung sich direkt an den Kosten der Verdrängung beteiligen muss.
- Zweitens werden auch heute noch gesamtwirtschaftlich bedenklich negative Externalitäten nur bedingt dem Verursacher angelastet (sondern als „gemeinschaftlich zu lösendes Problem“ deklariert).

So kommen auch immer wieder *Moden* auf oder technische *Spielereien.* In freien Marktwirtschaften kommt es zu einer enormen *Vielfalt von Produktvarianten.* Die Breite der Neuerungen, die auf den Markt kommen, wird gesamtgesellschaftlich oftmals als redundant angesehen, als eine *unnötige* Vielfalt, die nur Ressourcen verschwendet.

> Die **Vielfalt** wird als Erscheinung einer Gesellschaft im Überfluss erklärt, nicht aber als zielgerichtete, ressourcensparende Weiterentwicklung. Zu schnell ändern sich Moden. Technische Spielereien verschwinden, und Varianten verwirren bei einer rational intendierten Kaufentscheidung.
>
> In einer Welt, in der natürliche Ressourcen nicht grenzenlos verfügbar sind und in der die Belastungen der Umwelt überall spürbar sind und Lebensgefühl und Nutzen beeinträchtigen, sollte ein Gebot zu *Nachhaltigkeit* helfen, unnötige Schwingungen, Sprünge und Ausschläge zu vermeiden. Denn gesamtwirtschaftliche Kosten müssen letztlich gesamtwirtschaftlich getragen werden, sei es von der gegenwärtigen oder einer zukünftigen Generation. Nachhaltigkeit und Wirkungsorientierung verlangen eine generationenüberspannende Verantwortung.

3.3.2 Sherwin Rosen

So wurde immer wieder gefragt, ob eine stärkere staatliche oder jedenfalls zentrale Planung angebracht sei, um die Verschwendung von Ressourcen in freiheitlichen Wirtschaftssystemen zu verhindern. Eines der Argumente für eine stärkere zentrale Planung lautet, dass sich auch die nichtkapitalistischen Wirtschaften mit ihrer staatlichen Lenkung weiterentwickeln und große und fortschrittliche Neuerungen vorbringen.

So hatte etwa die damalige Sowjetunion bei der Öffnung des Weltraums durch die Raumfahrt den Vorsprung – der erste Satellit Sputnik 1 (1957), der erste Kosmonaut *Juri Gagarin* (1961). Und der Volksrepublik China scheint bei der *Neuen Seidenstraße* (ab 2013) die Einbindung von 100 Ländern in den Handel und die wirtschaftliche Zusammenarbeit zu gelingen.

Die Frage ist nicht, ob eine staatliche Wirtschaftsplanung stärker als eine kapitalistische Wirtschaftsordnung das Gebot der Nachhaltigkeit sichert, sondern ob eine zentralistisch hierarchische Planung Ressourcen stärker schont als ein System dezentraler Entscheidungen im Wettbewerb. Immerhin haben große Unternehmen selbst eine zentralistisch hierarchische Planung mit dem CEO als Spitze der Hierarchie. Und es gibt auch Staaten, die zweifelsfrei nicht „totalitär" oder „kommunistisch" sind, die dennoch eine zentralistisch-hierarchische Planung implementiert haben (wobei die Hierarchiespitze ein Expertengremium ist).

Die Untersuchung der Redundanz aufgrund der Gütervielfalt im kapitalistischen Wirtschaftssystem im Unterschied zur zentralistischen Wirtschaftsplanung, die kaum überflüssige Doppelspurigkeit kennt, geht auf den Arbeitsökonomen **Sherwin Rosen** (1938-2001) zurück. Sherwin Rosen, der an der Universität von Chicago lehrte und forschte, stellt zwei seiner Untersuchungsergebnisse heraus:

1. Bei der Frage geht es im Kern darum, wie der **Markt für Unternehmenskontrolle** gestaltet ist. Ein *Markt* ist ein kommunikatives Gebilde, das *Vergleiche* und Wahlhandlungen ermöglicht. Der *Markt für Unternehmenskontrolle* ist ein Markt, auf dem Verträge mit Top-Leuten für die Leitung und Führung von Unternehmen gehandelt werden sowie Rechte (Beteiligungspakete), die wesentliche Entscheidungen in Unternehmen erlauben.
2. Wirtschaftssysteme mit gut funktionierenden Märkten für die Unternehmenskontrolle, etwa mit Aktienmärkten, und hoher Beweglichkeit von Führungskräften, sind zugegebenermaßen etwas redundant und daher etwas kostspielig, was die Ressourcenproblematik anbelangt (Moden, Spielereien, Variantenvielfalt). Aber sie sind dennoch denjenigen Wirtschaftssystemen überlegen, in denen die Unternehmenskontrolle auf nicht marktwirtschaftliche Weise festgelegt wird. Der Grund liegt in der *Systemsicherheit.*

Seinen Befund begründet Rosen damit, dass **redundante Systeme sicherer sind als solche, die keine Redundanz haben**. In der Tat zeigt die Informationstheorie die Nützlichkeit von Redundanz in verrauschten Systemen. Jeder kennt das: Wenn die Nachrichtenverbindung rauscht, soll das Gegenüber alles zweimal sagen, und am besten die Botschaft mit leicht anderen Worten wiederholen. Durch Redundanz lässt sich die Botschaft auch bei „Rauschen" rekonstruieren. Redundanzfreie Systeme wirken zwar auf den ersten Blick „sparsamer" und somit „ökonomischer". Sie unterliegen aber der Gefahr größerer Risiken.

Die Erkenntnis von **Rosen** besagt, dass nicht nur die ganz großen Innovationen für Fortschritt und die Weiterentwicklung der Gesellschaft sorgen. Auch die kleineren Neuerungen und die auf den ersten Blick unnötige Vielfalt, zu der es in der freiheitlichen Marktwirtschaft kommt, trägt durch die größere Systemsicherheit und das geringere Risiko zur Stabilität bei.

3.4 Ergänzung und Fazit

3.4.1 Ergänzung: Agfa

Ganz ähnlich wie *Kodak* verlief der Niedergang des deutschen Unternehmens *Agfa*. Ursprünglich wurde Agfa 1867 als „Actien-Gesellschaft für Anilin-Fabrikation“ in Berlin gegründet. Nach einer wechselvollen Geschichte bis zur Neugründung 1952 wuchs Agfa zu einem international renommierten Unternehmen heran, das für seine Innovationen in der Fotografie bekannt war: Agfa entwickelte den Film *Agfacolor* sowie Fotogeräte und Zubehör. Beispielsweise wurde 1930 die erste Agfa-Boxkamera für Rollfilm vorgestellt und 1956 die Filmkamera *Agfa Movex 88.* Im Jahr 1964 kam es zu einer Fusion von Agfa und dem belgischen Rohfilmhersteller *Gevaert*, der ebenso wie Agfa weltweit tätig war. Das war die erste Fusion zweier europäischer Aktiengesellschaften überhaupt. So entstand *Agfa-Gevaert.*

Übrigens war Agfa-Gaveart auch beim Aufkommen der Digitalfotografie vertreten. Allerdings erwirtschaftete Agfa-Gevaert damit Verluste. Die Unternehmung blieb dem angestammten Chemie-Geschäft treu und konnte dann nicht mehr auf den Zug der überhandnehmenden Digitalfotografie aufspringen. Im Jahr 2005 meldete die Firma Konkurs an. Heute ist Agfa-Gevaert auf Geschäftskunden fokussiert (B2B) und bietet Lösungen beim Druck, bei Grafiksystemen im Gesundheitsbereich sowie Fotomaterialien für Spezialzwecke. Der Hauptsitz ist in Mortsel, Belgien. Agfa und Kodak haben ein ganz ähnliches Schicksal erlitten.

3.4.2 Hauptpunkte

1. *Joseph Schumpeter* betrachtet Innovationen als Ergebnis der freien Marktwirtschaft und prägt den Begriff der *schöpferischen Zerstörung.*
2. Durch die Verdrängung entstehen sowohl einzel- wie gesamtwirtschaftlich Kosten: Nicht die gesamte Mitarbeiterschaft findet im Arbeitsmarkt sofort neue Arbeitsplätze, einige der irreversiblen Investitionen werden wertlos, Wissen wird vernichtet.

3. Schumpeter sieht die gesamtwirtschaftlichen Vorteile der Innovation als so groß an, dass die gesamtwirtschaftlichen Kosten mehr als ausgeglichen werden. Seine Nachfahren, der Wirtschaftshistoriker *Joel Mokyr* einerseits sowie die Wachstumstheoretiker *Philippe Aghion* und *Peter Howitt* andererseits wurden 2025 durch den Nobelpreis geehrt.
4. *Clayton Christensen* zeigt das *Dilemma* auf, vor dem etablierte Unternehmen stehen, wenn (noch nicht so perfekte) neue Technologien oder Produkte aufkommen.
5. *Sherwin Rosen* untersucht die Kosten der Innovation anhand der Variantenvielfalt, die eine freie Marktwirtschaft hervorbringt. Wirtschaftssysteme mit gut funktionierenden Märkten sind zwar redundant und daher kostspielig (was die Ressourcenproblematik anbelangt). Doch die Redundanz macht diese Wirtschaftssysteme sicherer als jene, in denen die Kontrolle auf nicht marktwirtschaftliche Weise festgelegt wird.

3.4.3 Literatur

Philippe Aghion, Peter Howitt: A Model of Growth Through Creative Destruction. *Econometrica*, Vol. 60 (März 1992) 2, pp. 323–351.

Philippe Aghion, Peter Howitt: *Endogenous Growth Theory*. Cambridge, MA: MIT Press, 1998.

Philippe Aghion, Peter Howitt: *The Economics of Growth*. Cambridge, MA: MIT Press, 2009.

Clayton M. Christensen: *The Innovator's Dilemma: When New Technologies Cause Great Firms to Fail*. Harvard Business Review Press, Boston, 1997.

Daina Lawrence: Disruptors are just pirates on the high seas of capitalism. *The Globe and Mail Special on Business Education*, 2014.

Sherwin Rosen: *Managerial Compensation, Control, and Investment*. The University of Chicago Booth School of Business, 1994.

Joseph A. Schumpeter: *Konjunkturzyklen: Eine theoretische, historische und statistische Analyse des kapitalistischen Prozesses*. Vandenhoeck & Ruprecht, 1939, 2006.

Klaas de Vries, Sacha Wunsch-Vincent: *What is the future of innovation-driven growth: Productivity stagnation or revival?* World Intellectual Property Organization WIPO, 2022.

WIPO: *Global Innovation Index Database*. World Intellectual Property Organization, 2024.

4 Produkt- und Marktentwicklung

Die Lernfragen zu diesem Kapitel finden Sie unter:
https://narr.kwaest.io/s/1438

Joseph Schumpeter (⟶ Abschnitt 3.1) sieht die Innovation als wesentliche Neuerung industrieller Produkte, die nach ihrer Entwicklung in den *bisher bereits bestehenden Markt* für diese Produkte eingeführt werden. Die Innovationen können diesen Markt durchdringen, weil sie den Käufern eine bessere Performance und höhere Nützlichkeit bieten. Dabei werden in dem Markt die bisher dort verkauften Produkte *verdrängt*. Der Innovator ist eine Industrieunternehmung, die neue Technologien aufgreift, umsetzt und anschließend vermarktet. Eventuell besorgt sich der Innovator auch Lizenzen für Erfindungen oder hat in der eigenen Unternehmung Abteilungen, Forschungs- und Entwicklungslabors eingerichtet. Die Betonung liegt auf der *Produktentwicklung*.

Eine weitere, ebenso wichtige Perspektive der Innovation zeigt *Israel Kirzner* auf (⟶ Abschnitt 4.1). Nicht für alle Aufgaben und Probleme der Menschen, für deren Lösung sie gern Produkte hätten, gibt es bereits Produkte. Nicht alles ist erhältlich. *Die Landkarte der Märkte hat weiße Flecken.* Und oft stehen Märkte *unverbunden* nebeneinander, obschon es durchaus Transaktionen geben könnte, die sie verbinden. Der Innovator ist nach Kirzner ein Entrepreneur, der mit *Aufmerksamkeit* die weißen Flecken und noch nicht geschaffene Verbindungen zwischen Märkten sieht.

Der Entrepreneur erkennt Möglichkeiten für gänzlich neue Produkte, deren Angebot einen neuen Markt schafft. *Niemand wird verdrängt.* Und der aufmerksame Entrepreneur sieht Transaktions- und Arbitragemöglichkeiten zwischen mehreren Märkten, durch die sie verbunden werden. Die Betonung bei Kirzner liegt auf der *Marktentwicklung*.

Manche Innovationen kombinieren die Produktentwicklung (Schumpeter) und die Marktentwicklung (Kirzner). Die Unternehmung geht mit einem neuen oder erheblich verbesserten Produkt in einen neuen Markt. Produktentwicklung und Marktentwicklung sind auch zwei mögliche Strategien für Unternehmungen in der Produkt-Markt-Matrix von *Harry Ansoff*. Die Ansoff-Matrix zeigt auch Kombinationen beider Entwicklungsstrategien, dort als Diversifikation bezeichnet (⟶ Abschnitt 4.2).

4.1 Marktentwicklung

4.1.1 Israel Kirzner

Noch zu Schumpeter: Er hat Innovationen als (deutliche) *Verbesserungen* von Bestehendem bezeichnet, das sie folglich ersetzen können. Die Innovation steigert die Performance und erhöht den Kundennutzen. Die neue Alternative ist schneller, günstiger, sicherer, leichter, bequemer oder was auch immer das relevante Performancemerkmal ist. Mit ihrer Akzeptanz im Markt verdrängt die neue Alternative das Bisherige. Die Anbieter der bisherigen Lösung erleiden Verluste. Eventuell müssen sie ihre Präsenz in dem betreffenden Markt aufgeben oder sogar ihr Unternehmen schließen. Die Kunden in diesem Markt verändern sich dabei nicht. Sie kaufen nur statt dem bisherigen das innovative Produkt. In diesem Sinn entspricht die Neuerung einer *Weiterentwicklung des Produkts*, nicht aber einer Marktentwicklung.

Eine andere Art von Innovation hat **Israel Kirzner** (geboren 1930), New York University, untersucht. Diese andere Art von Innovationen erweitern den Bereich der Möglichkeiten für den Menschen, Aufgaben und Probleme zu lösen.

Bislang ungesehene oder bis dahin ungelöste Aufgaben des Menschen finden mit der entsprechenden Neuerung erstmals eine Lösung. Nichts vom Bisherigen wird verdrängt. Diese Art von Innovation wird in einem neuen Markt verfügbar. Die Schaffung eines neuen Marktes, die **Marktentwicklung**, rückt bei Kirzner in den Vordergrund.

Beispiele:

1. *Bakterizide Antibiotika* gehen auf die Entdeckung des Penicillins im Jahr 1928 durch *Alexander Fleming* zurück. Antibiotika werden heute als Medikament in einem Marktsegment angeboten, das es vorher nicht gab. Keine andere Medizin wurde verdrängt. Gleiches gilt für Probiotika.
2. Eine andere Innovation, die keinen vergleichbaren Vorgänger hat, ist die Öffnung des Weltraums durch die *Raumfahrt* (Sputnik 1957, Mondlandung 1969, heute 13.000 Satelliten).
3. *Tischrechner*: Der IBM Personal Computer 1981 mit seiner offenen Architektur und die Einführung von Windows 1985 als grafische Erweiterung von DOS sowie der Apple Macintosh 1984 mit der grafischen Benutzeroberfläche von macOS haben nicht nur die Lösung mathematischer Rechenaufgaben ermöglicht, was bis dahin bereits mit elektro-

nischem Taschenrechner möglich war. Die Tischrechner haben der Mensch-Computer-Interaktion völlig neue Möglichkeiten eröffnet bis hin zu Sprache, Bildbearbeitung, Internet und KI.

Unmittelbar verdrängen diese Innovationen keine bereits verwendeten Erzeugnisse, Einrichtungen oder bestehende Unternehmen. Sie schaffen einen völlig neuen Markt, weitgehend losgelöst von bisherigen Märkten. Ob eventuell doch einmal eine Verbindung des neuen Marktes mit bisherigen Märkten möglich oder erkennbar wird, ist unklar. Allenfalls stellt sich bei der Nutzung dieser gänzlich neuen Möglichkeiten sekundär eine andere Allokation ein, weil die Menschen für die bisher verfügbaren Güter und Dienstleistungen weniger ausgeben, wenn sie für das Neue bezahlen. Beispiel: Sportbegeisterte – die erste Sportübertragung per Satellitenfernsehen fand 1964 im Rahmen der Olympischen Spiele in Tokio statt – werden für solche Übertragungen bezahlen und können folglich etwas weniger Geld für ihr bisheriges Güterbündel ausgeben und sie haben weniger Zeit für den Sportplatzbesuch daheim.

Kirzner sieht den Innovator mithin *nicht* als jemanden, der mit neuen Technologien oder mit Erfindungen Verbesserungen von Produkten konstruiert und damit den bisherigen Markt durchdringt. Der Innovator nach Kirzner betrachtet gleichsam die Landkarte der bestehenden Märkte und sieht Lücken: Nicht alles, was den Menschen nützen könnte, ist irgendwo als Produkt verfügbar. Oft können diese Marktlücken vergleichsweise einfach geschlossen werden.

	Schumpeter	**Kirzner**
Sichtweise	Neue Technologien bringen Unternehmer dazu, damit neue Produkte zu gestalten und im bisherigen Markt als Innovation anzubieten.	Aufmerksame Unternehmer finden Marktlücken und sehen Aufgaben, für die bislang noch keine Lösung angeboten wird. Die innovativen Unternehmer erstellen darauf geeignete Produkte, mit denen die Lücken im Gefüge der Märkte geschlossen werden können.
Treiber	Neue Technologien, die im Strom der Zeit kommen.	Nicht vollständige Märkte und Marktungleichgewichte.
Ergebnis	Bisherige Produkte und deren Anbieter im Markt werden verdrängt.	Marktlücken werden geschlossen und neue Märkte erschlossen; niemand wird verdrängt.
Was wird neu?	**Produktentwicklung**	**Marktentwicklung**

Abb. 4-1: Innovation von Schumpeter und von Kirzner unterschiedlich gezeichnet.

Um zu sehen, wo eine Lücke besteht, muss der Innovator mit **Aufmerksamkeit** (alertness) herumschauen: Wo fehlt etwas, das nützlich sein dürfte? Wo kann der von Kirzner beschriebene Entrepreneur fündig werden? Wie kommt es überhaupt zu Marktlücken? Sie entstehen aufgrund von Veränderungen bei den Aufgaben und Problemen der Menschen sowie bei ihren Einstellungen und ihrem Verhalten.

Beispiele:

- Gerade jetzt wird den Menschen immer stärker die Bedeutung des Recyclings bewusst. Es gibt aber noch zu wenig Unternehmungen, Produkte, Technologien und Dienstleistungen, die das Recycling unterstützen und ausführen. Daher sollte es beim Recycling einige Möglichkeiten für Entrepreneure geben.
- Den Menschen werden immer mehr die Belastungen im Zusammenhang mit dem Tourismus bewusst. Doch es bestehen nur wenige Vorgehensweisen und Dienstleistungen, die hier einen Lösungsbeitrag bieten könnten. Auch bei diesen Aufgaben und Problemen des Menschen sind innovative Ansätze gefragt, die zu konzipieren große Aufmerksamkeit und Kreativität verlangen. Denn es ist keine bisherige Lösung vorhanden, deren Performance nur verbessert werden müsste.
- Die Plattformen für Social Media – wie Facebook/Meta und Instagram – haben Angebote geschaffen, wo es vorher nichts gab. Die Schöpfer dieser Plattformen (*Meta*: Mark Zuckerberg, *Instagram*: Kevin Systrom und Mike Krieger) beobachteten, wie junge Menschen kommunizieren und Fotos teilen. Sie haben die Kommunikationsstruktur in Computerprogramme übertragen und mithilfe des Internets weltweit geöffnet.

Marktlücken werden auch erkennbar, wenn Entdeckungen gemacht werden oder neue Erkenntnisse aufkommen. Der aufmerksame Entrepreneur wird überlegen, ob die Forschungen an den Universitäten und erst recht die Nobelpreise auf neue Felder für Anwendungen und für neue Produkte verweisen.

4.1.2 Schumpeter oder Kirzner

„Der **Entrepreneur** ist die Persönlichkeit, die eine Unternehmung gründet, ganz wesentlich eigene Lebenszeit und eigenes Kapital einbringt, wesentlich die Risiken trägt und allein entscheidet. Der Entrepreneur zeigt eine hohe Leistungsmotivation und kann andere Ressourcengeber für sich und sein Unternehmen gewinnen, vor allem Mitarbeitende und weitere Investoren" – so die Formulierung von *Samuel Bostaph*, Universität Dallas.

Joseph Schumpeter und Israel Kirzner haben unterschiedliche Vorstellungen vom Entrepreneur,

- Schumpeter betont, dass es immer wieder neue Technologien gibt. Sie werden vom Unternehmer aufgegriffen, als Innovation umgekleidet und in den Markt gebracht. **Der Unternehmer ist ein Intermediär zwischen dem Strom technologischer Änderungen und dem Markt. Primat seiner Tätigkeit ist die Produktentwicklung**.
- Für Kirzner ist der Entrepreneur ein aufmerksamer Beobachter des Marktprozesses, der sieht, wo sich die Ressourcen durch das Preisgefüge zusammenfinden und in welchen Bereichen der Markt noch nicht richtig funktioniert, weshalb der Markt dorthin noch entwickelt werden kann und sollte. **Wo der aufmerksame Unternehmer solche „Marktlücken" sieht, wird er aktiv, kombiniert Ressourcen so, dass die Marktlücke geschlossen wird**.

Ein zugegeben pointiertes Bild könnte in den Sinn kommen: Für Schumpeter ist der Unternehmer ein Obstbauer, der hört, dass die Lagerung der Äpfel unter einem Gas (1-Methylcyclopropen) die weitere Reife hemmt. Er übernimmt diese Technologie, führt sie bei sich ein und kann fortan am Wochenmarkt frischere Äpfel anbieten. Nicht so innovative Obsthändler werden verdrängt. Für Kirzner ist die Unternehmerin hingegen eine pflegende Gärtnerin, die mit Aufmerksamkeit erkennt, wo der Park noch erweitert und anders angelegt werden muss, damit er mehr Leuten Erholung bietet.

4.1.3 Kombination

Neuerungen können beide Wirkungen zugleich zeitigen: Sie ersetzen und verdrängen zum Teil Bisheriges (wie von Schumpeter beschrieben) und zum Teil erweitern sie den Kreis des Möglichen und erschließen neue Märkte oder Marktsegmente (wie von Kirzner dargestellt). *Kombinationen von Schumpeter-Innovation und Kirzner-Innovation* entstehen. Das neue Produkt ist verbessert und es wird in neuen Märkten angeboten.

> Die **Kombination** wirkt aus gesamtwirtschaftlicher Sicht vorteilhaft, weil keine Verdrängung bestehender Unternehmungen stattfindet (oder nur in verringertem Maße). Denn das Neue wird in einem neuen Markt angeboten.

Beispiel: Länder, die eine lokale Spezialität herstellen, etwa ein Nahrungsmittel, wünschen oft die doppelte Wirkung von Qualitätsverbesserung und Markterweiterung. Dann produzieren sie die nationale Spezialität in einer spürbar besseren Qualität und bieten diese als „Export-Variante" im Ausland an. Zu denken ist an das Exportbier oder an Hotels und Restaurants, die sich auf ausländische Feriengäste fokussieren. So werden die ursprünglichen lokalen Produktvarianten nur teilweise verdrängt und der bisherige nationale Markt wird durch die Öffnung für ausländische Käufer erweitert.

Viele Innovationen haben folglich zwei Wirkungen:

1. *Produktentwicklung*: Pflege und Weiterentwicklungen der bisherigen Produkte in existenten Märkten.
2. *Marktentwicklung* und Schaffung neuer Märkte durch ganz neue oder wesentlich verbesserte Produkte.

Innovationen haben oftmals teils eine **verdrängende Wirkung** im bisherigen Markt, und zwar dort, wo sie Bestehendes verbessern. Und sie eröffnen zum Teil zugleich neue Möglichkeiten, die auf neu entwickelten Märkten angeboten werden.

Beispiel *Tiefgefrorenes*: Die Schockfrostung wurde von dem Biologen *Clarence Birdseye* 1929 als Erfindung verkauft. Birdseye schaute diese Konservierungsmethode bei den Eskimos ab, die ihre Fische in der −40 °C kalten Luft zum Gefrieren aufhängen. Durch schnelles und tiefes Einfrieren entstehen nur sehr kleine Eiskristalle in der Nahrung, die immer eine gewisse Restfeuchte hat. Durch schnelle Frostung wird die Zell- und Gewebestruktur nicht zerstört. Geschmack und Nährwert bleiben besser erhalten. 1930 haben zwei Unternehmungen in den USA den Handel mit Tiefkühlkost aufgenommen und so einen völlig neuen Markt eröffnet. In Deutschland wurde Tiefkühlkost 1955 auf der *ANUGA-Messe* vorgestellt. Mit der Tiefkühlkost wurden Nahrungsmittel an Orten und in Zeiten als neue Möglichkeit verfügbar, die es zuvor nicht gab (Kirzner-Innovation). Gleichwohl hat diese neue Marktentwicklung die Märkte für Frischnahrung nur zu einem Teil verdrängt.

4.1.4 Werden Neuerungen akzeptiert?

Die beiden Wirkungen – Produktentwicklung und Marktentwicklung – zu unterscheiden, ist bei der Einschätzung der Akzeptanz einer Neuerung bei der Vorstellung wichtig. Insoweit Bisheriges durch Verdrängung bedroht wird, werden heute sofort kritische Stimmen laut und wenden sich möglicherweise gegen die Innovation. Es beginnt eine Diskussion, wie groß die Performanceunterschiede zwischen dem Bisherigen und der Neuerung wirklich sind. Im Prinzip sind direkte Vergleiche möglich. Doch gerade am Anfang können solche Vergleiche die Akzeptanz der Innovation behindern, weil anfangs die Neuerung vielleicht noch nicht so ausgereift ist oder die Eigenschaften noch unklar sind. Vergleichstests und genaue Berichte können helfen. Der Innovator muss also versuchen, objektivierte und leicht nachprüfbare **Berichte** über die jeweilige Performance der alten und der neuen Lösung zu fördern.

Insoweit ein neuer Markt durch Neues erschlossen wird, hängt die Akzeptanz der Innovation natürlich davon ab, wie hoch die Nützlichkeit der vorgeschlagenen Problemlösung in dem betretenen und eröffneten Neuland sein wird. Hier kann es keine Vergleiche mit Bestehendem geben, weil es um gänzlich neue Aufgaben und Probleme geht, die auf einmal mit der Neuerung gelöst werden können. Und es kann auch noch keine Erfahrungen für die Nützlichkeit geben, da die Innovation erstmalig Neuland besetzt. Ihre Akzeptanz setzt daher Einschätzungen voraus, die aufgrund höchst unsicherer Erwartungen gebildet werden. Wie kann die Informationsunsicherheit reduziert werden? Die **Glaubwürdigkeit** des Anbieters kann helfen. Eventuell muss der Anbieter Unterstützung von einer zweifelsfrei glaubwürdigen Instanz erhalten. Günstig für die Akzeptanz der Innovation wären **Garantien**, die der Anbieter oder die Instanz geben.

> Wie kann die **informatorische Unsicherheit** bei Innovationen reduziert werden? Damit Innovationen, die in bestehenden Märkten das Bisherige verdrängen, akzeptiert werden, sind Vergleiche zwischen Alt und Neu hilfreich sowie *Berichte über die Performanceunterschiede*. Zur Akzeptanz von Innovationen, die neue Märkte schaffen, verhelfen *Glaubwürdigkeit* und *Performancegarantien*.

Bei einer Innovation, die beide Wirkungen zugleich bietet – erstens Produktverbesserung / Verdrängung (Schumpeter) sowie zweitens Marktentwicklung / Markterweiterung (Kirzner) – muss folglich bei der Vorstellung, um Akzeptanz zu erreichen, mit drei Meinungen oder Urteilen seitens der grundsätzlich Interessierten gerechnet werden.

Mit diesen drei *Gruppen von Nutzern und Interessenten* ist zu rechnen:

1. Jene Gruppe oder Partei, die Rechte und Nutzen am Bisherigen hat, das eventuell verdrängt wird. Diese Partei wird sich gegen die Innovation positionieren. Es kommt dann darauf an, ob sie gegen die Neuerung passiv (nicht kaufen) oder aktiv vorgehen.

2. Akteure, die bei der Innovation klare Verbesserungen für sich erkennen und davon profitieren können. Selbstverständlich werden sie die Akzeptanz der Neuerung fördern und sich dafür aussprechen.

3. Jene Personen, die die neuen Möglichkeiten erahnen, auch wenn sie im Detail noch unklar sind. Diese Partei wird aufgrund der Unsicherheit abwarten, bis sich die neuen Möglichkeiten konkreter abzeichnen. Diese Partei wird kaum eigene Ressourcen einsetzen, um die Akzeptanz der Neuerung zu fördern. Sie wird sich eher neutral verhalten.

Die für die Akzeptanz vielleicht am Ende entscheidende Gruppe ist die der Schweigenden, die **große informatorische Unsicherheit** darüber haben, wie die zukünftige Kosten-Nutzen-Bilanz aussehen wird. Hier können dann Glaubwürdigkeit und Garantien den Ausschlag geben.

Beispiel: In der politischen Diskussion um Neuerungen und Reformen bei der Rentenversicherung werden Modelle propagiert, mit denen die Rentenproblematik vielleicht sogar langfristig gemildert wird. Jedoch sind diese innovativen Modelle nur angedacht und verbal skizziert. Erst im Laufe der Jahre oder Jahrzehnte dürfte sich zeigen, wen die neuen Möglichkeiten begünstigen.

So bleibt beim Reformvorschlag

1. eine beachtliche Gruppe von Personen, die bei einem Modellvorschlag sofortige finanzielle Zusatzbelastungen sehen;
2. eine eher sehr kleine Gruppe derer, die für sich sofortige Verbesserungen erkennen;
3. die große Gruppe der Personen, die womöglich *langfristig* Vorteile hätten, die aber *unklar* sind und sich erst in der Zukunft konkretisieren würden, und die deswegen schweigt.

Das bedeutet: Weil viele Innovationen den Kreis der Interessenten fast immer auch erweitern – sie haben zumindest zum Teil die Charakteristika einer Kirzner-Innovation – besteht im erweiterten Markt oder im ganz neuen Marktsegment Unsicherheit darüber, ob die versprochene Performance sich wirklich manifestieren wird.

Daher ist bei der Kirzner-Innovation stets zu fragen, wie die Unsicherheit über die Performance der Neuigkeit reduziert werden kann. Eine Antwort: Zur Akzeptanz von Innovationen, die neue Märkte schaffen oder bisherige Märkte erweitern, verhelfen die **Glaubwürdigkeit des Innovators** und **Garantien zur Performance**.

4.2 Produkt-Markt-Matrix

In der Managementlehre wurde stets eine auf Produktentwicklung eingeschränkte Sicht durch die Forderung ersetzt, Produkt- und Marktentwicklung zu kombinieren und gleichzeitig anzustreben.

Peter Drucker hat Sieben Quellen der Innovation genannt (→ Abschnitt 1.2) und mit diesen angeregt, den Blick einerseits in die Industrie und auf die Produktion zu werfen und andererseits auf die Abnehmer und den Markt. Drucker honoriert einerseits die Sicht von Schumpeter und erwähnt technische und produktionstechnische Quellen der Innovation, so beispielsweise die Quelle 3 (Process Needs) oder die Quelle 7 (New Technology). Sie regen zur *Produktentwicklung* an. Andererseits honoriert Drucker die Sicht von Kirzner und sieht als Quellen der Innovation *Marktveränderungen*, darunter die Quelle 5 (Demographic Changes), oder die Innovationsquelle 6 (Changes in Perception). Drucker sieht also die Produktentwicklung *und* die Marktentwicklung als simultane Aufgaben.

Andere Vertreter des strategischen Managements haben Ähnliches vorgeschlagen. Einer ist **Harry Ansoff** (1918-2002), Mathematiker und Wirtschaftswissenschaftler, Begründer und Namensgeber des strategischen Managements.

4.2.1 Harry Ansoff

Ansoff entwirft 1957 eine Matrix, eine Produkt-Markt-Matrix, die Merkmale des *Produkts* mit Merkmalen des *Marktes* kombiniert. Sie soll dazu dienen, einer Unternehmung mögliche Strategien für das Wachstum aufzuzeigen. Ansoff betrachtet je *zwei* mögliche Merkmalsausprägungen, sodass vier Kombinationen entstehen, die sodann hinsichtlich ihres unternehmerischen Erfolgspotenzials und ihres jeweiligen Risikos näher beschrieben werden. Die vier Matrixfelder zeigen vier *Strategien*, darunter die Strategie der Produktentwicklung und die der Marktentwicklung.

Die Strategien sollen zunächst kurz so beschrieben werden, wobei mit den Strategien 1, 2 und 3 begonnen werden soll:

1. Strategie: Falls sich die Unternehmung entscheidet, mit ihrem bestehenden Produkt weiterhin im bisherigen Markt zu bleiben, dann wird sie, um zu wachsen, den Markt weiter durchdringen. Dabei helfen zunächst die vorhandenen Ressourcen, das unternehmerische Wissen über Produktion und Logistik sowie die Kenntnis dieses Marktes. Sodann wird die Marktdurchdringung durch die Dreifache Selbstverstärkung (→ Abschnitt 2.2) vorangebracht. Ein zusätzliches Argument ist der kommerzielle Erfolg, der mit der Marktdurchdringung einhergeht. Weder für den Zutritt in neue Märkte noch für die Entwicklung neuer Produkte müssen Mittel verwendet werden.

Auf den ersten Blick ist diese Strategie 1 nicht nur diejenige mit der höchsten Ertragserwartung, sondern auch die mit dem geringsten Risiko. Allerdings muss die Unternehmung stets damit rechnen, dass Innovatoren in den Markt eintreten und es zur Verdrängung kommt – ähnlich wie es Kodak, Agfa und anderen ergangen ist.

2. Strategie: Wenn nicht schon geschehen, dann kann die Unternehmung, um mit ihrem Produkt zu wachsen, in *neue Märkte* gehen. Neue Käufer-

schichten oder ausländische Märkte könnten erschlossen werden. Dies ist die Strategie der *Marktentwicklung*. Eventuell geht das nicht ohne kleinere Anpassungen beim Produkt vorzunehmen: Der Export könnte ein Exportmodell verlangen, und bekanntlich verlangen Nahrungsmittel leichte Modifikationen beim Geschmack, um das Produkt an die jeweils lokalen Gewohnheiten anzupassen.

Diese Strategie 2 ist mit Kosten für den Eintritt und die Erschließung der neuen Marktposition verbunden. Diese Kosten können hoch sein, wenn nicht schon das Herkunftsland Qualität und Nutzen signalisiert. Werbung und der Aufbau von Logistik für die Distribution dürften gerade am Anfang erhebliche Ressourcen verlangen, nicht nur Geld. Wie bei Strategie 1 besteht aber die Gefahr, dass Produktinnovationen auftauchen, die den Erfolg der Marktentwicklung zunichtemachen.

3. Strategie: Die Unternehmung entscheidet sich dafür, ihr Produkt zu entwickeln, möchte aber im bisherigen Markt bleiben. Falls dabei nicht nur eine leichte Produktverbesserung oder eine Variante, sondern eine wirkliche Innovation erreicht wird, dann ist dies der Weg der Schumpeterschen Innovation.

Diese Strategie erfordert selbstverständlich Ressourceneinsatz für die Produktentwicklung und dann für Roll-out und Markteinführung. Wie gut das gelingt, hängt von zufälligen Einflüssen ab. Die Produktentwicklung ist immer mit Risiken behaftet.

Zudem kommt möglicherweise eine Neuerung oder Innovation zustande, die das eigene Produkt kannibalisiert. Es könnte dann zu einer Entwertung früherer Investitionen kommen. Dies ganz besonders dann, wenn für das bisherige Produkt ein wertvoller produktspezifischer Markenname aufgebaut wurde, der sich nicht auf die Neuerung oder Innovation übertragen lässt.

Andererseits können äußere Umstände die Unternehmung dazu zwingen, innovativ tätig zu werden, nämlich dann, wenn das technologische Umfeld im Fluss ist und so oder so im Markt Neuerungen zu erwarten sind. Beispielsweise sollte heute jede Unternehmung angesichts zunehmender Verbreitung von KI fragen, zu welchen Neuerungen es in ihrem Bereich oder in ihrem Absatzmarkt kommen könnte.

Ansoff gibt noch eine Empfehlung für die Wahl zwischen Strategie 2 (Marktentwicklung, bisheriges Produkt) und Strategie 3 (Produktentwicklung, bisheriger Markt). Wer eine Reise tut, muss sich fragen, was mitgenommen werden kann. So auch hier:

- *Ist die Firma gut mit ihrem Produkt identifizierbar, dann, so Ansoff, sollte sie damit hinaus in die Märkte gehen*, also Strategie 2 wählen.

- Ist die Firma hingegen *gut mit dem bisherigen Markt identifizierbar, dann sollte sie erst einmal dortbleiben, aber ihr Angebot ausweiten* und dazu die Strategie 3 der Produktentwicklung wählen.

	Im bestehenden Markt bleiben	**Neue Märkte erschließen**
Bestehendes Produkt pflegen.	1. Strategie der weiteren *Marktdurchdringung* – auf vorhandenen Ressourcen und Marktkenntnisse aufbauend.	2. Strategie der *Marktentwicklung*: neue Käuferschichten suchen, in ausländische Märkte gehen.
Neues Produkt entwickeln.	3. Strategie der *Produktentwicklung* (Produktverbesserungen, Modifikationen, Varianten, Innovation).	4. Die Strategie der *Diversifikation* strebt beides zugleich an: Neue Produkte sollen in neue Märkte eingeführt werden.

Abb. 4-2: Die Ansoff-Matrix. Sie zeigt vier mögliche Strategien und erlaubt aufgrund näherer Beschreibungen für jede dieser Strategien, die jeweiligen Risiken und den erwarteten Erfolg einzuschätzen.

Beispiele: 1. Der *Volkswagen Käfer* ist als Produkt in der ganzen Welt bekannt geworden, nicht zuletzt 1968 durch den Disney-Film *The Love Bug*. Die Überlegungen von Ansoff würden VW zu der Strategie 2 raten: nicht mit Produktentwicklungen verzetteln, sondern die Ressourcen für die Penetration aller Ländermärkte verwenden. 2. Ganz anders *Schloss Neuschwanstein*, genauer, die Dienstleistung der Bayerischen Schlösserverwaltung, das unweit von Füssen gelegene Schloss besuchen zu können. Das Schloss oder die Dienstleistung ist gut mit Bayern beziehungsweise mit Deutschland verbunden. Die Überlegungen von Ansoff würden der Schlösserverwaltung die Strategie 3 anraten: Das Produkt sollte demnach weiterentwickelt werden, etwa durch mit dem Schlossbesuch gut verbindbare Services und ein erweitertes touristisches Angebot.

4.2.2 Diversifikationsstrategie

In der Ansoff-Matrix kann die Unternehmung selbstverständlich auch gleich die Strategie 4 wählen, ein neues Produkt zu entwickeln *und* damit in einen neuen Markt zu gehen. Diese kurze Beschreibung der Strategie 4 als Kombination von Produkt- und Marktentwicklung ist allerdings recht allgemein. Sie umfasst:

- die Kirzner-Innovation (4a),
- den Fall eines völligen Neuanfangs (4b).

- Die Strategie 4 der Kombination von Produkt- und Marktentwicklung subsumiert auch die Diversifikation (4c), weshalb Ansoff von einer *Diversifikationsstrategie* spricht. **Ein Teil der Unternehmung bleibt mit dem bisherigen Produkt im bisherigen Markt und ein anderer Teil entwickelt ein neues Produkt für einen neuen Markt.**
- Die Diversifikation kann auch verdeckt werden (4d).

Diese vier Ausprägungen der Strategie sind hinsichtlich Ressourceneinsatz und Risiken verschieden.

Bei der Kirzner-Innovation (Strategie 4a) gelangt die Unternehmung zu einem neuen Produkt, das bislang ungelöste Aufgaben und Probleme der Menschen zu lösen vermag und daher hohe Nützlichkeit verspricht. Diese Aufgaben und Probleme sind neu. Bisher gab es dafür weder Produkte noch einen Markt (in dem diese angeboten worden wären). Der aufmerksame Unternehmer schafft mit innovativem Angebot also einen neuen Markt, den er zunächst konkurrenzlos durchdringt. Die Kirzner-Innovation ist folglich risikoarm.

	Im bestehenden Markt bleiben	**Neuen Markt schaffen oder mit Angebot in neuen Markt gehen**
Bestehendes Produkt pflegen	1. *Marktdurchdringung*	2. *Marktentwicklung*
Neues Produkt entwickeln	3. *Produktentwicklung*	4a. Kirzner-Innovation: ein innovatives Produkt öffnet einen Markt, den es bis dahin nicht gab. 4b. Neuanfang von Grund auf – die Unternehmung beginnt mit anderen Produkten in einem für sie neuen Markt. 4c. Ein Unternehmensteil folgt Strategie 1, der andere geht mit neuen Produkten in neue Märkte 4d. Verdeckte Diversifikation

Abb. 4-3: Die durch Differenzierung der Diversifikation (Strategie 4 von Ansoff) auf 7 Strategien erweiterte Produkt-Markt-Matrix.

Zunächst muss ein Unternehmen herausfinden, ob es eher für ihr Produkt bekannt ist oder für ihren Markt. Ist es für das Produkt bekannt, sollte es nach Ansoff als erstes versuchen, den Markt zu entwickeln oder neue Märkte zu erschließen. Ist es eher für den Markt bekannt, sollte es versuchen, dem Produkt durch Modifikation und Innovation zu neuer Aufmerksamkeit zu verhelfen.

Anders der Neuanfang von Grund auf (Strategie 4b), also die Entwicklung eines neuen Produkts und der Verkauf in einem (für die Unternehmung) neuen Markt. Diese Strategie verlangt, abgesehen von Mut, hohen Ressourceneinsatz und ist für die Unternehmung äußerst riskant. Die Unternehmung wird die Ausprägung 4b der Strategie 4 daher nur wählen, wenn die Strategie 1 in keiner Weise möglich ist und wenn einige der vorhandenen Ressourcen für diesen Neuanfang verwendet werden können.

Die Ausprägung (4c) der Strategie 4, die *Diversifikation*, ist ebenso als riskant einzuschätzen, weil diametrale Effekte auftreten können. Die Diversifikation wird als Eingeständnis gewertet, dass das Bisherige keine Zukunft hat. Deshalb wird oftmals verdeckt diversifiziert: Die Unternehmung entwickelt neue Produkte für neue Märkte über organisatorische Einheiten, deren rechtliche und finanzielle Zugehörigkeit nicht leicht zu erkennen sind. Das ist die Strategie 4c.

Beispiel: *Nokia* in Finnland, gegründet 1865, ist heute ein großer multinationaler Konzern für Telekommunikations- und Informationstechnologie. Von 1998 und 2011 war Nokia der weltweit größte Anbieter von Mobiltelefonen und Smartphones. Die Börsenkapitalisierung betrug 2010 über 250 Mrd. Euro. Nokia entwickelte das Betriebssystem „Symbian", das auch von japanischen Herstellern (*Fujitsu, Sharp* und *Mitsubishi Electric*) eingesetzt wurde. Doch 2007 kamen das erste iPhone und 2008 das Android Phone mit jeweils eigener Software auf den Markt (*Apple: iOS, Google: Android).* Diese Entwicklungen aus den USA haben die Smartphones von Nokia mit Symbian völlig verdrängt. Aus heutiger Sicht wäre es für Nokia besser gewesen, Symbian frühzeitig aufzugeben und sich an die Android-Entwicklung anzuschließen. Die Manager von Nokia hatten aufgrund des weltweiten Erfolgs mit Handys den Erfolg der eigenen Software für die am Horizont sich abzeichnenden Smartphones überschätzt: Nokia wurde von den Entwicklungen bei Apple und Google überrollt. Nokia hatte 2011 zwar noch eine Partnerschaft mit Microsoft angestrebt, doch Microsoft gab die Produktion und den Verkauf von Smartphones dann selbst auf. Damit musste Nokia sowohl Produktfelder als auch die Absatzmärkte ganz neu wählen. Heute stellt Nokia Netzwerkausrüstung für Telekommunikationsunternehmen her.

Die **Ansoff-Matrix** wirkt einfach, bietet aber eine leistungsfähige Typologie um Strategien für das Wachstum einer Unternehmung differenzierter zu beurteilen. Selbstverständlich kann die Strategie für eine Übergangszeit gewählt werden.

Weil die Strategie 4 in allen Ausprägungen große Unsicherheit mit sich bringt, kann der Weg dorthin in zwei Abschnitten erfolgen: Zuerst entscheidet sich die Unternehmung entweder für die Marktentwicklung (Strategie 2) oder für die Produktentwicklung (Strategie 3). Nach einiger Zeit wird der Schritt zu einer der Diversifikationsstrategien gegangen.

Ob für eine derart dynamische Strategie mit Strategie 2 oder mit Strategie 3 begonnen wird, hängt nach den Überlegungen von Ansoff davon ab, ob die Unternehmung eher mit dem Produkt oder eher mit dem Markt identifiziert wird. Denn diese Identifizierung ist wertvoll und sollte nicht aufgegeben werden.

- Wird die Unternehmung in der allgemeinen Wahrnehmung mit dem Produkt gleichgesetzt, sollte sie diese positive Assoziation also nicht gleich mit einer Produktentwicklung verändern, sondern erst die Märkte entwickeln (Strategie 2). Doch später kann dann durchaus das Produkt weiterentwickelt werden, wodurch die Strategie 2 in die Strategie 4 übergeht.
- Wird die Unternehmung hingegen mit ihrem „angestammten" Markt identifiziert, dann sollte sie erst das Produkt weiterentwickeln (Strategie 3). Doch später kann auch der Markt entwickelt werden, womit die Strategie 3 in die Strategie 4 übergeht.

Diese Überlegungen abschließend sei bemerkt, dass auch die anderen Felder der Ansoff-Matrix weiter aufgefächert werden können. Eine der denkbaren Auffächerungen präsentiert **Philip Kotler** (geboren 1931), Professor der Northwestern University (in der Nähe von Chicago), wobei er sich auf eine Publikation von *Modesto Madique* und *Billie Zirger* bezieht.

Die von Kotler vorgestellte Auffächerung betrachtet je *drei* Merkmalsausprägungen für die beiden Dimensionen Produkt und Markt.

Bei der Dimension „Markt" (Zeilen der Matrix) sind es drei Möglichkeiten: 1. im *bisherigen* Markt bleiben, 2. sich *geografisch ausbreiten*, oder 3. *neue* Zielgruppen und *Kundentypen* ansprechen.

Bei der Dimension „Produkt" (Spalten der Matrix) werden ebenso drei Möglichkeiten untersucht: 1. dass es beim *bisherigen* Produkt bleibt, 2. dass dieses *modifiziert* wird, oder 3. ein *gänzlich neues Produkt* entwickelt wird.

4.3 Ergänzung und Fazit

4.3.1 Erste Ergänzung: Verbindungen von Märkten

Kirzner zeigt noch weitere Möglichkeiten für die innovative Marktentwicklung. Viele Märkte können miteinander verbunden werden. Nicht alle möglichen und nützlichen Verbindungen zwischen Märkten sind bereits geschaffen. Eine neue Verbindung von Märkten kann durch *Transaktionen*, durch *Arbitragegeschäfte* oder durch *Kombinationen mit Begleitdiensten* hergestellt werden.

1. Ein Schulbeispiel sind kulturelle Unterschiede: Der aufmerksame Entrepreneur entdeckt, dass Hühnerfüße in Brasilien Schlachtabfälle sind, während sie in Asien in den Küchen verwendet werden. Daher wird der Unternehmer Hühnerfüße aus Brasilien nach Asien transportieren. Innovativ sind ebenso Organisationen, die Unterschiede im Entwicklungsstand überbrücken und dadurch Länder verbinden.
2. Die wohl bekannteste Verbindung zweier Märkte ist die des Aktienmarktes mit dem für Optionen (auf Aktien als Basiswert). Um 1960 war bekannt, dass die Kursbewegungen von Aktien und die für Optionen zwar assoziiert sind, aber die Verbindung war nur lose – vor allem weil niemand den genauen Zusammenhang der Preise in beiden Märkten kannte. Dies hat sich erst durch die 1973 von *Fischer Black* (1938-1995) und *Myron Scholes* (1941-2009) hergeleiteten Optionspreisformel geändert. Durch Kenntnis des Preiszusammenhangs sind zwei Märkte fest verbunden worden.
3. Aktuell entstehen verschiedene innovative Verbindungen von Märkten durch Web-Plattformen mit zusätzlichen Dienstleistungen. Ein konkretes Beispiel ist *China EV Marketplace*, ein Online-Shop für in China gefertigte Elektrofahrzeuge, der sich an Autokäufer weltweit wendet. Der Service übernimmt den Einkauf, den Transport, die Zollabfertigung und liefert bis vor die Haustür. Im Angebot sind Fahrzeuge zahlreicher Marken, darunter auch von Produzenten, die in Deutschland ein eigenes Vertriebsnetz haben.

4.3.2 Zweite Ergänzung: Frank Knight

Neben Schumpeter und Kirzner hat auch **Frank Knight** (1885-1972), Begründer der Chicagoer Schule in den Wirtschaftswissenschaften, das Unternehmertum charakterisiert. Knight betont die große Unsicherheit als Merkmal eines jeden Unternehmens.

Dazu unterscheidet Knight Risiko von Unsicherheit.

- **Risiko** soll bedeuten, dass es einen Zufallseinfluss gibt, für den Wahrscheinlichkeiten angegeben werden können. Das heißt erstens, dass die möglichen Zustände, die ein Einflussfaktor herbeiführen könnte, bekannt sind. Es gibt keine Überraschungen und nichts, an das man nicht schon vorher hätte denken können. Und zweitens ist die betroffene Person bereit, Entscheidungen so zu treffen, als ob die Zustände mit bekannten Wahrscheinlichkeiten eintreten würden, so wie bei einer Lotterie.

- Bei **Unsicherheit** kann es erstens sein, dass nicht alle Zustände, die eintreten könnten, bekannt sind – es könnte böse Überraschungen geben. Zweitens kann das Eintreten der unsicheren Zustände nicht unbedingt als Ergebnis eines Zufallprozesses betrachtet werden. Drittens kann das Eintreten der unsicheren Zustände durchaus durch geeignete Maßnahmen beeinflusst werden, sowohl zum Günstigen wie, wenn man es ungeschickt macht, zum Ungünstigen.

Schumpeter	Der Unternehmer ist ein Industrieller, der neue Technologien aufgreift, in Produktverbesserungen umsetzt und mit den Produktinnovationen den bestehenden Markt durchdringen kann. Für Schumpeter ist der Unternehmer ein *Intermediär* zwischen neuen Technologien und den Nutzern der Produkte.
Kirzner	Der Entrepreneur ist ein *aufmerksamer Beobachter*, der weiße Flecken auf der „Landkarte der Märkte" sieht und Lücken mit einem passenden Angebot schließt. Der Entrepreneur schafft folglich neue Märkte und stellt neue Verbindungen zwischen Märkten her.
Knight	Der Unternehmer hat *Urteilsvermögen* bei der Auswahl von wirtschaftlichen Ideen und der Entscheidung über Ressourcen auch *bei unsicheren und ungewissen Umständen.*

Abb. 4-4: Der Entrepreneur in der Zeichnung von Schumpeter, Kirzner und Knight

Die Rolle und die Aufgabe des Unternehmers bestehen bei **Knight** darin, Unsicherheiten und Wagnisse einzugehen, für die sich Wahrscheinlichkeiten nicht angeben lassen (wobei vielleicht nicht alle relevanten Informationen verfügbar sind und manches noch unbekannt ist) und wobei mit Geschick eine Lenkung zum Günstigen durchaus möglich ist. Dies ist dem Unternehmer möglich, weil er oder sie auch in solchermaßen unsichere Situationen beurteilen und einschätzen kann.

Knight zeichnet den Entrepreneur als jemanden, der durch *Urteilsvermögen* bei der Entscheidung über Ressourcen und bei der Auswahl von Ideen und auch bei der Delegation erfolgreich mit dieser Unsicherheit umgehen kann. Da viele dieser Entscheidungen von Personen in den mittleren Führungsbereichen einer Unternehmenshierarchie getroffen werden, ist nach Knight auch die Verteilung unternehmerischer Fähigkeiten innerhalb der Organisation bedeutend.

4.3.3 Hauptpunkte

1. *Israel Kirzner* betrachtet Innovationen, die nicht einfach nur Vorhandenes verbessern, sondern den Bereich des dem Menschen Möglichen erweitern, und somit Neuland betreten. Deshalb kommt es auch nicht zu einer Verdrängung von Vorhandenem. Kirzner empfiehlt Unternehmern *Achtsamkeit*, um Chancen aufzuspüren, um ganz neue Aufgaben und Probleme der Menschen zu lösen.
2. Innovation ist, wie eingangs gesagt, ein sichtbarer *Sprung zu neuer Nützlichkeit* mit breiter Akzeptanz. Innovationen verbessern Bisheriges (Schumpeter) oder sie erschließen bis dahin nur angedachte Möglichkeiten (Kirzner). Somit zeigt sich Innovation sowohl in der Produktentwicklung (Schumpeter) als auch in der Marktentwicklung (Kirzner).
3. Damit Innovationen, die in bestehenden Märkten das Bisherige verdrängen, akzeptiert werden, sind *Vergleiche* zwischen Alt und Neu hilfreich sowie *Berichte* über die Performanceunterschiede. Zur Akzeptanz von Innovationen, die neue Märkte schaffen, verhelfen *Glaubwürdigkeit* und *Performancegarantien.*
4. *Drucker* honoriert einerseits die Sicht von Schumpeter und erwähnt technische und produktionstechnische Quellen der Innovation, so beispielsweise die Quelle 3 (Process Needs) oder die Quelle 7 (New Technology). Sie regen zur Produktentwicklung an. Andererseits honoriert Drucker die Sicht von Kirzner und sieht als Quellen der Innovation Marktveränderungen, darunter die Quelle 5 (Demographic Changes), oder die Innovationsquelle 6 (Changes in Perception). Drucker sieht also die *Produktentwicklung* und die *Marktentwicklung* als simultane Aufgaben.
5. *Harry Ansoff,* Begründer des strategischen Managements, zeigt in einer Matrix mögliche Strategien in Abhängigkeit von Merkmalsausprägungen für das Produkt und für den Markt. Die Ansoff-Matrix beschreibt in vier Feldern die Strategie der (weiteren) Marktdurchdringung, die der Produktentwicklung (für den bisherigen Markt), die der Marktentwicklung (Eintritt in neuen Markt) und die Diversifikationsstrategie (Kombination von Produkt- und Marktentwicklung).

4.3.4 Literatur

Harry Igor Ansoff: *Strategic Management*, Palgrave Macmillan 2007.

Peter F. Drucker: *Innovation and Entrepreneurship*. Harper Business, New York, 1985.

Peter F. Drucker: *The Discipline of Innovation*: Harvard Business Review 2002.

Jörg Freiling, Jan Harima: *Entrepreneurship – Gründung und Skalierung von Startups*. Springer Gabler, 2. Auflage, 2024.

Michael Fritsch, Matthias Menter, Michael Wyrwich: *Entrepreneurship – Theorie, Empirie, Politik*. Springer Gabler 4. Auflage, 2024.

Urs Fueglistaller, Alexander Fust, Christoph Müller, Susan Müller, Thomas Zellweger: *Entrepreneurship: Modelle – Umsetzung – Perspektiven mit Fallbeispielen aus Deutschland, Österreich und der Schweiz*. Springer Gabler 5. Auflage, 2020.

Takeo Kikkawa: *Introduction: What Is Innovation? History of Innovative Entrepreneurs in Japan*. Springer, Singapore, 2023. https://doi.org/10.1007/978-981-19-9454-8_1.

Israel Kirzner: *Entrepreneurship and the Market Approach to Development*, in: Friedrich Hayek et al., Hrsg., Toward Liberty: Essays in Honor of Ludwig von Mises, Vol. 2 (1971), Menlo Park, pp. 194–208.

Israel Kirzner: *The ethics of pure entrepreneurship: An Austrian economic perspective*. Springer Link 2018. DOI: 10.1007/s11138-017-0412-1

Frank Knight: *Risk, Uncertainty and Profit*, 1921.

Philip Kotler: *Kotler on Marketing*. New York, The Free Press, 1999, p. 47.

Modesto A. Madique, Billie Jo Zirger: A study of Success and Failure in Product Innovation: The Case of the U.S. Electronics Industry, *IEEE Transactions on Engineering Management*. November 1984, pp. 192–203.

Gerhard Speckbacher: *Innovationen für gemeinsamen Gewinn: Mit betriebswirtschaftlichem Denken und unternehmerischem Handeln die Zukunft gestalten*. Springer Gabler 2023.

Mises Wire und Samuel Bostaph: Driving the Market Process: „Alertness" Versus Innovation and „Creative Destruction". Schumpeter vs. Kirzner on Entrepreneurs. *Quartely Journal of Austrian Economics* Vol. 16 (2013), No. 4.

5 Innovationsplanung

Die Lernfragen zu diesem Kapitel finden Sie unter:
https://narr.kwaest.io/s/1439

Innovationen verlangen verschiedenste Arbeiten, die Ressourceneinsatz und Zeit erfordern. Der Innovationsprozess erstreckt sich so über einige Zeit hinweg. Arbeiten und Teilschritte werden zum Teil delegiert oder von eigens dafür gebildeten oder dafür vertraglich gebundenen Organisationen übernommen. Das alles geht nicht ohne Planung.

Die Planung vereinfacht und schafft dadurch Übersicht.

Der Plan zeigt den Einsatz der Ressourcen, die Terminierung und Zeitbeanspruchung der Teilschritte sowie die Organisation und die Führungsinstanzen.

Jede Planung beginnt mit den Zielen, die erreicht werden sollen. Die *Ziele* werden in *Aufgaben* übersetzt, die zu lösen sind. Die Aufgaben lassen die *Entscheidungen* erkennen, die noch getroffen werden müssen. Weil nicht bereits zu Beginn der Planung alle Entscheidungen vorliegen, muss festgehalten werden, welche *Instanzen* sie treffen werden. Die Aufgaben und diese Festlegungen bestimmen den langfristig einzuschlagenden Weg, die *Strategie*. Zudem legen sie die *Ressourcenanforderungen* und die *Organisationsstruktur* fest.

Aufgrund der sehr langen Zeit, die der Innovationsprozess dauert, und weil sich der Innovationsprozess aus drei Phasen zusammenfügt, geht die Innovationsplanung von Einzelplanungen der drei Teile aus, also von Planungen der *Produktentwicklung*, der *Markteinführung* und der *Marktdurchdringung*. Später werden die drei Teilplanungen harmonisiert und koordiniert.

5.1 Planung der drei Innovationsphasen

5.1.1 Plan und Planung

Ein **Plan** ist die *kompakte, vereinfachte Darstellung der zeitlichen, räumlichen, sachlogischen oder organisatorischen Relation zwischen mehreren Objekten*, die überblickt werden sollen.

Ein Lageplan zeigt räumliche Beziehungen, ein Zeitplan zeitliche Beziehungen von Aktionen und Ereignissen. Bezieht sich die zeitliche Relation auf zukünftige Schritte oder Aktionen, so wird der Plan zu einem *Vorhaben.* Bei der zeitlichen Anordnung wird mit dem Plan auch das *Ziel* dargestellt, das mit den Schritten und Aktionen erreicht werden soll.

Die *Planung* ist die Erstellung des Plans. Darunter fallen alle Tätigkeiten, die auf den Plan führen.

- Dazu gehören die *Vereinfachungen* bei der Beschreibung der Objekte sowie der Relationen.
- Zur Beschreibung wird eine lesbare *Sprache* – natürliche Sprache, Abkürzungen, Symbole, Zeichnungen, Diagramme – gewählt.
- Vielfach werden zur Planung auch die *Entscheidungen* gerechnet, die bei den einzelnen Objekten, Schritten oder Abschnitten anstehen. Die Entscheidungen und Festlegungen werden dann ebenso im Plan dargestellt. Hinzu kommen auch Maßnahmen zur *Koordination* der Schritte oder Aktionen.

> Die Planung verlangt eine **Sprache** zur Darstellung des Plans sowie eine Vorgehensweise zur Vereinfachung und Kompaktifizierung. Dargestellt werden 1. die Objekte / Schritte / Aktionen, 2. deren räumliche, sachlogische oder organisatorische Relation, 3. die Einzelentscheidungen bei den Objekten / Schritten / Aktionen, und 4. die Koordinationen der Schritte und Aktionen untereinander.

Unternehmungen sind komplexe Einrichtungen, die verschiedenste Ressourcen, Objekte, Transformationen und Prozesse kombinierend zusammenführen. Deshalb ist die *kompakte und vereinfachte Darstellung* von zeitlichen, sachlogischen und organisatorischen Relationen bei Unternehmungen besonders wichtig. Die Planung hilft dabei, Orientierung zu erhalten und Entscheidungen treffen und umsetzen zu können. Selbstverständlich dient der Plan später der Kontrolle und der Untersuchung von *Planabweichungen.*

Oft sind nicht nur Transformationen und Prozesse Gegenstand der Planung, sondern ganze Gruppen dieser Objekte. Dadurch entsteht eine *hierarchische* Relation, die ebenso wie die übrigen Zusammenhänge im Plan abgebildet sein muss. Es gibt einen Gesamtplan und mehrere Teilpläne. Der **Gesamtplan** zeigt dann die **Teilpläne** und lässt den Zusammenhang der Teilpläne erkennen.

Bei der Planung werden, insoweit möglich, relevante Entscheidungen getroffen und im Plan festgehalten. Für Entscheidungen, für die es zum Zeitpunkt der Planung noch zu früh ist, oder für Entscheidungsaufgaben, die noch entstehen könnten, wird mit der Planung festgelegt, welche **Instanzen** sie dann treffen werden. Die Instanzen werden im Zusammenhang mit der Organisation genauer erläutert. Solange Arbeiten im Fluss sind, sei es bei einem Unternehmen oder einer Innovation, wird es immer Entscheidungen geben, die noch nicht zusammen mit der Planung getroffen sind. Daher ist bei einer Unternehmensplanung die Organisation ausgesprochen wichtig. Allerdings muss gesehen werden, dass es nicht das Ziel eines Unternehmens ist, organisiert zu sein. Die Organisation stellt mit ihren Instanzen sicher, dass alle nötigen und noch offenen Entscheidungen getroffen werden. Bei einer gut organisierten Unternehmung ergibt sich die passende Organisationsstruktur aus dem Ziel der Unternehmung.

Bei der **Unternehmensplanung** werden Pläne aus verschiedener Perspektive erstellt, je nachdem, worauf die Betonung liegt.

Eine Perspektive ist die des Aufbaus der Unternehmung aus organisatorischen Einheiten. Diese Pläne betonen die *Führung* und die *Entscheidungskompetenzen* unter besonderer Berücksichtigung des Ziels, von Teilzielen und von Zwischenzielen.

Eine andere Perspektive ist die der Ressourcen (unter besonderer Betonung der Human Ressources) sowie der Transformationsprozesse, welche die Unternehmung vornimmt.

5.1.2 Planung der Innovation

Die Innovation wie ein Unternehmen planen zu wollen könnte überraschen, weil Innovation oft mit Kreativität und mit Ideen und Geisteseinfällen gleichgesetzt wird, die wiederum mit Zufall und Glück assoziiert werden. Wie sollte man den Zufall planen?

Doch die Sicht der Innovation als überwiegendes Ergebnis von zufälligen und glücklichen Einfällen ist nicht korrekt. *Innovation ist überwiegend das Ergebnis von Arbeit unter Einsatz weiterer Ressourcen.* Innovation verlangt also Planung, genau wie eine Expedition oder ein anderes Unternehmen. Selbst eine der Innovation möglicherweise vorgelagerte Erfindung erfordert Arbeit, oftmals langwierige Proben, umfangreiche Versuchsreihen und Experimente.

Die Planung einer Innovation muss deshalb zunächst das Gesamtziel präzisieren und daraus die Aufgabenstellung ableiten. Was ist gegeben und was soll erreicht werden? Genügt eine Neuerung oder muss es eine Innovation werden? Bestehen Möglichkeiten einer Zusammenarbeit? Welches ist der Zeitraum, in dem die Arbeiten fertig sein müssen?

Sodann muss die Planung darstellen, wie die gesamte Aufgabe in Teilaufgaben zerlegt wird. Zu klärende Fragen:

1. Was sind die Teilaufgaben und wie hängen sie untereinander zusammen?
2. Welche Entscheidungen können gleich getroffen werden, und welche Festlegungen sind erst später möglich.
3. Welche Instanzen müssen mit den entsprechenden Entscheidungskompetenzen dazu eingerichtet werden?

Das Gesamtziel bestimmt auch die Ressourcenanforderungen. Welche Arten und welcher Umfang von Arbeiten fallen an? Welche Qualifikationen sind verlangt?

Die **Planung der Innovation** verlangt also das Gesamtziel zu präzisieren, aus dem Gesamtziel die Aufgabenstellung abzuleiten und die Aufgabe in Teilaufgaben zu zerlegen. Sodann muss festgehalten werden, welche Entscheidungen bereits vorgegeben sind und welche erst später getroffen werden können. Und für die späteren Entscheidungen muss geklärt werden, welche Instanzen die Festlegungen treffen werden. Sodann verlangt die Innovationsplanung, die Ressourcenanforderungen zu spezifizieren.

5.1.3 Top-Down versus Bottom-Up

Der Innovationsprozess wurde als eine Sequenz dreier Abschnitte oder Phasen gesehen. Diese beginnen mit der *Produktentwicklung (Prototyping und Finalisierung)* und führen über die *Markteinführung* bis zur *Marktdurchdringung.*

Damit ist bereits eine Grobstruktur der Innovationsplanung gegeben. Doch was wird zuerst geplant? Das Ganze mit anschließendem Herunterbrechen auf die Teile? Oder zuerst die einzelnen Teile mit anschließender Anpassung und Koordination der Planungen der Teile? *Top-Down* oder *Bottom-Up*?

Beides ist möglich, wie Fallstudien zeigen. Allerdings wird bei der Diskussion von Top-Down versus Bottom-Up nicht immer berücksichtigt, wie viele der eigentlich für Planung und Entscheidung benötigten Informationen verfügbar sind. Die informatorische Unsicherheit und die vielen Unbekannten sind ein Handicap für die Planung generell. Bei den einzelnen Phasen der Innovation steht meistens detaillierteres Wissen zur Verfügung als auf der Ebene des Innovationsprozesses insgesamt. Das bedeutet, dass die drei Einzelplanungen der Phasen genauer sein können als ein Gesamtplan und daher bessere Entscheidungen ermöglichen. Deshalb wird im Folgenden bei der Planung der Innovation dem Weg des *Bottom-Up* der Vorzug gegeben.

- Jede der drei Phasen hat eine eigene *Zielsetzung*, aus der sich zunächst die in der Phase zu erfüllende Aufgabe ableitet.
- Die Aufgabenbeschreibung einer jeden Phase bildet die Grundlage für die jeweilige *Ressourcenanforderung*.
- Die Art der in einer Phase zu leistenden Aufgabe und der Umfang der entsprechenden Ressourcenanforderung lassen die *Entscheidungen* und die geeigneten *Instanzen* erkennen, die für die jeweilige Phase zu treffen und zu etablieren sind: die Organisation in der Phase wird festgelegt.

Bei der Innovation sind die drei Phasen *Produktentwicklung*, *Markteinführung*, *Marktdurchdringung* so verschieden, dass auch die Planungen – Ressourcen, Organisation – für die Phasen sich deutlich unterscheiden werden. Die jeweiligen Aufgaben, die dafür passenden Teams, die Ressourcenanforderungen, die Entscheidungen und die geeigneten Instanzen sind grundverschieden. Deshalb wird in der Praxis so vorgegangen:

- Einzelplanungen: Zunächst wird jede der drei Phasen für sich geplant, wobei die erforderliche Abstimmung untereinander zunächst nur in grober Weise in die Planungen aufgenommen wird.
- Koordination: Später wird dann die Abstimmung der Pläne der drei Phasen untereinander intensiver angegangen, wobei es auch zu Modifikationen und Anpassungen der Einzelplanungen kommt.

Für die Einzelplanungen eignen sich die Ansätze und die Analysetools, die das *Strategische Management* bereithält. Für die Abstimmung der Phasen untereinander eignet sich gut die *Szenariotechnik*. Ein weiteres kommt hinzu: Durch die lange Zeitdauer des gesamten Innovationsprozesses muss die Planung immer wieder aktualisiert werden. Auch diese *Aktualisierungen* werden durch iteratives Zurückkommen auf das zuletzt festgehaltene Szenario und Modifikation des Szenarios erreicht.

Zusammenfassung:

1. Aufgrund der zahlreichen Unbekannten im Innovationsprozess empfiehlt sich *Bottom-Up*: Mit den planerischen Aufgaben (Ressourcen, Organisation) für die drei Phasen der Innovation wird begonnen. Anschließend werden die Einzelplanungen der Phasen abgestimmt und koordiniert.
2. Im ersten Planungsschritt werden die menschliche Arbeit und der Ressourceneinsatz mit Ansätzen des *Strategischen Managements* für jede der drei Innovationsphase organisiert.
3. Im folgenden Planungsschritt werden die Phasen untereinander abgestimmt, wozu sich sie *Szenariotechnik* gut eignet. Eventuell müssen dann die Einzelplanungen der drei Phasen angepasst werden.
4. Im Verlauf der Zeit wird das Szenario in einem *Iterationsprozess* aktualisiert.

Selbstverständlich muss die Planung auch mit der weiteren Umgebung abgestimmt werden, gemeint sind die Gesamtunternehmung und selbstverständlich der Markt, die Konkurrenz und die Nachfrageseite. Überlegungen in dieser Richtung hängen stark von der Umgebung ab, also davon, ob es sich um ein Start-up handelt, das mit dem Prototyping beginnt, oder um eine innovative Unternehmung, oder um eine Partnerschaft mit anderen Einrichtungen.

	Ziel	Aufgaben
Phase 1: Produktentwicklung	Konstruktion und Bau des Endprodukts.	1. Prototyping und Tests. 2. Finalisierung als Endprodukt. 3. Vorbereitung einer skalierbaren Serienproduktion.
Phase 2: Markteinführung	Schaffung von Attraktivität für die Neuerung damit Marktdurchdringung beginnen kann.	1. Medienarbeit, Influencer und Präsentation. 2. Kontakte mit Multiplikatoren, Ausgabe einer First Edition. 3. Anwerfen der Serienproduktion.
Phase 3: Marktdurchdringung	Produktion, Absatz und Logistik müssen hochgefahren werden, sodass bei zunehmender Marktdurchdringung die kommerziellen Ziele der Innovation erreicht werden.	1. Große Betriebe übernehmen Produktion, Logistik und Absatz. 2. Beobachtung der sich selbstverstärkenden Kräfte im Diffusionsprozess. 3. Realisierung der Erträge und Controlling.

Abb. 5-1: Die Ziele und die Aufgaben der drei Phasen der Innovation.

5.2 Drei Einzelplanungen

Die Planung des Innovationsprozesses setzt bei den Zielen und Aufgabenbeschreibungen der drei Phasen an.

5.2.1 Zur Planung der Produktentwicklung

Die Produktentwicklung umfasst 1. die *Entwicklung von Prototyp* und Nullserie mit Tests, sowie gleich anschließend 2. die *Finalisierung zum Endprodukt*. Zeitgleich muss 3. eine skalierbare Serienproduktion *vorbereitet* werden.

Das *Prototyping* umfasst die Entwicklung, die Konstruktion, die Ausarbeitung sowie die Tests eines Prototyps der Innovation. Das Prototyping beginnt mit einer Erfindung, mit einer Lizenz, oder mit einer gegebenen technologischen Idee (etwa im Fall einer Innovation im Sinne von Schumpeter) beziehungsweise der aufmerksamen Beobachtung von Marktlücken (etwa im Fall einer Innovation im Sinne von Kirzner).

Fünf Anforderungen werden an den Prototypen gestellt:

1. Der Prototyp soll vor allem industriell machbar sein und er soll die intendierte Funktion leisten, und zwar in der innovativen *Performance-Überlegenheit* im Vergleich zum Bisherigen.
2. Der Prototyp soll alle juristischen Anforderungen und Gesetzesauflagen erfüllen.
3. Für den leichten Gebrauch soll die Gestaltung des Prototyps die Funktion erklären: Das Aussehen muss die *Gebrauchsanweisung* ausdrücken.
4. Weiter soll der Prototyp im Design dem Leitbild und Erscheinen der Unternehmung entsprechen, Der Prototyp soll die *Corporate Message* ausdrücken und helfen, die Reputation zu stärken. Außerdem soll er sich in das Produkt- und Leistungsportfolio des Innovators integrieren.
5. Besonderes Augenmerk beim Prototyp wird heute auf die Nachhaltigkeit und Reparaturfähigkeit gerichtet sowie auf Recycling und Entsorgung.

Die Abklärungen und Arbeiten im Prototyping sind also verschieden. Alle sind insoweit neu, als der Prototyp ein erstmaliges Arbeitsergebnis darstellt. Das kann nur einem multidisziplinären, also heterogenen Team gelingen. Konstrukteure, Designer, Juristen und andere Fachkräfte sind verlangt. Logisches Denken ist gefordert, aber auch Assoziationsfähigkeit und Intuition. Wenigstens einige Teammitglieder müssen lateral denken können.

Natürlich möchte jedes Teammitglied für die eigene spezielle Teilaufgabe möglichst viel Zeit und Ressourcen erhalten. Damit sich die Teammitglieder dennoch zusammenfinden und jede Fachperson die Notwendigkeit eines Kompromisses akzeptiert, muss eine *Teamleitung* eingerichtet werden, die hierarchisch *kraftvoll* nach innen wirken kann. Da die Teammitglieder für ihr jeweiliges Fach versierte Experten sind, muss die Teamleitung, um akzeptiert zu werden, selbst über hohe fachliche Kompetenz verfügen. Die Führungskraft muss die Fachleute im Team zur Zusammenarbeit bringen und dafür sorgen, dass der Prototyp termingerecht fertiggestellt wird. Das ist angesichts der enormen Unsicherheit und der geringen Information, die das Neue mit sich bringt, keine Aufgabe mit sicherem Ergebnis. Die Teamleitung muss daher nicht nur fachlich kompetent sein, sondern zur persönlichen Übernahme unternehmerischer Wagnisse bereit sein.

Aufgrund der hohen Unsicherheiten können die Arbeiten in der ersten Innovationsphase *scheitern.* Die Teamleitung muss den Ressourceneinsatz beenden, sobald erkennbar wird, dass die Produktentwicklung das Ziel nicht erreichen kann, sei es aus technischen, juristischen oder anderen Gründen. Schließlich muss die Führungskraft beim Prototyping sicherstellen, dass die Arbeiten im Team die verlangte *Vertraulichkeit* einhalten – das Produkt wurde noch nicht angekündigt oder vorgestellt.

Der Ressourcenverbrauch beim Prototyping muss *finanziert* werden, sei es ganz direkt durch einen externen Kapitalgeber oder innerhalb einer größeren Unternehmung durch eine in der Unternehmenshierarchie höher gestellte Instanz. Zur besseren Unterscheidung sei die Teamleitung mit *L* bezeichnet, der Kapital- und Ressourcengeber mit *K*. Aufgrund der enormen Unsicherheit wird der externe Kapitalgeber ebenso wie ein unternehmensinterner, vorgesetzter Ressourcengeber *K* eine unternehmerische Persönlichkeit sein oder durch eine unternehmerisch denkende Person geführt werden. Das heißt, *K* wird ebenso Vorstellungen hinsichtlich der Handhabung der unternehmerischen Wagnisse haben wie die Teamleitung *L*. Weil *K* als Kapital- und Ressourcengeber erhebliche Risiken trägt, wird *K* im Finanzierungsvertrag deutliche Informations- und Entscheidungsrechte erhalten.

Zwangsläufig müssen *K* und *L* hinsichtlich des unternehmerischen Wagnisses harmonisch zusammenarbeiten. Allerdings sind auch die finalen Meriten aufzuteilen. Sowohl *K* als auch *L* möchte im Fall eines Gelingens vor dem anderen stehen und im Fall eines Scheiterns die Verantwortung abschieben. Daher werden *K* und *L* leicht zu Rivalen, sobald sich abzeichnet, wie das Prototyping zu Ende gehen wird. Die Beziehung zwischen Teamleitung *L* und dem Kapital- oder Ressourcengeber *K* ist nicht unbedingt einfach.

5.2.2 Zur Planung der Markteinführung

Die zweite Phase der Innovation ist die der Markteinführung. Den Ausgangspunkt bildet die Übergabe und Entgegennahme des Prototyps oder einer Nullserie, meist nach Finalisierung zum Endprodukt. Zudem müssen alle Tests bestanden sein, was bei einigen Innovationen längere Zeit in Anspruch nimmt (Medizin, Fahrzeugsicherheit).

Selbstverständlich kann es sich bei dem „Produkt" auch um eine Dienstleistung oder eine Technologie handeln (Schumpeter), oder um einen neuen Zugang zum Markt beziehungsweise die neuartige Verbindung mehrerer Märkte (Kirzner).

Die Markteinführung hat das Ziel, die Innovation bekannt zu machen, für eine positive Beurteilung zu sorgen und im Markt den breiten Wunsch zu wecken, das Produkt oder die Dienstleistung zu erwerben. Dieses Ziel führt auf eine mehrfache Aufgabe:

1. Medienarbeit, Ansprechen von Influencern und Präsentation. Verbreitung von Wissen darüber, wie die Innovation funktioniert und wie man sie verwendet.
2. Kontakte mit Multiplikatoren knüpfen, Ausgabe einer First Edition.
3. Anwerfen der Serienproduktion.

Zunächst zur dritten Aufgabe: Eine auf den Zielmarkt fokussierte Produktion muss vorbereitet und in Gang gesetzt werden, genau wie ein Anlasser einen Motor anwirft. Mit der anlaufenden Produktion verbunden sind selbstverständlich Aufgaben im Bereich von Absatz und Logistik. Diese anlaufenden Aktivitäten werden in der dritten Innovationsphase der Marktdurchdringung skaliert, also „hochgefahren".

Ebenso auf den intendierten Markt zugeschnitten, müssen *Multiplikatoren* gefunden und angesprochen werden. Sie sollen das innovative Produkt bekannter machen und zur Übernahme der Innovation anregen. Parallel werden Veranstaltungen zur öffentlichen Präsentation der Innovation durchgeführt und die Medien kontaktiert.

Multiplikatoren sind Personen, von denen aufgrund ihres Einflusses in der Gesellschaft erwartet werden kann, dass sie zugunsten der Innovation wirkungsvolle und überzeugende Signale senden oder generell zur positiven Bewertung der Innovation beitragen. Die Multiplikatoren wirken auf die eigentliche Zielgruppe ein, zum Teil wie Influencer durch Beiträge in den Medien. Andere Multiplikatoren nutzen die Innovation und zeigen dies in ihrer sozialen Umgebung, oder sie geben online Rückmeldungen. Letztere können oft durch Rabatte oder für sie kostenlose Nutzungsmöglichkeiten gewonnen werden.

Vorträge und Präsentationen, etwa auf Messen, sind ebenso aufwendig wie eine alles begleitende Werbung. Die Markteinführung ist folglich *teuer.*

Für die Einrichtung einer skalierbaren Produktion und die direkte und indirekte Präsentation der Innovation wird die Unternehmung ein Team bereitstellen, das sowohl mit der Unternehmenseinheit für Produktion, Absatz und Logistik als auch mit den Medien und mit Multiplikatoren Kontakt aufnehmen kann. Dafür sind Netzwerker gesucht, Personen, die Kontakte knüpfen können.

Für die Markteinführung ist ein Team verlangt, dass in kürzester Zeit all die notwendigen Kontakte zu Influencern und zu Multiplikatoren herstellen kann und die Präsentationen organisiert. Daneben muss das Team sich mit den unternehmerischen Einheiten für Produktion und Logistik koordinieren, damit die entsprechenden Kapazitäten reserviert oder geschaffen werden, eventuell durch Zulieferanten.

Die **Markteinführung** ist geglückt, wenn die Medienarbeit gewirkt hat, wenn die Multiplikatoren präsent und aktiv sind, und wenn Produktion und Absatzlogistik störungsfrei angelaufen sind. Dann kann der Prozess der Innovation von der Markteinführung in die dritte Phase der Marktdurchdringung übergehen.

Für das Team, das alle diese Kontakte knüpft und Koordinationen veranlasst, sind die Aufgaben der Markteinführung vergleichsweise homogen – alle müssen *Netzwerker* sein. Die Teammitglieder müssen kontaktbereit und auf den Markt und das Marketing orientiert sein. Folglich müssen die Teammitglieder ähnliche Fähigkeiten mitbringen. Zwischen den Teammitgliedern dürften kaum Dissonanzen aufkommen. Sie werden sich gegenseitig unterstützen. Die Teamleitung muss deshalb kaum nach innen kraftvoll entscheiden (wie noch beim Prototyping verlangt), doch sie muss als Persönlichkeit nach außen und gegenüber Medien ausstrahlen und dabei das Team motivierend mit sich ziehen.

Folglich ist das **Team** in der zweiten Innovationsphase ganz anders aufgebaut als das in der ersten Phase und auch die Teamleitung muss anderen Anforderungen genügen. Deshalb können die Aufgaben der Markteinführung nicht einfach vom Team für die Produktentwicklung mit übernommen werden. Und da die dritte Phase der Marktdurchdringung auch wieder andere Anforderungen an die Human Ressources stellt, kann die Markteinführung auch nicht von jenen Personen mit übernommen werden, die sich auf die Aufgaben der Marktdurchdringung spezialisieren.

Auch die Markteinführung muss finanziert werden, wobei Anstrengungen im Bereich des Marketings wie sonst auch teuer sind. Bei intensiver Markenbildung betragen die Marketingkosten etwa 20% der (späteren) Verkaufserlöse. Ein guter Teil der Mittel wird bereits in der Phase der Markteinführung benötigt, sodass eine Finanzierung verlangt wird. Eine wichtige, von der obersten Hierarchieebene der Unternehmung getroffene Vorentscheidung betrifft daher die des Budgets für die Markteinführung. Im Team wird unter Rat gebender Partizipation seitens der Teamleitung in einer Brainstorming Sitzung festgelegt, welche Mittel für die einzelnen Kontakte, Veranstaltungen und eine First Edition alloziert werden.

5.2.3 Zur Planung der Marktdurchdringung

Die dritte Phase im Innovationsprozess ist die Phase der Marktdurchdringung. Dieser Zeitabschnitt dauert erwartungsgemäß längere Zeit an. Die Marktdurchdringung endet erst, wenn sich im Markt Sättigung abzeichnet, oder wenn eine weitere Innovation, womöglich die eines anderen Unternehmens, den Absatzprozess beendet.

Beispiel: Der *Personal Digital Assistant* (PDA) der 1992 gegründeten Firma *Palm Inc.* konnte erstmals *handschriftliche* Eingaben verarbeiten. Das Gerät war kompakt und leicht, die Batterie hielt sehr lange und erlaubte verschiedene Organizer-Funktionen: Adressbuch, Kalender, Aufgaben, Notizen – eine echte Innovation. Der erste *PalmPilot* kam 1996 auf den Markt, später folgten noch Varianten, darunter *Zire* im Jahr 2002. Doch 2007 kam es zu einem jähen Ende der weiteren Marktdurchdringung mit der Vorstellung des *iPhones.* Trotz des abrupten Endes hat die Phase der Marktdurchdringung mit dem Organizer von *Palm Inc.* immerhin länger als ein Jahrzehnt angedauert, und soll ⅓ des gesamten Marktes für Handheld-Organizer erreicht haben.

Die Phase der Marktdurchdringung ist sicherlich primär eine Zeit der Skalierung von Produktion, Absatz und Logistik. Jedoch kommen begleitend weitere Aufgaben hinzu:

- Selbstverstärkung des Diffusionsprozesses: Während der Marktdurchdringung wirkt die *Dreifache Selbstverstärkung*: der Diffusionsprozess beschleunigt sich zunehmend selbst aufgrund der drei Effekte von Bandwagon, Produktreifung, Kostenreduktion. Deshalb besteht eine Aufgabe darin, die Effekte der Selbstverstärkung im Diffusionsprozess zu fördern (→ Abschnitt 2.3).
- Das während der Marktdurchdringung zunehmende Produktions- und Absatzvolumen (Learning by Doing) und die stets bessere Beobachtung des Marktes und der Branche erlauben es, Produktvarianten zu entwickeln und auf den Markt zu bringen. Eventuell werden sogar Anschlussinnovationen möglich.

Insgesamt stellt die Marktdurchdringung eine doppelte Aufgabe:

1. Primäre Aufgabe Operationen: Produktion, Absatz und Logistik bei zunehmender Absatzgeschwindigkeit.
2. Begleitende Aufgaben: Förderung und Nutzung der Effekte der Selbstverstärkung im Diffusionsprozess. Beobachtung des Umfelds (Technologie, Kundenbedarf, Konkurrenz) im Hinblick auf Produktvarianten und innovativen Erneuerungen des Produkts.

Nicht erwähnt wurde die 3. Aufgabe, bei der Marktdurchdringung das finanzielle Ergebnis einzuspielen.

Diese Aufgaben sind wichtig und werden einem COO (Chief Operating Officer) übertragen. In der Unternehmenshierarchie ist die Position eines COO nur dem CEO (Chief Executive Officer) unterstellt. Kontinuität bei der Wahrnehmung der Aufgaben ist verlangt. Um dies zu gewährleisten, ist die Stelle des COO hoch dotiert. Wenn durch Wechsel des COO die verlangte Kontinuität nicht gegeben ist, kann die Marktdurchdringung scheitern.

Beispiel: Die Firma *Palm Inc.* hat zwar zwischen 1996 und 2007 mehrere Varianten ihres Personal Digital Assistent PDA auf den Markt gebracht, doch diese waren hinsichtlich ihrer technischen Eigenschaften eher hinter der rapiden technologischen Entwicklung im Bereich der Organizer zurückgeblieben. Die Anfangserfolge hatte *Palm Inc.* nicht verwendet, um den PDA weiterzuentwickeln, wohl wegen eines Wechsels des COO.

Zudem wäre sogar eine innovative Neugestaltung des PDA möglich gewesen, etwa durch eine Aufnahme von Bluetooth oder von Mobilfunkverbindungen. Auch wurde von *Palm Inc.* zu lange versäumt, die Software zu aktualisieren. Die neue Software WebOS kam zu spät und war für die Hardware zu anspruchsvoll. In der Tat ging der Absatz von *Palm Inc.* ab 2007 zeitgleich mit der Einführung des iPhone zurück. Das Unternehmen *Palm Inc.* wurde 2010 von *Hewlett-Packard* (HP) übernommen.

5.3 Ergänzung und Fazit

5.3.1 Ergänzung: Dynamische Optimierung

In jeder der drei Innovationsphasen – Marktdurchdringung, Markteinführung, Marktsättigung – sind Entscheidungen zu treffen, wobei die jeweiligen Festlegungen selbstverständlich harmonisiert werden müssen und das Gesamtziel verfolgen und umsetzen sollen, das mit dem Innovationsprozess verfolgt wird. Dazu wird der kommerzielle Erfolg gehören, die Stärkung der Reputation des Innovators und die Schaffung wertvoller Potenziale für anschließende Entwicklungen.

Nun laufen die drei Phasen der Innovation überwiegend sequenziell ab, so dass die in den drei Phasen zu treffenden Einzelentscheidungen in zeitlicher Reihe anstehen. Zuerst werden Entscheidungen bei der Produktentwicklung getroffen. Diese Festlegungen müssen dann bereits bei den Entscheidungen in der folgenden Phase berücksichtigt werden. Und zusammen mit den Entscheidungen bei der Markteinführung sind die Vorbedingungen für Entscheidungen in der Phase der Marktdurchdringung gelegt.

Man würde daher die Entscheidungen aller drei Phasen in einem Entscheidungsbaum darstellen wollen, dessen Verzweigungen zeigen, was sich aufgrund einer Festlegung später noch zur Entscheidung stellt. Der generelle Imperativ hieße: Du musst mehrere Schritte vorausdenken und berücksichtigen, welche Folgen eine Entscheidung auf die Möglichkeiten bei späteren Entscheidungen hat – so wie es Schachspielern empfohlen wird.

Allerdings ist die Aufforderung, möglichst viele Schritte im Voraus zu denken, nicht genau das, was die *Dynamische Optimierung* besagt. Die Dynamische Optimierung befasst sich mit der Frage, wie bei sequenziellen Entscheidungsproblemen die insgesamt optimale Politik bestimmt werden kann.

Die Antwort hat der Mathematiker **Richard Bellman** (1920-1984) im Jahr 1953 gefunden. Bellman war ab 1965 Professor an der University of Southern California. Das nach ihm benannte **Optimalitätsprinzip** besagt: „Eine optimale Entscheidungsfolge hat die Eigenschaft, dass, wie auch immer der Anfangszustand war und die erste Entscheidung ausfiel, die verbleibenden Entscheidungen eine optimale Entscheidungsfolge bilden müssen, bezogen auf den Zustand, der aus der ersten Entscheidung resultiert."

Das Optimalitätsprinzip bedeutet, dass die insgesamt optimale Folge von Einzelentscheidungen durch **Rückwärtsrechnung** gefunden werden kann. Zuerst betrachtet man die möglichen Endzustände und ermittelt jene Einzelentscheidungen für eine Zeitstufe davor, die bestmögliche Endergebnisse liefern. Dann werden Entscheidungen betrachtet, die zwei Zeitstufen davor zu treffen sind, und wählt jene aus, die in bester Weise einen Schritt weiterführen. Anschließend, immer weiter in Richtung auf den Anfang zurückgehend, werden Entscheidungen betrachtet, die drei Zeitstufen vor dem Ende zu treffen sind, und so fort. Die Dynamische Optimierung hat große Bedeutung im Operations Research und bei der Programmierung gefunden.

Leider ist dieser Ansatz wenig für die Harmonisierung und Optimierung der Entscheidungen geeignet, die in den drei Phasen des Innovationsprozesses zu treffen sind. Denn das Bellmansche Optimalitätsprinzip setzt voraus, dass der gesamte Entscheidungsbaum bis zu seinem Ende aufgestellt werden kann. Im Innovationsprozess sind zum Zeitpunkt der ersten Entscheidungen bei der Produktentwicklung aber nicht alle Einzelentscheidungen präzisierbar, die bis zum Ende der Marktdurchdringung getroffen werden müssen.

Folglich kann für die Harmonisierung und Optimierung der Einzelentscheidungen in den drei Phasen nur eine *generelle Politik* formuliert oder eine Liste mit Leitideen aufgestellt werden. Diese Politik zu finden und die Leitideen aufzustellen, kann in der Praxis mit der *Szenariotechnik* gelingen (→ Abschnitt 6.2).

5.3.2 Hauptpunkte

1. Ein Plan ist die vereinfachte Darstellung der zeitlichen, räumlichen, sachlogischen oder organisatorischen Relation zwischen mehreren Objekten, die überblickt werden sollen.

2. Die Planung beginnt mit den Zielen, die erreicht werden sollen. Die Ziele werden in Aufgaben übersetzt, die zu lösen sind. Die Aufgaben lassen die Entscheidungen erkennen, die noch getroffen werden müssen. Wo nicht bereits zu Beginn der Planung alle Entscheidungen vorliegen, muss festgehalten werden, welche Instanzen sie dann noch treffen werden. Die Aufgaben und diese Festlegungen bestimmen die Ressourcenanforderungen und die Organisationsstruktur.
3. Soll erst ein Gesamtplan erstellt werden, der dann auf Teilpläne heruntergebrochen wird (Top-Down) oder umgekehrt (Bottom-Up)? Die informatorische Unsicherheit und die vielen Unbekannten bei der Innovation sind ein Handicap für die Planung. Bei den Teilen – bei den einzelnen Phasen der Innovation – steht meistens genaueres Wissen zur Verfügung als auf der Ebene des Innovationsprozesses insgesamt. Das bedeutet: Die drei Teilpläne der drei Innovationsphasen können in der Regel leichter erstellt werden als der Gesamtplan. Deshalb soll bei der Planung der Innovation dem Weg des Bottom-Up der Vorzug gegeben werden.
4. Weil bei der Innovationsplanung meist dem Bottom-Up gefolgt wird, müssen die Teilpläne – Produktentwicklung, Markteinführung, Marktdurchdringung – abgestimmt und koordiniert werden.

5.3.3 Literatur

Tobias Augsten, Harald Brodbeck: *Strategie und Innovation – Die entscheidenden Stellschrauben im Unternehmen wirksam nutzen.* Springer Gabler 2017.

Richard Bellman: *Dynamic Programming.* Princeton University Press, 1957.

Gerold E. Häfliger, Jörg D. Meier: *Aktuelle Tendenzen im Innovationsmanagement.* Springer, 2000.

Jürgen Hauschildt, Sören Salomo, Carsten Schultz, Alexander Kock: *Innovationsmanagement.* 7. Auflage, Vahlen, 2022.

Stefan Irmsch: *Erfolgreich Projekte planen und umsetzen – Bewährte Ansätze und Vorgehensweisen eines erfahrenen Projektmanagers.* Springer Gabler, Wiesbaden 2022.

Dietmar Vahs, Alexander Brem, Christian Oswald: *Innovationsmanagement – Von der Idee zur erfolgreichen Vermarktung.* 6. Auflage, Schäffer-Poeschel, 2023.

6 Entscheidungen im Innovationsprozess

Die Lernfragen zu diesem Kapitel finden Sie unter:
https://narr.kwaest.io/s/1440

Mit der Planung werden auch Entscheidungen festgelegt. Dies soll im Hinblick auf die Zielsetzungen optimal erfolgen. Da aber der Innovationsprozess ziemlich komplex und insgesamt langwierig ist, und weil Unsicherheiten und Wagnisse hineinspielen und nicht alle Informationen vorliegen, werden die meisten Entscheidungen anhand von *generellen Vorgehensweisen und Praktiken* getroffen. Diese generellen Vorgehensweisen und Praktiken bieten die Ansätze des *Strategischen Managements* (→ Abschnitt 6.1).

Die Planung führt auch die einzelnen Teilaufgaben im Innovationsprozess zusammen, damit sie besser koordiniert ablaufen können, so wie aus einer einheitlichen und verbindenden Gesamtperspektive heraus gezeichnet.

Dafür bietet sich die *Szenariotechnik* an. Die Szenariotechnik ermöglicht eine Gesamtschau auf den Innovationsprozess und seine drei Phasen. Sie ist daher ein geeignetes Instrument für die Innovationsplanung, insbesondere für die Harmonisierung und Koordination der drei Phasen. Zudem kann die Szenariotechnik die Auswirkungen unsicherer Einflüsse verdeutlichen (→ Abschnitt 6.2).

6.1 Entscheidung, Koordination, Optimierung

6.1.1 Strategisches Management

Das Strategische Management ist in den letzten Jahrzehnten von *Ansoff, Chandler, Drucker, Porter* sowie von zahlreichen in Forschung oder Beratung Tätigen zu einer bedeutenden Disziplin ausgebaut worden.

Das **Strategische Management** ist eine Lehre von Ansätzen und Analysetools für die an langfristigen Zielen ausgerichtete Planung und Beratung einer Unternehmung.

Die Ansätze sollen dabei helfen, die grundsätzliche und langfristig einzuhaltende Richtung zu bestimmen, so dass die Strategie bei Entscheidungs- und Planungsaufgaben eine Orientierung bietet. Die Analysetools geben Hinweise dafür, welches die wichtigsten Kriterien und Einflussfaktoren sind, um eine Lösung zu finden: Ansätze – Leitideen, Analysetools – Einflussfaktoren.

- Insgesamt möchten die Ansätze und Analysetools des Strategischen Managements helfen, die Existenz der Unternehmung zu sichern und ihr dabei zu nachhaltigem Wachstum zu verhelfen.
- Dazu soll ihre *Wettbewerbsfähigkeit* gesichert und gestärkt werden. Wettbewerbsvorteile im Markt sollen durch bessere Produkte und besser erkennbare Leistungen ausgebaut werden.
- Bei den *Ressourcen und Kompetenzen* sollen erkannt werden, über welche die Unternehmung verfügt und wie diese genutzt werden können, um sich von der Konkurrenz abzuheben. Die Ressourcenzuweisungen sollen beweglicher werden, um Anpassungen zu ermöglichen.
- Unternehmen werden als von *Stakeholdern* getragen angesehen. Anspruchsgruppen, die zum Unternehmenserfolg beitragen sind die Kunden, die Investoren, das Management und die Mitarbeitenden, die Gesellschaft insgesamt.

Zu den Pionieren des Strategischen Managements zählen *Harry Ansoff, Alfred Chandler, Peter Drucker, Henry Mintzberg, Michael Porter, Birger Wernerfelt* und andere. Der von Ansoff geschaffene Ansatz ist die bereits genannte Produkt-Markt-Matrix. Sie zeigt, welche Strategie sich situationsbedingt ergibt. Die Situation wiederum wird einerseits durch Eigenschaften des Produkts der Unternehmung bestimmt, andererseits durch ihre Konstellation im Markt als Anbieterin.

Alfred Chandler (1918-2007), zuletzt Professor an der Harvard Business School in Cambridge, Massachusetts, hat 1977 unter dem Titel „The Visible Hand" eine historische Analyse der Wirtschaft 1800-1850 in den USA vorgelegt. Darin zeichnet er den Wandel einer anfangs noch mittelständischen Wirtschaft, die den durch technologische Neuerungen aufkommenden Großkonzernen immer mehr den Platz überlassen musste. Im Licht dieses Wandels sieht Chandler das Wirtschaftssystem weniger als eine freie Marktwirtschaft, in der die von *Adam Smith* in den Vordergrund gerückte „invisible hand" das Geschehen steuern würde.

Vielmehr werden der Einsatz von Ressourcen und die Verteilung von Gütern zunehmend von einer Hierarchie von Managern verwaltet, gesteuert von einer deutlich sichtbaren Hand.

Zum Strategischen Management publizierte Chandler sein mit „Strategy and Structure" betiteltes Buch, wobei „Struktur" sich auf die Organisation der Unternehmung bezieht.

- Mit der Entwicklung der Konzerne legte die Hierarchie von Managern den Fokus auf die Verfeinerung der Organisation, die zum Selbstzweck wurde.
- Mehr und mehr wurde das unternehmerische Denken verdrängt, das es im Mittelstand noch gab.

Eigentlich sollte die langfristige unternehmerische Zielsetzung, die Strategie, das Primat haben. Deshalb sollte besser *die Struktur der Strategie folgen* – so Chandlers bekanntestes Zitat. Die Organisation sollte so gestaltet werden, dass sie die zuvor gewählte Strategie unterstützt – und nicht umgekehrt.

Harry Ansoff	Produkt-Markt-Matrix	Unterschiede (bisher versus neu) bei dem Produkt und beim Markt ergeben insgesamt vier Strategien: Marktdurchdringung, Marktentwicklung, Produktentwicklung, Diversifikation.
Alfred Chandler	„Structure follows Strategy"	Die Organisation muss so bestimmt werden, dass sie die zuvor gewählte Strategie unterstützt.
Peter Drucker	langfristige Ziele und gesellschaftliche Werte	Unternehmungen sollten sich auf nachhaltig zu erreichende langfristige Ziele ausrichten und gesellschaftliche Verantwortung übernehmen.
Henry Mintzberg	Lehre von Organisationstypen	Hinter der Bildung von Strategien stehen verschiedene Kräfte, die zuerst aufgedeckt werden müssen.
Michael Porter	1. Fünf Kräfte prägen den Wettbewerb. 2. Es gibt drei Grundstrategien im Markt.	1. Große Betriebe übernehmen Produktion, Logistik und Absatz. 2. Kostenführerschaft, Differenzierung, Fokussierung.
Birger Wernerfelt	Ressource-Based-View	Welches sind die Ressourcen, die der Unternehmung im Wettbewerb eine herausragende Position verschaffen? Ist es das Wissen? Sind es Seltene Erden? Ein großes Distributionsnetz?

Abb. 6-1: Zu Pionieren des Strategischen Managements.

Strategie wurde von **Chandler** definiert als „die Festlegung der langfristigen Ziele eines Unternehmens und die Annahme von Vorgehensweisen und die Zuweisung von Ressourcen, die zur Erreichung dieser Ziele erforderlich sind."

Zum Werk von *Drucker*, das in viele Richtungen geht:

- Bereits genannt wurden seine Sieben Quellen der Innovation, mit denen Drucker zeigt, wo die Suche nach innovativen Ideen fruchtbar sein dürfte.
- Des Weiteren hat Drucker fünf Entscheidungsbereiche herausgearbeitet, in denen das Management die Ansätze und Analysetools des Strategischen Managements einsetzen sollte: Bei 1. der Planung, 2. der Organisation, 3. beim Personalwesen und bei Stellenbesetzungen, 4. bei der Führung der Mitarbeitenden und 5. bei der Kontrolle des Betriebsgeschehens.
- Vor allem aber hat Drucker Unternehmungen dazu geraten, sich auf langfristige Ziele auszurichten und dabei gesellschaftliche Verantwortung zu übernehmen und moralische Grundsätze einzuhalten.

6.1.2 MBV und RBV

Michael Porter sieht den Schlüssel für die richtige Strategie einer Unternehmung in der Konstellation von Branche und Markt.

In seinem Buch „Wettbewerbsstrategie: Methoden zur Analyse von Branchen und Konkurrenten“ stellt Porter nicht nur die bereits erwähnten Fünf Kräfte dar (1. Wettbewerber in der Branche, 2. Bedrohung durch neue Anbieter im Markt, 3. Verhandlungsmacht der Lieferanten, 4. Verhandlungsmacht der Käufer, 5. Bedrohung durch Ersatzprodukte), die festlegen, welche Strategie die Unternehmung einschlagen sollte.

Porter argumentiert in seinem Buch, dass eine von drei grundlegenden Strategien infrage kommt:

1. Differenzierung – etwa durch neue Produkte und Innovationen.
2. Fokussierung auf ein enges Marktsegment, eine Nischenstrategie.
3. Kostenführerschaft (im breiten Markt).

Beispiel: *Audi* hat im Markt für Fahrzeuge stets die erste Strategie verfolgt und an Neuerungen gearbeitet (Werbespruch: „Vorsprung durch Technik“). *Porsche* hatte, zumindest früher, sich auf ein vergleichsweise enges Marktsegment konzentriert. Einige ausländische Anbieter, darunter *Renault* und *Fiat*, haben in Deutschland die Kostenführerschaft im breiten Markt angestrebt.

Deutlich vertritt Porter die Sichtweise, dass die **Konstellation im Markt bestimmt, welche Strategie eine Unternehmung einschlagen sollte**. Denn der langfristige Erfolg hängt überwiegend von der Konstellation und Dynamik des Marktes sowie der Position der Unternehmung gegenüber den Marktkräften ab. Diese Sichtweise wird als **Market Based View** (MBV) bezeichnet.

Der MBV betont, dass sich die strategische Ausrichtung eines Unternehmens aus den Marktbedingungen abzuleiten ist.

Die Betonung liegt beim MBV nicht so sehr auf dem, das die Unternehmung produzieren könnte. Vielmehr kommt es bei der Strategiewahl darauf an, was die Unternehmung im Markt verkaufen kann. Letztenendes, so der MBV, entsteht die Wertschöpfung einer Unternehmung durch den Absatz in der arbeitsteiligen Welt.

Birger Wernerfelt (und andere) nennen Gründe, aus denen nicht zurückgestellt werden sollte, was eine Unternehmung kann, weil sie über entsprechende Ressourcen, über das Wissen und die Kompetenzen verfügt. Diese Sichtweise heißt **Ressource Based View** (RBV).

Besonders wenn die Ressourcen und Kompetenzen nicht so leicht zu beschaffen und zu erwerben sind, verschaffen sie der Unternehmung einen Vorteil im Markt und geben ihr eine USP, eine *Unique Selling Proposition.* Deshalb muss die Unternehmung ihre Kernkompetenzen schützen und pflegen. Sie sollte Tätigkeiten übernehmen und ausführen, die genau das unterstützen.

Auf die Frage, ob die Sichtweise des **MBV** oder die des **RBV** vorzuziehen sei, wird allgemein diese Antwort gegeben: Eine umfassende Sicht verlangt, beide Perspektiven einzunehmen. Die Sichtweisen ergänzen sich. Die Ableitung der Strategie aus der Marktkonstellation (MBV) muss irgendwie auch berücksichtigen, welches Wissen und welche Kompetenzen vorhanden sind. Und allein zu fragen, was man gut produzieren kann (RBV) verhilft noch nicht zu einem gelungenen Marktauftritt.

Allerdings kommt es auch darauf an, was sich eine Unternehmung eventuell noch besorgen kann. Fehlende Kompetenzen können vielfach durch die Akquisition einer anderen Unternehmung besorgt werden. Möglicherweise kann über den Zukauf einer anderen Unternehmung auch die Marktposition günstig verschoben werden.

Einiges spricht also dafür, der Relation zwischen einer Unternehmung und ihrer Position im Markt größere Festigkeit einzuräumen als der Relation zwischen der Unternehmung und ihren Ressourcen. Beispielsweise haben Zulieferanten nie die Macht, mit der die Unternehmung im Markt positioniert ist. Von daher würde man vielleicht dem Market Based View einen gewissen Vorrang gegenüber dem Ressource Based View einräumen.

6.1.3 Anwendung der Ansätze und Analysetools

Zum Abschluss des Steilkurses durch das Strategische Management sollen konkrete Ansätze und Analysetools genannt werden. Gleich anschließend wird versucht, damit drei exemplarische Entscheidungen innerhalb der Innovationsplanung zu treffen. Zunächst also die Ansätze und Analysetools:

1. *Lean Management* (Taiichi Ohno, Toyota): Einbindung der Mitarbeiter in die Verschlankung der Prozesse durch Vermeidung von Verschwendung und den Abbau von Ineffizienzen. Wie wird die Verschlankung vorgenommen? Im Rahmen der Einführung einer Prozesskostenrechnung müssen die Mitarbeitenden darstellen, welche Aufgaben sie erfüllen, und sie sollen aufzeichnen, wie viel Zeit jeweils beansprucht wird.
2. *Six Sigma* (Qualitätssteigerung durch Minimierung von Fehlern in Prozessen über die statistische Auswertung von Daten). Der Ansatz geht auf Bill Smith und Motorola zurück. Dabei steht Sigma wie in der Statistik üblich für die Standardabweichung eines Zufallprozesses. Das Sechs-fache Sigma weist auf die sehr unwahrscheinliche Abweichung hin, die bei Fertigungsprozessen angestrebt wird. Besonders Dienstleistungsprozesse können durch Strukturierung zu einer von Kunden wahrgenommenen Qualitätssteigerung gebracht werden. Bei Dienstleistern wie Post und Bahn können mit Programmen wie Six Sigma erhebliche Steigerungen der Qualität erreicht werden.
3. Bei den Analysetools dürfte am bekanntesten die *SWOT-Analyse* sein, die Stärken (*Strengths*), Schwächen (*Weaknesses*), Chancen (*Opportunities*) und Risiken (*Threats*) eines Projekts analysiert. Die SWOT-Analyse wurde um 1965 von dem Berater *Albert Humphrey* (1926-2005) eingeführt, um Praktiken erfolgreicher und weniger erfolgreicher Unternehmen zu vergleichen. Die SWOT-Analyse soll zunächst eine Beurteilung der inneren Konstellation der Unternehmung und ihrer Positionierung im Markt liefern. Die Beurteilung – das Positionspapier – soll sodann als Basis für die Formulierung der Strategie dienen. Das Postulat der SWOT-Analyse lautet, dass die Strategie darauf abzielen soll, Stärken und Chancen auszunutzen, Schwächen zu vermeiden und Risiken zu vermeiden oder abzusichern.
4. *Balanced Scorecard* BSC. Sie geht auf *Robert Kaplan*, Harvard, und *David Norton* (1941-2023) und das Jahr 1992 zurück. Die BSC möchte die Überbetonung der finanziellen Aspekte (Bilanz, Kosten, Gewinn)

überwinden und betrachtet die Unternehmung aus insgesamt vier Perspektiven: 1. die *Finanzperspektive* (Wachstum, Rentabilität), 2. die *Kundenperspektive* (Kundenzufriedenheit, Marktanteil), 3. die *Prozessperspektive* (Effizienz und Effektivität der Geschäftsprozesse), 4. die *Lern- und Entwicklungsperspektive* (Beiträge der Mitarbeiterschaft zu Verbesserungen, Investitionen in Forschung und Entwicklung, Kompetenzen). Die BSC schlägt vor, diese vier Perspektiven parallel zu entwickeln.

5. *Kernkompetenzen* (*C.K. Prahalad* und *Gary Hamel*). Danach soll sich die Unternehmung ihrer Kernkompetenzen bewusst werden, sie pflegen und stärken, und solche Tätigkeiten vorziehen, bei denen diese Kernkompetenzen unersetzlich sind und der Unternehmung im Markt einen Vorteil verschaffen. Eine Überlegung dabei ist, dass positive Externalitäten wirken: Kompetenzen, sobald sie in Produktion und Absatz verwendet werden, führen zur Stärkung eben dieser Kompetenzen. Der Volksmund sagt kürzer, Übung mache den Meister.

Nun zu den exemplarischen Entscheidungen im Innovationsprozess. Der Innovator, die Unternehmung, muss zu den Arbeiten in den drei Phasen der Innovation (Produktentwicklung, Markteinführung, Marktdurchdringung) eine Vielzahl von Entscheidungen treffen. Hier geht es nur um (drei) Beispiele, um zu illustrieren, welchen Lösungsbeitrag das Strategische Management leisten kann.

1. Entscheidung: Sollen einige der Aufgaben der Produktentwicklung ausgegliedert, an Dritte vergeben oder über Partnerschaften bewältigt werden?
2. Entscheidung bei der Markteinführung: Soll der Zielmarkt preislich und folglich auch qualitativ eher von unten oder von oben betreten und durchdrungen werden?
3. Entscheidung bei der Marktdurchdringung: Wie häufig soll das Produkt durch neue Versionen aktualisiert werden?

Einige der Entscheidungen betreffen nur eine einzelne Phase, doch andere betreffen die Arbeiten aller drei Phasen. Wie können hier „gute“ Entscheidungen getroffen werden? Diese grundsätzliche Frage wurde aus dem Blickwinkel der verfügbaren Informationen damit beantwortet, dass zunächst die drei Innovationsphasen einzeln geplant werden – wofür das *strategische Management* verschiedene Ansätze und Analysetools bietet – und dass anschließend die Einzelpläne untereinander abgestimmt und koordiniert werden – wozu sich die *Szenariotechnik* eignet. Nun soll mithilfe des vorangestellten Katalogs von Ansätzen und Analysetools versucht werden, diese drei exemplarischen Fragebeispiele zu beantworten.

Antwort auf die erste Frage: Einer lockeren Organisation gehört zwar grundsätzlich der Vorzug (Lean Management), doch es müssen jene Funktionen behalten werden, die kritisches Wissen verlangen, eigene Fähigkeiten stärken und eigenes Wissen mehren (Kernkompetenzen). Daher können allenfalls Teiltätigkeiten in der dritten Innovationsphase, der Marktdurchdringung, mithilfe von Zulieferanten ausgegliedert werden. In der ersten Phase der Produktentwicklung können zwar Arbeiten durch andere organisatorische Abteilungen ausgeführt werden, nicht aber von anderen, nicht-kontrollierbaren Einrichtungen.

Antwort auf die zweite Frage: Beide Preispolitiken können richtig sein, doch die Entscheidung muss anhand einer Markt- und Kundenanalyse getroffen werden (Fünf Kräfte nach Porter). Möglicherweise bietet sich, falls diese Frage der Preispolitik trotz Kundenanalyse ungeklärt bleibt, zu Beginn der dritten Innovationsphase der Schritt an, zuerst in einen Testmarkt zu gehen.

Antwort auf die dritte Frage: Hier kann die BSC mit der Kundenperspektive und der Lern- und Entwicklungsperspektive weiterführen. Es kommt darauf an, was die Kunden erwarten, und ebenso darauf, welchen Rhythmus die unternehmensinternen Einheiten für die Produktentwicklung haben, wobei sich beide Perspektiven durchaus beeinflussen lassen.

6.2 Gesamtentwicklung

6.2.1 Szenariotechnik

Die exemplarischen Entscheidungsaufgaben traten zwar vorrangig nur in einer Teilphase im Innovationsprozess auf, doch hatten sie auch andere Phasen betroffen. Das verlangt eine Kommunikation der für die drei Innovationsphasen zuständigen Einheiten, mehr noch, sie müssen zu insgesamt guten Festlegungen kommen und sich koordinieren. Dazu ist eine Betrachtung verlangt, die alle drei Phasen integriert und womöglich weitere Oberziele berücksichtigt, die von der Unternehmensleitung gesetzt werden.

Die vielfach als Ideal angesehene integrierte Gesamtplanung mit allen Details, die alle sich harmonisch zusammenfügenden Teilplanungen enthält, ist jedoch ein Ideal. Denn auf der Gesamtebene sind nicht alle Details bekannt. Was meistens möglich ist, ist ein mehr oder minder stark vereinfachter integrierter Gesamtplan, der nur die wichtigsten Aspekte, sogenannte „Eckpunkte“ enthält, die indes in einer stimmigen und harmonisierten Relation erscheinen.

Bei den drei Phasen der Innovation kommt die zeitliche Entwicklung als die oftmals wichtigste Determinante hinzu. Daher eignet sich die Darstellung des zwar vereinfachten, aber dennoch integrierten Gesamtplans als Szenario.

Ein **Szenario** ist die Vorschau auf eine sich in der Zeit entwickelnde, wichtige Größe, deren Entwicklung 1. von Entscheidungen / Festlegungen sowie 2. von zufälligen Einflüssen / Risiken abhängt. Durch den Vergleich mehrerer Szenarien für andere und verschiedene Festlegungen kann der Einfluss der entsprechenden Entscheidung erkannt werden und eine optimale Festlegung getroffen werden. Durch den Vergleich der Szenarien für mehrere Realisationen der Zufallseinflüsse kann die Bedeutung des Risikos herausgearbeitet und gezeigt werden, wie sich das Risiko im gewählten Zeithorizont auswirkt.

Ein Szenario hat also durchaus hypothetische Natur. Es ist keine Prognose, dass sich die Dinge so oder so entwickeln werden oder dass zu erwarten ist, dass sie sich wie prognostiziert entwickeln werden. Denn es kommt beim Szenario noch darauf an, wie die Entscheidungen getroffen werden und wie sich die unsicheren Einflussfaktoren realisieren. Letztlich hilft das Szenario, die noch offenen Festlegungen zu treffen.

Dabei wird für jede Entscheidungsmöglichkeit eingeschätzt, zu welchen Ergebnissen es in Abhängigkeit der unsicheren Einflüsse kommen kann. Der im *World Economic Forum* tätige *Gerald Davis* formuliert es so: „Szenarien sind Geschichten über die Zukunft, die dem Zweck dienen, in der Gegenwart bessere Entscheidungen zu treffen."

Auch Szenarien müssen von gewissen Vereinfachungen ausgehen, was die zeitliche Entwicklung der relevanten Größe betrifft, den Einfluss der Entscheidungen / Festlegungen und den der Zufallseinflüsse.

Die Szenariotechnik wird dazu weder auf rein historische Zusammenhänge gründen, die womöglich keine Gültigkeit mehr haben, und sie wird auch nicht die Entwicklung auf Basis futuristisch-optimistischer Annahmen darstellen. Die Szenariotechnik möchte Entwicklungen zeigen, die der erkennbaren Realität für den betreffenden Zeitraum entsprechen.

Die Szenariotechnik hilft, Entscheidungen zu erkennen, die wegen ihrer langfristigen Wirkungen drängen (so beispielsweise im Klimaschutz). Und sie hilft, wenn der durch die Szenarien dargestellte Zeitraum sich aus verschiedenen Entwicklungsbereichen zusammensetzt, die insgesamt vorgezeichnete Entwicklung zu erkennen (so bei Entwicklungen im Lebenszyklus). Außerdem hilft die Szenariotechnik, die Wirkungen der Unsicherheit zu erfassen, etwa durch ein erwartetes Szenario oder ein Szenario für den Worst Case.

Aufgrund dieser Eigenschaften eignet sich die **Szenariotechnik** recht gut zu untersuchen, ob sich die bei der Innovation in Einzelplanungen gestalteten Vorschauen auf die drei Phasen (Produktentwicklung, Markteinführung, Marktdurchdringung) zu einer gelungenen Gesamtentwicklung zusammenfügen. Wo noch Koordinationsbedarf besteht, wird durch die Szenariotechnik erkennbar und zeigt die Einzelentscheidungen, die allenfalls harmonisiert werden müssen.

6.2.2 Delphi-Methode

Jene Personen oder Instanzen, die mit Szenarien die Arbeiten im Innovationsprozess begleiten, stehen vor drei großen Aufgaben: 1. Die Prognose zukünftiger Entwicklungen. 2. Die Entscheidungsfindung über längere Zeit hinweg. 3. Die Weiterentwicklung der Strategie im Innovationsprozess.

Üblicherweise holen die mit diesen Aufgaben betrauten Instanzen die Einschätzungen von Experten aus den beteiligten Unternehmenseinheiten ein. Das heißt, Experten für Produktentwicklung, für Markteinführung und für Marktdurchdringung müssen zusammengeführt werden, um aus den Teilplänen für die drei Innovationsphasen einen einheitlichen Gesamtplan zu erstellen, der von allen akzeptiert werden kann und zeigt, wo die Teilpläne möglicherweise zur besseren Koordination angeglichen werden müssen.

Für diese Aufgaben und die Einbindung von Experten sowie für die Aktualisierung der Szenarien für den Innovationsprozess hat sich die Delphi-Methode bewährt.

Die **Delphi-Methode** ist eine Vorgehensweise *strukturierter und anonymer Kommunikation von Experten*, um in mehreren Iterationen einen Konsens hinsichtlich des Szenarios – beste Entscheidungen, Einschätzung unsicherer Faktoren – zu erreichen. So soll eine von allen Experten getragene Prognose entstehen, die als wahrscheinlichstes oder zu vermutendes Szenario angesehen wird. Dieses Szenario zeigt die im Konsens gefundenen Entscheidungen und Festlegungen für die Gesamtdauer der untersuchten Entwicklung und die besten Reaktionen angesichts der unsicheren Einflussfaktoren. Es ist ein vereinfachter Gesamtplan.

Die Kommunikation der Delphi-Methode läuft iterativ und strukturiert ab. Die Experten sprechen nicht direkt miteinander, sondern geben anonym in Fragerunden persönliche Einschätzungen dem Moderator der Delphi-Methode bekannt. Dazu gibt es verschiedenste Software, etwa *LimeSurvey* (Open Source).

Die Antworten werden vom Moderator zusammengefasst und in einer zweiten Runde allen Experten mitgeteilt. Diese können daraufhin Korrekturen und Akzentuierungen oder Ergänzungen anbringen, wobei wieder eine standardisierte Befragung verwendet wird. Die Kommunikation wird iterativ weitergeführt, entweder bis eine einheitliche Einschätzung der Experten zustande kommt oder bis aufgrund von Detailinformationen der Experten ein Szenario zur Prognose aufgestellt werden kann. Das sollte nach drei oder vier Iterationen der Fall sein.

Die **Delphi-Methode** eignet sich auch, um ein Projekt über die Zeit hinweg zu begleiten. Das aufgestellte Szenario dient später als Ausgangspunkt für Anpassungen, zu denen die Experten wiederum mit der Delphi-Methode gelangen. Auf diese Weise wird der Innovationsprozess letztlich von den Experten gesteuert. Ihr Einbezug in das Gremium ebenso wie die Wahl des Moderators hat damit große Bedeutung für die Innovationsplanung.

Die Delphi-Methode wurde in den letzten Jahren des 2. Weltkriegs von der *RAND Corporation* entwickelt, um Experten in ein geheimes militärisches Projekt einbinden zu können. Die Vorgehensweise wurde dann 1963 von *Olaf Helmer* und *Norman Dalkey* publiziert. Der Name soll an das Orakel von Delphi erinnern, das zwischen den Menschen und dem Gott Apollon vermittelt hat. Orakel bedeutet Weissagung. Die Menschen erhielten auf Anfrage orakelhafte Prophezeiungen, welche die Priester in verständliche Sprache übersetzten.

Heute werden die Szenariotechnik und die Delphi-Methode oftmals kombiniert.

- Die Szenariotechnik zielt eher darauf ab, mehrere Szenarien zu erzeugen, um die Bandbreite der möglichen Entwicklungen zu zeigen. Dabei kommt es noch auf die Entscheidungen an sowie darauf, wie sich unsichere Einflussfaktoren realisieren.
- Die Delphi-Methode zielt darauf ab, mehrere Experten einzubinden. Diese sollen zu einem Konsens gelangen, wodurch ein einziges Szenario entsteht, das nach dem Austausch der Meinungen von allen Experten einheitlich als das „wahrscheinlichste“ angesehen wird. Nicht zuletzt zeigt dieses Szenario, wie Entscheidungen und Festlegungen über den gesamten Prozess hinweg getroffen werden sollten.

6.3 Ergänzung und Fazit

6.3.1 Ergänzung: Heuristik

Die Wirksamkeit der besprochenen Ansätze des Strategischen Managements, der Szenariotechnik und der Delphi-Methode ist durch die zahlreichen Berichte über ihren Einsatz hoch bestätigt. Die Autoren haben zudem theoretische Erklärungen ihrer Wirkungsweise geliefert. Sowohl die Fallbeispiele als auch die hinter den Ansätzen und Werkzeugen stehenden Theorien wurden im Prozess der wissenschaftlichen Diskussion und der nachfolgenden Publikationen geläutert. Dennoch haben die besprochenen Ansätze und Analysetools wissenschaftstheoretisch gesehen einen heuristischen Charakter.

Eine **Heuristik** ist eine Faustregel, eine bewährte Vorgehensweise, die mit begrenztem Wissen zu einer praktikablen Lösung oder zu einer annehmbaren Beurteilung der Lage führt. Heuristiken basieren auf allgemeinen Einsichten oder auf Erfahrungen von Experten, sind aber nicht „exakt" wie ein Algorithmus, der bewiesenermaßen zur Lösung eines Problems führen würde – sofern alle benötigten Daten und Informationen vorhanden sind und in die Rechenvorschrift eingegeben werden können.

Heuristiken werden bei komplexen Aufgaben verwendet, die exakt zu lösen viel zu kompliziert oder bei denen es zu aufwendig und zeitraubend wäre, oder ganz unmöglich, alle für eine Lösung nötigen Detailinformationen zu erheben. Heuristiken erlauben somit schnelle Entscheidungen in komplexen Situationen und in Situationen, in denen nicht alle Details bekannt sind.

Beispiel: Ein beliebter Ansatz zur Schätzung des Werts einer Unternehmung ist die Multiplikatoren-Methode. Für eine Gruppe vergleichbarer Unternehmungen wird aus einer aktuellen statistischen Übersicht das mittlere Kurs-Gewinn-Verhältnis KGV entnommen und mit dem geschätzten Gewinn der zu bewertenden Unternehmung multipliziert. Das Ergebnis dient als Schätzwert für den Wert des Eigenkapitals der Unternehmung. Um den Gesamtwert der Unternehmung zu erhalten, wird noch der Wert des Fremdkapitals addiert.

Entscheidungen in komplexen Fragen mit nur teilweise bekannten Details stellen sich regelmäßig bei der Planung von Unternehmungen und bei unternehmerischen Entscheidungen. Deshalb spielen im Bereich des Managements Heuristiken eine große Rolle,

Ansätze also, die vereinfachen und die erkennen lassen, worauf es in gewissen Situationen besonders ankommt und welche Maßnahmen deshalb ergriffen werden sollten.

6.3.2 Hauptpunkte

1. Das Strategische Management ist in den letzten Jahrzehnten von Ansoff, Chandler, Drucker, Porter, Wernerfelt und von weiteren in Forschung oder Beratung Tätigen zu einer bedeutenden Disziplin ausgebaut worden. Sie umfasst Ansätze und Analysetools für Unternehmungen und andere Organisationen mit langfristiger Zielsetzung. Die Ansätze helfen, die grundsätzliche Richtung zu bestimmen, und bieten Orientierung bei Entscheidungs- und Planungsaufgaben. Die Analysetools zeigen welches die wichtigsten Kriterien und Einflussfaktoren sind, um eine Lösung zu bestimmen.
2. Michael Porter sieht den Schlüssel für die richtige Strategie einer Unternehmung in der Konstellation von Branche und Markt. Er betont Kräfte im Markt (1. Wettbewerber in der Branche, 2. Bedrohung durch neue Anbieter, 3. Verhandlungsmacht der Lieferanten, 4. Verhandlungsmacht der Käufer, 5. Bedrohung durch Ersatzprodukte), deren Ausprägungen bestimmen, welche Strategie die Unternehmung einschlagen sollte. Porter argumentiert weiter, dass eine von drei grundlegenden Strategien in Frage kommt: Differenzierung, Fokussierung, Kostenführerschaft.
3. Porter vertritt die Sichtweise des Market-Based-View (MBV). Die Betonung liegt beim MBV nicht so sehr auf dem, was die Unternehmung produzieren könnte. Vielmehr kommt es bei der Strategiewahl darauf an, was die Unternehmung im Markt verkaufen kann. Letztenendes, so der MBV, entsteht die Wertschöpfung einer Unternehmung durch den Absatz in der arbeitsteiligen Welt. Birger Wernerfelt (und andere) nennen Gründe, aus denen nicht zurückgestellt werden sollte, was eine Unternehmung kann, weil sie über entsprechende Ressourcen, über das Wissen und die Kompetenzen verfügt. Diese Sichtweise heißt Ressource-Based-View (RBV).
4. Die Szenariotechnik eignet sich gut dazu, die bei der Innovation in Einzelplanungen gestalteten Vorschauen auf die drei Innovationsphasen (Produktentwicklung, Markteinführung, Marktdurchdringung) zu einer gelungenen Gesamtentwicklung zusammenfügen. Wo noch Koordinationsbedarf besteht, wird durch die Szenariotechnik erkennbar und zeigt die Einzelentscheidungen, die allenfalls harmonisiert werden müssen.

5. Jene Instanzen, die mit Szenarien die Arbeiten im Innovationsprozess begleiten, haben mehrere Aufgaben (Prognose zukünftiger Entwicklungen, Entscheidungsfindung über längere Zeit hinweg, Weiterentwicklung der Strategie im Innovationsprozess), für die sie Einschätzungen von Experten aus den beteiligten Unternehmenseinheiten einholen. Für diese Aufgaben und die Einbindung von Experten sowie für die Aktualisierung der Szenarien für den Innovationsprozess hat sich die Delphi-Methode bewährt.

6.3.3 Literatur

Jürgen Gausemeier, Christoph Plass, Christoph Wenzelmann: *Zukunftsorientierte Unternehmensgestaltung.* Carl Hanser Verlag, München 2009, ISBN 978-3-446-41055-8

Anthony Jorm: *Using the Delphi Method to Establish Expert Consensus: A Practical Guide.* Advancing Methods for Interdisciplinarity in the Social Sciences). Palgrave Macmillan, 2025.

Robert S. Kaplan, David P. Norton: Using the Balanced Scorecard as a Strategic Management System. *Harvard Business Review* 74 (1996) 1, pp. 75-85.

Henry Mintzberg: *Structuring of Organizations: A Synthesis of Research.* Pearson 1979.

Günter Müller-Stewens, Christoph Lechner, Markus Kreutzer, Joachim Stonig: *Strategisches Management: Wie strategische Initiativen zum Wandel führen.* 6. Auflage, Schäffer-Poeschel 2024.

Christian Neuhaus (Buchautor) und Georg Schreyögg (Vorwort): *Zukunft im Management. Orientierungen für das Management von Ungewissheit in strategischen Prozessen.* Heidelberg 2007. ISBN 3-89670-376-5.

Michael Porter: *Wettbewerbsstrategie – Methoden zur Analyse von Branchen und Konkurrenten.* 12. Auflage, Campus, Frankfurt/New York, 2013.

Dietmar Sternad: *Strategieentwicklung kompakt – Eine praxisorientierte Einführung. Essentials.* Springer Gabler, Wiesbaden 2015.

Birger Wernerfelt: A Resource-based View of the Firm. *Strategic Management Journal* 5 (1984) 2, 171-180.

Rudi Zagst: Using Scenario Analysis for Risk Management. *Journal of the German Statistical Society* 86 (2002), pp. 97-117.

7 Finanzen

Die Lernfragen zu diesem Kapitel finden Sie unter:
https://narr.kwaest.io/s/1441

Der Begriff der *Finanzen* umfasst alle Vorgänge und Zustände, Entscheidungen und Aktivitäten, die direkt mit Zahlungsvorgängen, Geld und mit Kapital in Verbindung stehen. Bei einer Unternehmung gehören dazu die Finanzierung, die Wahl der Rechtsform, die Beziehungen zwischen Geschäftsleitung und Kapitalgebern, Finanzanlagen, Akquisitionen, besondere Situationen wie die Sanierung und Konkurs sowie die Berichterstattung. Eng damit verknüpft ist das *Rechnungswesen* (Accounting) einer Unternehmung, in dem Größen wie Aufwand und Ertrag oder wie Gewinn und Verlust betrachtet werden, die konzeptionell nah an Zahlungsvorgängen sind. Deshalb werden die beiden Gebiete zum *Finanz- und Rechnungswesen* zusammengefasst, während im Englischen von *Corporate Finance* gesprochen wird.

Dieses Kapitel bietet zunächst eine *Typologie* von Finanzkontrakten (→ Abschnitt 7.1).

Anschließend werden *Interessenskonflikte* zwischen Kapitalgeber und Kapitalnehmer thematisiert, wobei die Verhaltensgefahr und die Prinzipal-Agenten-Beziehung erläutert werden (→ Abschnitt 7.2).

7.1 Kapital

7.1.1 Eigen- und Fremdkapital

In der Jungsteinzeit (Neolithikum) und mit Ende der letzten Eiszeit etwa vor fünftausend Jahren wurden aus herumziehenden Jägern und Sammlern sesshafte Hirten und Bauern. Häuser wurden gebaut, *Eigentumsrechte* entstanden. Warentausch und Arbeitsteilung begannen, erste Formen von Warengeld entstanden. Wenig später kam *Metallgeld* auf. Kaufleute haben für ihre Geschäfte eigenes Geld eingesetzt, und die mit der Antike aufkommende Buchhaltung gestattete es, Geschäftliches und Privates rechnerisch zu *trennen*.

Das Geschäft wurde also mit eigenem Kapital, mit Eigenkapital (equity) ausgestattet. Das Eigenkapital eines Geschäfts erfüllt zwei Funktionen:

1. Da bei Geschäften Auszahlungen zeitlich vor Einnahmen liegen, dient das Kapital zur Finanzierung im Sinne des Ausgleichs der *intertemporalen Zahlungslücke.*
2. Und wenn es einmal zu Verlusten kam, diente das Eigenkapital als Puffer. Es hat die Verluste aufgefangen und trotzdem blieb der Kaufmann solvent. Eigenkapital ist Risikokapital.

Ein Risikopuffer muss da sein, wenn seine Funktion verlangt wird. Deshalb muss Eigenkapital auf Dauer gegeben werden. Wenn die Geschäfte geringere Risiken mit sich bringen, kann das Eigenkapital vielleicht etwas verringert werden (sogenannte Kapitalherabsetzung), aber nur so weit, dass die für das Risiko benötigte Pufferung (Ausgleich von Verlusten) noch funktioniert.

Wenn hingegen durch die Geschäfte die intertemporale Zahlungslücke größer wird, ist zusätzliches Finanzkapital verlangt, aber es muss nicht unbedingt Eigenkapital sein. Die intertemporale Finanzlücke könnte auch durch einen Kredit geschlossen werden. Der kann zeitlich befristet sein. Der Kaufmann spricht für den Kredit als Gläubiger eine dritte, fremde Seite an und der Kreditbetrag wird als *Fremdkapital* betrachtet.

Die Aufnahme von Fremdkapital ist mit einer Verschuldung verbunden, und die Schulden (*Debt*) müssen termingerecht und betragsgenau mit dem vereinbarten Zins zurückgezahlt werden. Fremdkapital ist daher kein Risikopuffer und hilft nicht bei der vom Eigenkapital übernommenen Funktion, Verluste auszugleichen. Im Gegenteil, durch die verpflichtenden Zahlungen beim Fremdkapital kann der Risikopuffer des Eigenkapitals sogar stärker in Anspruch genommen werden (Leverage-Risiko).

Später, besonders mit dem Aufkommen unternehmerischer Einheiten für den Bergbau und im internationalen Handel, haben sich die Geschäfte vergrößert. Die Risiken machten erforderlich, dass sich mehrere Eigenkapitalgeber an einem Unternehmen *beteiligt* haben. Sie sind dann mit ihrer jeweiligen Quote am Geschäft beteiligt, doch prinzipiell gleichgestellt in die Geschäfte und die Geschäftsführung – die sie delegieren können – eingebunden.

Allerdings haben die Eigenkapitalgeber auch Regelungen gefunden, bei denen es zwei Gruppen gibt. Die einen übernehmen (oder delegieren) die Geschäftsführung, die anderen verzichten darauf und erhalten dafür einen Vorteil bei der Bedienung mit Rückflüssen aus ihrer Einlage. Bei einer Aktiengesellschaft (AG) beispielsweise geben Vorzugsaktien, anders als Stammaktien, kein Stimmrecht. Bei einer Kommanditgesellschaft (KG) sind die Komplementäre zur Geschäftsführung berechtigt und haften voll, auch mit ihrem Eigentum als Privatperson, für Verluste der Gesellschaft. Kommanditisten haben kein Recht zur Geschäftsführung, dafür können sie auch bei größeren Verlusten nur ihre Einlage in die KG verlieren, haften aber nicht mit ihrem Privatvermögen.

Der erste *Beteiligungstitel* war wohl 1288 von einer schwedischen Kupfermine ausgegeben. Die Beteiligungstitel wurden in der Folge gut übertragbar gestaltet, so wie eine **Aktie**, und die Rechtsform der *Aktiengesellschaft* (AG) wurde eingerichtet. Die erste AG in der Welt war die 1602 in den Niederlanden gegründete *Vereinigte Ostindien-Kompanie*, und deren Aktien wurden ebenso ab 1602 an der Amsterdamer Börse gehandelt. Die erste AG in Deutschland war die 1682 gegründete *Brandenburgisch-Afrikanische Compagnie*.

Nicht nur die Beteiligungstitel (wie Aktien), auch die Forderungstitel bei großen Krediten werden gestückelt und die verbrieften Schuldtitel werden handelbar gestaltet. Dazu lauten sie auf den Inhaber: Wer sie in der Hand hält, kann die entsprechenden Ansprüche oder Forderungen erheben. Auf diese Weise können größere Fremdkapitalbeträge aufgenommen werden. Die Schuldtitel werden als **Anleihe**, Rentenpapier, Obligation oder Bond (englisch) bezeichnet. Der entsprechende Markt ist der Rentenmarkt.

Auf der Schuldnerseite des Rentenmarkts standen historisch gesehen in Deutschland die Städte. Später, mit dem Aufkommen der Großtechnologien von Chemie und Elektrotechnik vor 150 Jahren, haben auch Unternehmungen auf dem Rentenmarkt Fremdkapital aufgenommen. Heute sind es der Staat, die Länder, die Kommunen und die Banken, die sich neben Unternehmungen über die Ausgabe von Anleihen verschulden, um ihren Aufgaben nachkommen zu können.

Diese Tour d'horizon zeigt zwei Kriterien, nach denen Kapital eingeteilt werden kann.

	Privatvertrag zwischen zwei Parteien	**Übertragbarer Titel mit Handel an einer Börse**
Eigenkapital	Private Equity	Aktie (Public Equity)
Fremdkapital	Kredit (Private Debt)	Anleihe (Public Debt)

Abb. 7-1: Vier Typen von Kapital

Das erste Kriterium ist, ob sich das Kapital als Risikopuffer eignet, Verluste aufzufangen und auszugleichen. Die erste Unterscheidung lautet: Ist es Eigen- oder Fremdkapital? So entstehen Equity und Debt als Kategorien von Finanzkontrakten. Das zweite Kriterium betrifft die Leichtigkeit der Weitergabe der Ansprüche. Erfordert das einen Vertrag vor einem Notar oder einfach einen Verkauf eines Titels an der Börse, gleichsam an irgendjemanden aus der Öffentlichkeit? Die zweite Unterscheidung also lautet: Geht es um privates oder um öffentliches Kapital (*private or public capital*)? So werden *Private Equity* oder *Private Debt* einerseits von *Public Equity* oder *Public Debt* andererseits unterschieden.

Mit diesen beiden Kriterien sind vier Typenklassen, Kategorien von Kapital definiert:

- privat gegebenes Risikokapital (**Private Equity**),
- ein zwischen zwei Personen (privat) vereinbarter Kredit (**Private Debt**),
- ein wie eine Aktie leicht übertragbarer Beteiligungstitel (**Public Equity**),
- eine leicht über den Rentenmarkt weitergebbare Anleihe (**Public Debt**).

7.1.2 Hybridkapital und Umwandlungen

Wie immer gibt es auch bei den vier Kategorien Zwischenformen. Sie werden als **Hybridkapital** oder als **Mezzanine** bezeichnet – wie das architektonische Zwischengeschoß.

Ein Beispiel für Hybridkapital ist Fremdkapital, für das der Gläubiger das Recht erhält, es in Eigenkapital wandeln zu können – *Wandelanleihen* (Convertible Bonds). Dieses Hybridkapital wird bei Sanierungen von Unternehmungen gewählt: Gibt ein Gläubiger einen zusätzlichen Kredit, um die Unternehmung zu retten, dann kann er, falls die Rettung gelingt, mit den Wandelanleihen am Wertaufschwung teilhaben.

Ein anderes Beispiel von Hybridkapital ist die *Goldene Aktie* (Golden Share). Sie gibt dem Aktionär bei Abstimmungen die Mehrheit. Hat der Staat eine Goldene Aktie, dann hält er sich bei unternehmerischen Entscheidungen meistens zurück, sodass viele die Existenz der Goldenen Aktie nicht bemerken. Und doch kann die Regierung etwa eine Übernahme der Unternehmung verhindern. Das wird oft von kleineren Ländern bei Unternehmen praktiziert, die zur kritischen Infrastruktur gehören. Hybrides Kapital dient mithin dazu, „Lücken im Aktienrecht“ zu schließen, indem es einer Partei für spezielle Situationen besondere Rechte zubilligt.

Innerhalb der vier genannten Kategorien von Kapital sind selbstverständlich noch feinere Unterscheidungen möglich. So ist **Wagniskapital** (Venture Capital) als eine Gruppe von Finanzverträgen anzusehen, die zu Private Equity gehören.

Zahlreiche Vertragsvarianten sind möglich (vgl. Abb. 7-2), sodass Finanzkontrakte auf die speziellen Wünsche von Kapitalgeber und Kapitalnehmer angepasst werden können. Allerdings wird es bei starker Anpassung an den gerade gegebenen Einzelfall kompliziert, wenn Verträge weitergegeben werden sollen, etwa wenn eine Beteiligung für eine Nachfolge oder wenn eine Forderung übertragen werden soll. Für die leichtere Handhabbarkeit von Finanzkontrakten empfehlen sich daher Standardisierungen, so wie sie bei Public Equity mit der Aktie und bei Public Debt mit der Anleihe die Regel sind.

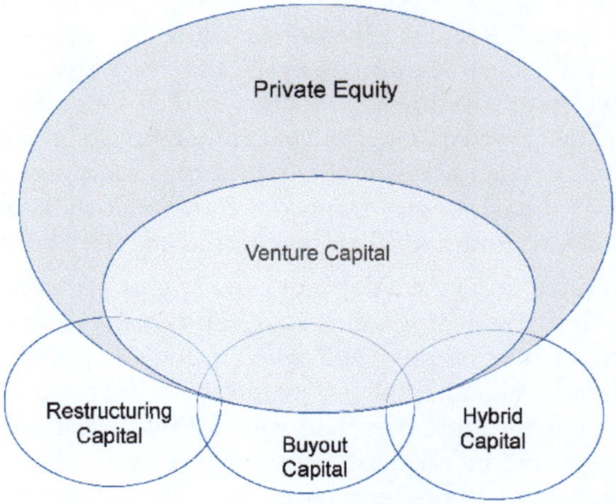

Abb. 7-2: Private Equity und Vertragsvarianten

Selbstverständlich können bei der Finanzierung einer Unternehmung *mehrere Typen von Finanzkontrakten kombiniert* werden. Üblich sind Mischfinanzierungen von Eigen- und Fremdkapital. Eine kleine oder mittelgroße Unternehmung etwa kombiniert Private Equity und einen Bankkredit, eine große Unternehmung hat Aktien und Anleihen ausgegeben.

Beispiel: Die *Siemens AG* hat 2025 ein Eigenkapital (Bilanzansatz) von 36 Mrd. Euro (wobei *The Vanguard Group* mit gut 3% der größte Eigenkapitalgeber ist) und ein Fremdkapital von 54 Mrd. Euro. Der Finanzbericht zeigt auch die Restlaufzeit des Fremdkapitals. Jedenfalls wird Siemens der Größenordnung nach jeden Monat wenigstens eine Milliarde Euro zurückzahlen müssen und wohl dazu neue Anleihen ausgeben.

Die Finanzierung ist kein einmaliger, sondern ein dynamischer Vorgang. Nach ihrer Gründung wird eine Unternehmung weitere Finanzierungen vornehmen und deshalb zusätzliche Finanzkontrakte abschließen wollen. Dadurch gewinnt die *Reihenfolge*, in der die Finanzkontrakte abgeschlossen werden, Bedeutung.

Wenn etwa der Gründungsvorgang eines Unternehmens bereits zurückliegt und sich Wachstum abzeichnet, könnte es erforderlich werden, zusätzliche Eigenkapitalgeber aufzunehmen.

Damit diese der Kapitalerhöhung zustimmen, muss den bisherigen Eigenkapitalgebern ein Ausgleich für die *Verwässerung* der Stimmrechte gegeben werden. Bei einer Aktiengesellschaft geschieht dies durch einen attraktiven *Bezugskurs*, zu dem die Altaktionäre neu ausgegebene Aktien (im Bezugsverhältnis) erhalten können.

Bei einem Bankkredit wird sich die zuerst angesprochene Bank im Kreditvertrag besondere Rechte ausbedingen, sollte die Unternehmung später noch einen zusätzlichen Kredit von einer anderen Bank aufnehmen wollen. Denn der erste Kreditgeber möchte im Fall eines Konkurses nicht schlechter gestellt werden. Gleiches bei Anleihen. Die zuerst ausgegeben Anleihen haben oft den höchsten Rang und später ausgegebene Anleihen sind vielfach nur nachrangig. Denn die Konkursabwicklung folgt einer hierarchischen Ordnung zwischen den verschiedenen Forderungen.

Außerdem können im Verlauf der Zeit Umwandlungen von einer Kategorie in eine andere überlegt werden. Beispielsweise wäre ein *Going Public* der Tausch von Private Equity in Public Equity, meist kombiniert mit einer Erhöhung des Eigenkapitals. Gelegentlich kommt es auch zum Vorgang in umgekehrter Richtung. Beim *Going Private* bietet ein Großaktionär anderen Aktionären an, deren Aktien abzukaufen. Mit einer im Aktiengesetz geregelten Vorgehensweise kann es gelingen, das gesamte Eigenkapital von der Börse zu nehmen.

7.1.3 Kapital als Fähigkeit

Bleibt noch zu sagen, was unter „Kapital" zu verstehen ist. Die britische Ökonomin *Joan Robinson* (1903-1983) meinte einst, Kapital sei der schillerndste Begriff in ihrer Wissenschaft. Deshalb hier nur ein Versuch, den Kapitalbegriff zu fassen.

In der Volkswirtschaftslehre wird der Begriff verwendet, um das *Realkapital* der Volkswirtschaft zu bezeichnen. Darunter werden Bestände an Gütern verstanden, die produktiv eingesetzt werden, also etwas Nützliches begünstigen, bewirken oder „vermögen" können, die mithin eine *wertvolle Fähigkeit* besitzen: Gebäude, Infrastruktur und in der agrarbetonten Wirtschaft das Vieh. Außerdem gibt es die Begriffe von Wissens- oder Humankapital, die deutlich die *Fähigkeit* ansprechen.

Eine Fähigkeit ist das Potenzial, etwas tun zu können. Das Kapital der VWL ist eine wertvolle Fähigkeit. Wie ein Land diese Fähigkeit gewonnen oder erhalten hat, erkunden *Historiker*. Die wirtschaftlichen Fähigkeiten Deutschlands, seine „Wirtschaftskraft" haben sich – mit dem Anfang vor 200 Jahren – stark mit dem Eisenbahnbau entwickelt, der wiederum den

Bergbau, die Metallerzeugung und den Maschinenbau nach sich zog. Die Fähigkeiten dieser drei Branchen wurden durch das duale Ausbildungssystem (Ausbildung im Betrieb und gleichzeitig in der Berufsschule) und durch die *mittelständische Wirtschaftsstruktur* gestärkt sowie durch eine *erfinderische Grundhaltung*.

Genauso ist das Kapital einer Unternehmung eine *wertvolle Fähigkeit*, sogar eine doppelte Fähigkeit. Erstens die Fähigkeit der Unternehmung, die durch unternehmerische Tätigkeit verursachten Zeitunterschiede zwischen Auszahlungen und Einzahlungen zu überbrücken, und zweitens die Fähigkeit, auch bei Verlusten noch alle Zahlungsverpflichtungen erfüllen zu können.

> Auch die Unternehmung sollte sich daran erinnern, wer ihr diese Fähigkeit verliehen hat und ob es diesen Personen oder Parteien gegenüber Verpflichtungen gibt. Diese Verpflichtungen zeigt die **Passivseite** in der Bilanz, die das (entgegengenommene) Kapital ausweist. Die Passivseite zeigt, welche Ansprüche und Forderungen es seitens der Personen noch gibt, die der Unternehmung die beschriebene doppelte Fähigkeit verschafft und verliehen haben.

7.2 Zwei Positionen

7.2.1 Shareholder oder Stakeholder?

Eine Person *A* habe einen Plan für ein Projekt oder Unternehmen aufgestellt und möchte mit der Umsetzung beginnen. Bei dieser Person *A* könnte es sich um einen Innovator handeln oder um einen Teamleiter. Sie soll bereits ein Team zusammengestellt haben, doch um Arbeitsverträge zu unterschreiben oder um andere Ressourcen zu kaufen, zu leasen oder anders zu sichern, fehlt das Geld.

Eine darauf angesprochene Person *P* zeigt sich grundsätzlich bereit, den nötigen Geldbetrag als Risikokapital in das Geschäft einzulegen. Damit könnte das Projekt oder Unternehmen beginnen. Doch nun wird sowohl dem Teamleiter *A* als auch dem Kapitalgeber *P* deutlich, dass beide leicht unterschiedliche Ziele verfolgen möchten. In aller Kürze: *P* möchte den *Shareholder-Value* steigern, *A* hingegen den *Stakeholder-Value*.

- Der das Risiko tragende Kapitalgeber *P* möchte eine möglichst hohe Rendite bei geringem Risiko erwarten können. Dazu erwartet er einen ökonomisch-sparsamen Umgang mit allen Ressourcen, deren Einsatz auf die Erstellung jener Leistungen konzentriert ist, die im Absatzmarkt bezahlt werden. Vielleicht möchte sich *P* irgendwann wieder von den

Geschäften lösen und dann einen hohen Wert für sein Eigenkapital realisieren können.

- Der Teamleiter *A* hat mehrere Ziele. Selbstverständlich soll das Projekt oder Unternehmen gelingen, durchaus auch kommerziellen Erfolg haben. Die Teammitglieder sollen sich bei ihrer Arbeit aber wohlfühlen und ihm als Teamleiter viel Arbeit abnehmen. Nicht zuletzt möchte der Teamleiter *A* seine Reputation als Führungspersönlichkeit stärken, um vielleicht später woanders seine berufliche Karriere fortsetzen zu können. Dazu möchte *A* im Umfeld als Förderer von Sport, Kunst und Gesellschaft auftreten.

Die Tatsache unterschiedlicher Ziele sind an sich für *A* und *P* kein Problem. Denn sie können darüber sprechen und sich auf eine gemeinsame Linie einigen (genau wie bei einer Regierungsbildung die in ihr mitwirkenden Parteien das Ergebnis von Koalitionsverhandlungen in einem Vertrag festhalten).

Selbstverständlich müssen ethische Rahmenbedingungen und Grundsätze der Nachhaltigkeit eingehalten werden. Doch dann könnten sich *A* und *P* über die Sozialausgaben für die Mitarbeiterschaft einigen und auch darüber, wie viel Kulanz und Großzügigkeit sie gegenüber Stakeholdern und Dritten zeigen wollen.

Zwischen den Extrema eines den Shareholder-Value maximierenden Unternehmens und einem Unternehmen, das sehr großzügig das Wohl aller Stakeholder fördert, gibt es bei Vertragsfreiheit keinen klar definierbaren Weg, der als der einzig richtige anzusehen wäre.

Primär müssen sich Kapitalgeber *P* und der Kapitalnehmer *A* also auf einen Weg zwischen Shareholder-Value und Stakeholder-Value einigen. Wenn die Allokation von Kapital in dem betreffenden Wirtschaftssystem frei und nicht zu stark reguliert ist, dann sind die schließlich vereinbarten Konditionen eine Frage von Angebot und Nachfrage. Das heißt, *A* und *P* sprechen wie ein Kapitalanbieter und ein Kapitalnachfrager über ihre (unterschiedlichen) Wünsche, einigen sich und legen somit die einheitliche Linie fest, die sie dann gemeinsam umsetzen wollen.

Genau wie in einem Markt werden *A* und *P* dabei Vergleiche vornehmen und das Marktübliche berücksichtigen, wenn sie zu einem Abschluss kommen. Das wiederum bedeutet, dass es landesspezifische Unterschiede geben wird, ob der Kapitalismus – das typische Verhandlungsergebnis zwischen Kapitalangebot und Kapitalnachfrage – eher am Wert für Shareholder oder eher am Wert für Stakeholder orientiert sein wird.

Staat und Gesellschaft haben hier mehrere Hebel, um auf dieses Marktgleichgewicht, also auf die Ausprägung des Kapitalismus, einzuwirken. Erstens kann der Staat Gesetze für die verschiedenen Rechtsformen von Unternehmungen erlassen, beispielsweise Gesetze zur Mitbestimmung der Arbeitnehmenden. Zweitens kann der Staat mit verschiedenen Gesetzen auf die Verwendung von Gewinnen einwirken und die Sozialleistungen für Arbeitnehmende festlegen. Drittens können in der gesellschaftlichen Diskussion und in den Medien Forderungen gegenüber Unternehmen aufgebaut werden, die ebenso die Ausrichtung des Kapitalismus beeinflussen. Alle diese Kräfte bewirken, dass es Unterschiede in der Ausprägung des Kapitalismus von Land zu Land geben wird.

Allerdings sind weder der Staat noch die Regierung ganz frei. Denn das Kapitalangebot, ebenso wie die Kapitalnachfrage, können sich ändern. Dadurch verschiebt sich das Gleichgewicht, also die landestypische Ausrichtung des Kapitalismus.

Die Änderung von Kapitalangebot und Kapitalnachfrage wird langfristig durch das Wirtschaftswachstum, kurzfristig durch die Konjunktur beeinflusst. Zudem ist Kapital beweglich. Vermögende Personen und Institutionen können ihr Kapital in andere Länder bringen. Auslöser für diese Änderungen kann eine Staatsverschuldung sein, die für Steuerpflichtige nichts Gutes verheißt. Auch Arbeitskräfte sind beweglich. Migrationsströme verändern das Gleichgewicht in Kapitalmärkten. Ist das Kapitalangebot in einem Land gering, dann könnte dort das Wirtschaftswachstum zurückgehen.

Doch solche Anpassungsvorgänge erfordern sehr viel Zeit. Von daher bilden sich unterschiedliche „Modelle des Kapitalismus" in der Gesellschaft nur sehr langsam aus und bleiben lange Zeit bestehen. Rapide Änderungen sind selten geworden. Die als *Eiserne Lady* bezeichnete *Margeret Thatcher* (1925-2013), Staatsfrau und Premierministerin des Vereinigten Königreichs von 1979-1990, reduzierte die Staatsquote und setzte in ihrer dritten Amtszeit einen beschleunigten Prozess der Privatisierung durch, was letztlich zwei Jahrzehnte gedauert hat. Deutschland beispielsweise hat nach 1945 mit den großen wirtschaftlichen Erfolgen (Wirtschaftswunder 1948-1973) sowie nach der 2003 von *Gerhard Schröder* verkündeten Agenda 2010 immer mehr ein Modell des Kapitalismus entwickelt, in dem der Sozialstaat größeres Gewicht erhalten hat.

7.2.2 Verhaltensgefahr

Angenommen, der Kapitalnehmer *A* und der Kapitalgeber *P* haben ihre Wünsche artikuliert und sich auf eine gemeinsame Linie geeinigt – wohl mit einem Blick auf das in dem Land Übliche. Wo die Einigung gefunden ist, könnte es an deren Umsetzung gehen.

Zuvor müssen der Teamleiter *A* und der Kapitalgeber *P* sich noch überlegen und festlegen, wer in dem Projekt die Geschäftsführung übernimmt (und wie diese Funktion honoriert werden soll).

Zu dieser Problematik gibt es eine zweckmäßige Lösung, der beide Vertragspartner schnell zustimmen werden. Denn die *zahlreichen Information*en über das Projekt, das Projektteam, die Ressourcen und den Projektvorgang sind höchst ungleich verteilt. Zwar wird der Kapitalgeber jene Informationen zur Kenntnis nehmen, die periodisch das Rechnungswesen liefert. Doch aktuelle, detaillierte und über die Rechnung hinausgehende Informationen hat nur der Teamleiter *A*. Dieser ist besser über Details, die Geschäfte und den Fortgang des Projekts informiert als der Kapitalgeber *P*. Aufgrund dieser **Informationsasymmetrie** kann der Teamleiter *A* die gemeinsam festgelegte Strategie (die „gemeinsame Linie“) besser umsetzen, als dies *P* könnte. Der Teamleiter *A* sollte daher die Geschäftsführung übernehmen.

Weil unternehmerische Risiken hineinspielen, gibt es noch ein Weiteres. Auch hinsichtlich der unsicheren Einflüsse ist der Teamleiter und Geschäftsführer *A* besser informiert als der Kapitalgeber *P*. Wenn *P* mit seiner Einlage von Risikokapital die schließlich resultierenden Unsicherheiten übernimmt und eventuelle Verluste ausgleicht, ist er nicht über Details hinsichtlich der risikobehafteten Einflüsse aus dem Umfeld und aus dem Inneren der Organisation informiert.

Das könnte der Geschäftsführer *A* ausnutzen, ohne dass dies der Kapitalgeber *P* bemerkt. Der Geschäftsführer *A* könnte aus Egoismus, Uneinsichtigkeit oder um die Anstrengungen eines starken Engagements zu vermeiden, von der ursprünglich vereinbarten gemeinsamen Linie etwas abweichen. Der Kapitalgeber *P* würde dies nicht einmal so genau sehen. Denn ein mageres Gesamtergebnis, geliefert mit dem Jahresabschluss des Rechnungswesens, kann immer durch ungünstige Realisation geschäftlicher Risiken während des Jahres erklärt werden.

Die Möglichkeit, dass der Geschäftsführer *A* von der gemeinsam mit dem Kapitalgeber *P* vereinbarten Linie abweicht, stellt für den *P* eine Unsicherheit dar, eine **Verhaltensunsicherheit**. Sie stellt eine *Gefahr* in dem Sinne dar, dass *A* sich entweder als ehrlich und von hoher Moral verhält und die Informationsasymmetrie *nicht* ausnutzt, wobei der Kapitalgeber *P* *nicht* geschädigt wird. Oder aber *A* unterliegt der Versuchung und zeigt geringe Moral, nur um aus Egoismus einen persönlichen Vorteil zu erhalten, wobei der Kapitalgeber geschädigt wird. Bei der **Verhaltensgefahr** handelt es sich aber nicht um ein Risiko, dass wie eine Zufallslotterie dem Kapitalgeber P negative ebenso wie positive Ergebnisse bringen kann. Die Verhaltensunsicherheit oder Verhaltensgefahr kommt zu den Unsicherheiten wirtschaftlicher Tätigkeit – Zufallseinflüsse aus der Umgebung und aus den innerhalb der Organisation ablaufenden Transformationsprozessen – hinzu.

7.3 Moral Hazard

7.3.1 Prinzipal-Agenten-Beziehung

Die Verhaltensunsicherheit wurde in der Literatur umfassend untersucht, ursprünglich im Versicherungswesen: Sobald jemand eine Sache versichert hat, besteht die sogenannte *Gefahr des moralischen Wagnisses* (**Moral Hazard**). Die versicherte Person könnte aus Bequemlichkeit oder Fahrlässigkeit mit der Sache unvorsichtiger oder unaufmerksamer umgehen als sie es ohne den Versicherungsschutz täte.

Durch ihre moralische Entscheidung beeinflusst die versicherte Person das Wirtschaftsergebnis der Versicherungsgesellschaft. Kommt es zum Schadensfall, dann kann die Versicherungsgesellschaft mit ihren wenigen Informationen kein Fehlverhalten nachweisen – wie lang auch immer das Kleingedruckte im Vertrag ist.

Strukturgleich zu Moral Hazard ist die **Prinzipal-Agenten-Beziehung**, auch als **Agency-Theorie** angesprochen. Eine jetzt als *Prinzipal* bezeichnete Person P und ein *Agent* A arbeiten zusammen, wobei das Arbeitsergebnis auch von einem externen Risiko abhängt.

Das unsichere Ergebnis gehört dem Prinzipal P. Der Agent A erhält davon ein Honorar, das zu Beginn vereinbart wird. Dabei sagt der Agent zu, ein vertraglich bestimmtes Anstrengungsniveau einzuhalten.

Allerdings kann der Prinzipal P weder beobachten, wie sich die externen Zufälle realisieren noch kann er genau den Arbeitseinsatz und die tatsächlichen Mühen des Agenten A feststellen.

Deshalb besteht die moralische Gefahr, dass sich der Agent A unerkannt egoistisch verhält und Einsatz wie die Anstrengung gegenüber der vertraglichen Zusage verringert. Der Prinzipal kann das nicht aus dem Endergebnis erschließen, denn er kann anhand des Ergebnisses nicht unterscheiden zwischen geringer Anstrengung verbunden mit Glück und großer Anstrengung verbunden mit Pech.

Diese Betrachtung zeichnet die Unternehmung in neuem Licht.

1. Vom Grundsatz her ist es zweckmäßig, wenn der Teamleiter/Geschäftsführer/Agent *A* im Unternehmen entscheidet und die Geschäfte führt. Denn *A* hat die Informationen, der Kapitalgeber/Prinzipal *P* nicht. Für diese Arbeitsteilung zwischen *A* und *P* kommt hinzu, dass die Geschäftsführung für den Kapitalgeber *P* eine zusätzliche Arbeitsbelastung darstellen dürfte.
2. *A* und *P* haben etwas unterschiedliche Ziele. *A* möchte für alle Stakeholder sorgen, *P* möchte die typischen Ziele eines Kapitalgebers verfolgen. Der Kapitalgeber möchte einen kapitalistischen Weg einschlagen, der Geschäftsführer hat es täglich mit allen Stakeholdern zu tun und möchte, dass Großzügigkeit gegenüber der Mitarbeiterschaft und Kulanz gegenüber der Kundschaft gezeigt wird. Bevor der *P* die Finanzmittel einlegt, wird er im Finanzvertrag darauf bestehen, dass *A* und *P* sich auf eine *gemeinsame Linie einigen* – welcher Mittelweg zwischen der Wertschaffung zugunsten des Kapitals und der Begünstigung von Stakeholdern eingeschlagen werden soll. Die Einigung dürfte schnell vonstattengehen. Denn die in dem betreffenden Land vorherrschende Ausprägung des Kapitalismus wird dazu eine Vorgabe machen.
3. Allerdings wird dem Kapitalgeber *P* deutlich, dass Informationsasymmetrie besteht. Die zahlreichen zufälligen externen und internen Einflüsse auf das unternehmerische Geschehen wirken wie eine Nebelwolke, die den Blick des *P* trübt. Der Geschäftsführer *A* könnte, egoistisch von der gemeinsamen Linie abweichend, persönliche Ziele verfolgen und der Kapitalgeber *P* würde dies nicht bemerken. Der Kapitalgeber *P* sieht zwar, dass die Verhaltensgefahr besteht und ihn schädigen würde, doch er kann nicht feststellen, wie sich der Vertragspartner *A* im Hinblick auf diese moralische Versuchung verhält.

7.3.2 Hold-Up

Bei Moral Hazard / Prinzipal-Agenten-Beziehung besteht die Möglichkeit, dass der Geschäftsführer/Agent *A* gegen die Erwartungen des Kapitalgebers / Prinzipals *P* handelt, ohne dass dies *P* so genau sieht. *P* ahnt nur, dass die Möglichkeit dazu besteht, und diese Möglichkeit ist für den *P* eine Verhaltensunsicherheit. Die Informationsasymmetrie bezieht sich auf die Aktionen des *A*, die dieser selbst natürlich bestens kennt, der *P* aber nicht beobachten und nicht aus dem Gesamtergebnis ableiten kann. Denn das Gesamtergebnis hängt von externen Zufälligkeiten ab, deren Realisation *P* eben auch nicht beobachten kann (*hidden action*).

Neben einem dermaßen **verdeckten Egoismus** des *A* könnte es auch dazu kommen, dass sich *A* ganz offen gegen den *P* auflehnt, dessen Erwartungen eklatant enttäuscht und den *P* schädigt – wobei der *A* einen Vorteil für sich realisiert. Ein solchermaßen **offener Egoismus** setzt voraus, dass kein juristisch durchsetzbarer Vertrag verletzt wird, sondern nur Erwartungen, die *P* gebildet hat, womöglich aufgrund von impliziten Zusagen seitens des *A*. Diese Situation heißt **Hold-Up**, denn sie ist gleichsam ein *Überfall*, den *A* ausübt, um sich einen Vorteil zu verschaffen. Ein Überfall, der den *P* überraschend trifft. Die Informationsasymmetrie bezieht sich auf die Absicht des *A*, die dem *P* verborgen bleibt (*hidden intention*).

Eine Voraussetzung für Hold-Up besteht darin, dass die für den *P* negative Verhaltensweise des *A* nicht durch einen durchsetzbaren Vertrag ausgeschlossen wurde. *A* und *P* haben nur implizit eine Vereinbarung getroffen, und die wird durchbrochen. Der benachteiligte *P* ist enttäuscht und der von ihm als „rücksichtslos" angesehene *A* meint, es sei nie eine *explizite* Vereinbarung getroffen worden. Das ist typischerweise die Situation, wenn zwei – hierarchisch gleichgestellte – Personen sich kennenlernen und mit einer Zusammenarbeit beginnen. Denn dann wird ein Vertragsabschluss, etwa ein formaler Arbeitsvertrag, erst einmal zurückgestellt.

Das vom *P* als Schädigung angesehene Verhalten des *A* kann darin bestehen, dass *P* eine Hilfestellung erwartet, *A* sie nicht gibt und vorgibt, sie nie versprochen zu haben. Auch kann es um einen Gewinn aus der Zusammenarbeit gehen, den *P* glaubt, für sich behalten zu können und von dem sich *A* einfach einen Teil behält. Sehr häufig kommt vor, dass *A* die Zusammenarbeit mit *P* in einem kritischen Augenblick einfach verlässt (um woanders etwas Attraktives zu beginnen), und *P* aufgrund vermeintlich wohlwollenden Verhaltens gegenüber dem *A* geglaubt hatte, dass *A* treu bleiben werde.

Um die Gefahr für Hold-Up zu verringern, bestehen drei Möglichkeiten: die

- Hierarchie, eine
- Ablösung bei Vertragsende, oder die Stellung eines
- Pfands.

Die erste Möglichkeit besteht darin, ein hierarchisches Arbeitsverhältnis vertraglich zu sichern. *P* wird der Arbeitgeber, *A* der Arbeitnehmer. Alle Details werden durch einen expliziten Vertrag in juristisch durchsetzbarer Weise vereinbart. Zweitens könnte *P* dem *A* eine *implizite* Zusage geben, bei Ende der gemeinsamen Kooperation dem *A* eine Sonderzahlung (Ablösung) in Aussicht zu stellen, sofern sich dieser bis dahin stets treu und wie vom *P* erwartet verhalten haben wird. Drittens könnte auch der *A* von sich aus signalisieren, dass er kein Hold-Up begehen wird. Als Zeichen dafür könnte *A* dem *P* als *Pfand* eine Vermögensposition übergeben, die es *P* ermöglicht, den *A* zu bestrafen – was zur Abschreckung dient.

Erstmals 1985 hat **Oliver Williamson** (1932-2020), Professor an der UCLA in Berkeley, Nobelpreis 2009, auf Hold-Up aufmerksam gemacht. Die Untersuchung der Überlassung eines Pfandes, um die Gefahr von Hold-Up abzuwenden, geht auf *Alchian* und *Woodward* 1987 zurück.

Hold-Up: *A* und *P* sind nicht durch explizite Verträge oder durch die Gesetze zu einer Rechtsform der Unternehmung gebunden. Sie haben nur implizite Zusagen gemacht, die nicht einklagbar sind. Das ist oft die Situation, weil *A* und *P zwei* Personen sind, die wohl miteinander sprechen, aber dann mit dem Projekt oder Unternehmen beginnen, ohne etwas explizit schriftlich festgehalten haben. Hold-Up beendet die Kooperation. Deshalb zeigt *A* bei Hold-Up gleich einen ganz großen und nicht nur einen kleinen Egoismus. Es gibt kein juristisches Nachspiel.

7.3.3 Beiderseitiges Hold-Up

Oftmals ist in einer kooperativen Situation zwischen zwei Personen *A* und *P* auf *beiden* Seiten Hold-Up möglich. Gleich als Beispiel ein Innovationsvorhaben: *A* ist der „Innovator", bringt die Ideen mit und möchte ein Team leiten, *P* ist als „Kapitalgeber" eventuell zu einer Finanzierung bereit. Die Beziehung ist durch den starken Bezug auf den vorliegenden Einzelfall geprägt, so dass eine Rechtsform nur wenige juristische Festlegungen vorgibt.

- Wenn sich Erfolg abzeichnet, könnte der Innovator *A* mit verschiedenen „Tricks" (wie *P* meint) den Risikokapitalgeber *P* benachteiligen oder sogar herausdrängen.
- Doch auch der Kapitalgeber *P* könnte auf einmal damit beginnen, den Innovator herauszudrängen und zu ersetzen.

Beide Seiten sind gegenüber einem Hold-Up der anderen Seite verletzbar. In einer solchen, durch anfänglich geringe Information und große Risiken geprägten Situation wäre ein juristisch alle Möglichkeiten abdeckender Vertrag, ein **Kontingenzvertrag**, zumindest am Anfang des Unternehmens nicht möglich. Auch kann es keine Lösung für das beiderseitige Hold-Up darstellen, wenn sich beide Seiten gegenseitig ein Abschiedsgeschenk in Aussicht stellen.

Was aber funktionieren kann: **Sowohl der Innovator A als auch der Risikokapitalgeber *P* überlassen dem Gegenüber ein Pfand**.

1. Der Wagniskapitalgeber *P* könnte, wenn er sich vom *A* durch Hold-Up bedrängt fühlt, mit Geschäftsgeheimnissen gehen. Und wenn der Inno-

vator *A* sich vom *P* durch Hold-Up bedrängt fühlt, könnte *A* die Reputation, die *P* als Wagniskapitalgeber und Business Angel haben dürfte, durch üble Nachrede zerstören.

2. Eine andere Möglichkeit für die gegenseitige Pfandüberlassung besteht im gemeinsamen Erleben schöner Momente. Die Erinnerung daran stabilisiert psychologisch, weshalb sie keiner vermissen und durch Hold-Up zerstören möchte.
3. Schließlich sind zahlreiche gegenseitige persönliche Leistungen denkbar, die eine positive Gewöhnung bewirken, die wiederum ein gegenseitig überlassenes Pfand darstellt. Jedenfalls könnte die gegenseitige Pfandüberlassung die Gefahr bei beiderseitigem Hold-Up mildern und womöglich eine gute Partnerschaft anbahnen, in der jede Seite, weil sie sich selbst schaden würde, auf Hold-Up verzichtet.

7.4 Ergänzung und Fazit

7.4.1 Ergänzung: Von Hayek und die Österreichische Schule

Einer der ersten Ökonomen, die Informationsunterschiede zwischen wirtschaftlich handelnden Agenten und Instanzen untersucht haben, ist **Friedrich von Hayek** (1899-1992). Von Hayek, aus Österreich stammender, später britischer Ökonom und Sozialphilosoph, war ab 1931 Professor an der London School of Economics und ab 1962 an der Universität in Freiburg, Nobelpreis 1974.

Neben anderen Werken – darunter Arbeiten zur Geld- und Konjunkturtheorie – hat von Hayek den **Informationsbedarf von Institutionen** thematisiert. Was die Wohlfahrt der Menschen herbeiführt und stärkt, so von Hayek, wissen die Menschen am besten selbst. Denn sie kennen ihre Präferenzen. Aufgrund der Kenntnis ihrer Situation und der persönlichen Präferenzen ist deshalb eine Marktwirtschaft – alle entscheiden für sich selbst – besser als eine zentrale Wirtschaftsplanung mit Güterverteilung durch eine staatliche Stelle.

Von Hayek zeichnet den **Preiswettbewerb als das zentrale Kommunikationsinstrument der Wirtschaft**. Zudem, so von Hayek, führt der Wettbewerb zur Aufdeckung neuen Wissens. Das ist sicher richtig, wie die Kirzner-Innovation zeigt. Der Markt deckt auch auf, wie die anderen über ein Gut denken, so etwa, was sie von der Qualität halten. Der Arbeitsmarkt lässt die Produktivität von Arbeitskräften erkennen. Nur eine dezentrale, auf dem Wettbewerbsprinzip aufgebaute Marktwirtschaft könne, so von Hayek, das fundamentale Wissensproblem der Gesellschaft lösen.

Im Ergebnis argumentiert **von Hayek**, dass bei Informationsunterschieden diejenige Person oder Instanz entscheiden sollte, die besser informiert ist. Problematisch wird es, wenn eine Person oder Instanz entscheidet, die zwar wenig Informationen hat und dennoch die Informationen berücksichtigen sollte, die andere besitzen. Denn die relevante Information zu erhalten, verursacht Kosten.

Die **Österreichische Schule der Nationalökonomie** ist eine Gruppe von eher wirtschaftstheoretisch orientierten Wissenschaftlern, die drei Sichtweisen teilen und inzwischen in mehreren Generationen pflegen und entwickeln:

1. Die Idee der Schöpfung von Wissen durch den Unternehmer.
2. Die dynamische Unsicherheit wirtschaftlicher Abläufe.
3. Die Bedeutung der einzelnen Menschen und deren individueller Präferenzen.

Gründer der Österreichischen Schule war **Carl Menger** (1840-1921), Professor an der Universität Wien, der 1871 seine Publikation „Grundsätze der Volkswirtschaftslehre" in den Mittelpunkt stellte.

Zu den bekanntesten Mitgliedern der Schule gehören **Ludwig von Mises** (1881-1973) und **Friedrich von Hayek**. Von Mises lehrte zuerst in Wien an der Universität und hielt Privatseminare. Ab 1934 lehrte er auch in Genf, von wo aus er in die USA emigrierte. Von 1945-1969 war von Mises Professor an der New York University. Ihm sind Beiträge zur Geldtheorie zu verdanken sowie zur Konjunkturtheorie und zur Inflation.

Als weiteres Mitglied der Österreichischen Schule sei **Fritz Machlup** (1902-1983) erwähnt. Machlup hat das **Wissen als ökonomische Ressource** erkannt und Strukturen zur Wissensverteilung untersucht.

7.4.2 Hauptpunkte

1. Vier Kategorien von Kapital sind privat gegebenes Risikokapital (Private Equity), ein zwischen zwei Personen (privat) vereinbarter Kredit (Private Debt), ein wie eine Aktie leicht übertragbarer Beteiligungstitel (Public Equity), eine leicht über den Rentenmarkt weitergebbare Anleihe (Public Debt). Dazwischen stehen verschiedene Formen von Hybridkapital (Mezzanine) für spezielle Situationen. Außerdem ist zu sehen, dass es Möglichkeiten des Übergangs zwischen den Kategorien gibt, beispielsweise durch Going Public.
2. Bei einer Kooperation zwischen Kapitalnehmer/Geschäftsführer und Kapitalgeber ist es ganz natürlich, dass beide Seiten ihre eigenen Präferenzen haben, weshalb sie mit der Rechtsform und mit dem Finanzierungsvertrag ihre Einigung festhalten. Meistens präferieren Kapitalgeber eine Politik der Wertsteigerung, während Geschäftsführer oftmals noch deutlicher die Wünsche aller Stakeholder im Auge behalten wollen.

3. Allerdings können aufgrund der Zufälligkeiten und Risiken die Kapitalgeber nicht jedes Detail beobachten, wodurch sich für die Geschäftsführung ein diskretionärer Handlungsspielraum öffnet, der durchaus Raum für unentdeckbaren Egoismus schafft. Seit Langem aus der Versicherungswirtschaft bekannt ist die Gefahr des moralischen Wagnisses (Moral Hazard): Kaum ist eine Sache versichert, ändern die Versicherten aus Egoismus ihre Sorgfalt zum Schaden der Versicherungsgesellschaft. Die gleiche Struktur findet sich bei der Prinzipal-Agenten-Theorie: Aufgrund der Risiken kann der Agent, vom Prinzipal unerkannt, sein Niveau von Anstrengung verringern.
4. Im Unterschied zum *verdeckten* Egoismus bei Moral Hazard / Prinzipal-Agenten-Theorie kann es auch *offenen* Egoismus in Form von Hold-Up / Überfall geben, wenn nicht alle Details der Zusammenarbeit zwischen zwei Parteien vertraglich geregelt und juristisch durchsetzbar gestaltet sind.
5. Einer der ersten Ökonomen, die Informationsunterschiede zwischen wirtschaftlich handelnden Agenten und Instanzen untersucht haben, ist Friedrich von Hayek (1899-1992). Fritz Machlup (1902-1983) hat das Wissen als ökonomische Ressource erkannt.

7.4.3 Literatur

Armen A. Alchian und Harold Demsetz: Production, Information Costs, and Economic Organization. *American Economic Review*, Vol. 62 (Dec. 1972) No. 5, pp. 777-795.

Armen A. Alchian und Susan Woodward: The Firm Is Dead; Long Live The Firm. A Review of Oliver E. Williamson's The Economic Institutions of Capitalism. *Journal of Economic Literature*, Vol. 26 (March 1988), No. 1, pp. 65-79.

Kenneth Arrow: Uncertainty and the Welfare Economics of Medical Care. *American Review*, Volume LIII (1963) Number 5, pp. 941-973.

Martin F. Hellwig: Moral Hazard and Monopolistically Competitive Insurance Markets. *The Geneva Papers on Risk and Insurance*, Vol. 8 (January 1983) No. 26, pp. 44-71.

Michael C. Jensen und William H. Meckling: Theory of The Firm – Managerial Behavior, Agency Costs and Ownership Structure. *Journal of Financial Economics*, 3 (1976) 4. Doi 10.1016 - 0304-405x (76) 90026-x

Fritz Machlup: Knowledge – Its Creation, Distribution and Economic Significance – Volume I: Knowledge and Knowledge Production. Princeton University Press 1981.

Henry Mintzberg: *Structuring of Organizations: A Synthesis of the Research.* Pearson Education 1979.

Stewart C. Myers: Capital Structure. *Journal of Economic Perspectives* 15 (2001) 2, pp. 81-102.

Klaus Spremann: Agent and Principal, in: Günter Bamberg und Klaus Spremann, eds: *Agency Theory, Information and Incentives.* Springer, Berlin 1987, pp. 3-38.

Klaus Spremann: Hold-up in Ventures for Technology Transfer. *Technology Transfer and Entrepreneurship* 4(2017)1, pp. 47-53. DOI:10.2174 /2213809904666161221102119

Ulrich van Suntum: *Die Unsichtbare Hand: Ökonomisches Denken gestern und heute.* Springer, Berlin-Heidelberg 2005, ISBN 978-3-642-16142-1.

Friedrich A. von Hayek: *Der Weg zur Knechtschaft Gebundene.* Olzog ein Imprint der Lau Verlag & Handel KG, 2024.

Louis Velthuis: Principal Agent Theory, in J. Windsperger und A. Raha (Hrsg.): *Handbook of the Theory of the Firm*, Edward Elgar Publishing Limited, Cheltenham 2025.

Oliver Williamson: Transactions-Cost Economics: The Governance of Contractual Relations. *Journal of Law and Economics*, 22(1979)2, pp. 233–262.

8 Informationsasymmetrie

Die Lernfragen zu diesem Kapitel finden Sie unter:
https://narr.kwaest.io/s/1442

8.1 Lösungsansätze

8.1.1 Agency-Kosten

Zu den Eigentumsrechten – ein ganzes Bündel verschiedener Rechte – gehören Verfügungsrechte. Jedes Kind weiß: Wer Geld hat, wer darüber verfügen kann, der kann es ausgeben. „Geld regiert die Welt" ist seit dem 17. Jahrhundert Redewendung.

Da wirtschaftliche Entscheidungen stets mit Geld in Verbindung stehen, sollte Wirtschaftsentscheidungen derjenige treffen, dem das Geld gehört – das ist eine mögliche Perspektive. Allerdings gibt es noch eine andere Sicht: *Gute Entscheidungen setzen Informiertheit voraus.* Danach sollten jene Personen entscheiden, die die relevanten Informationen haben.

Wirtschaftliche Informationen sind – ähnlich wie das Geld in unserer Welt – ungleich verteilt. Nicht immer haben jene, denen das Geld gehört, auch die besten Informationen. Und oftmals haben jene, die viel wissen, kein Geld.

Deshalb stellt sich die Frage, ob wirtschaftliche Entscheidungen besser von jenen Personen getroffen werden sollen, die das Geld haben oder von jenen, die informiert sind. Diese Frage muss in jedem Unternehmen beantwortet werden. Natürlich können Entscheidungen delegiert werden. Und ebenso kann eine besser informierte Partei ihre Informationen weitergeben. Doch beides ist in einer unsicheren Welt mit Kosten verbunden, mit *Agency-Kosten* und mit Transaktionskosten.

Agency-Kosten drücken die durch Informationsasymmetrie bedingten Nachteile aus. Sie können als Informationswert wie folgt definiert und berechnet werden. Wie gesagt hat der Agent *A* mehr Informationen als der Prinzipal *P*. Der Prinzipal *P* erkennt diesen Nachteil und die Verhaltensunsicherheit. *P* versucht daher, mit verschiedenen Arrangements die besten Ergebnisse für sich zu erzielen.

Angenommen, nun käme eine Fee und würde dem Prinzipal *P* anbieten, ihm die volle Information über den Agenten *A*, sein Verhalten und seine Absichten zu geben. Hätte *P* diese Information, und wüsste *A* dies, dann würde sich *A* genau an die vereinbarte Linie halten.

Beide könnten infolgedessen ein Vertragswerk aufsetzen, und die Einhaltung mit deutlichen Konventionalstrafen sichern. Es gäbe keine Verhaltensunsicherheit mehr.

Die Frage lautet: Welches ist der Maximalbetrag, den der Prinzipal *P* der Fee für die volle Information über Verhalten und Absicht des Agenten bieten würde? Dieser Betrag, gleichsam ein *Informationswert*, sind die Agency-Kosten.

Die Literatur nennt sechs elementare Ansätze, um die Agency-Kosten gering zu halten. Diese Ansätze sind einsichtig und naheliegend, doch ihre Umsetzung ist auch wiederum mit Kosten verbunden. Beispielsweise könnte die Prinzipal-Agenten-Beziehung durch die Einführung von Beobachtungen und Kontrollen des Agenten modifiziert werden, was die Informationsunterschiede verringert und auf den ersten Blick die Agency-Kosten reduziert. Doch natürlich verursachen Beobachtungen und Kontrollen neue Kosten, und es könnte sogar sein, dass am Ende diese Kosten größer sind als die ursprünglichen Agency-Kosten.

Eine ökonomische Situation, die aufgrund ihrer Struktur nur „second best" ist, kann eben nicht mit einem einfachen Trick zu einer First-best-Situation verbessert werden. Dabei bedeutet Letzteres, dass die erzielte Allokation Pareto-effizient wäre.

Pareto-Effizienz bedeutet: Es gibt zur erreichten Allokation keine andere, die für wenigstens eine Person besser und doch für niemanden schlechter wäre. Pareto-Effizienz anzustreben, ist somit eine Mindestanforderung bei der Gestaltung der Regeln für das Wirtschaften und ihrer Organisation.

Pareto-Effizienz zu erreichen, ist aber leider nicht immer möglich. Dann muss versucht werden, aus den möglichen Second-best-Situationen mit einem akzeptierten Kriterium eine auszuwählen, die hinsichtlich des gewählten Kriteriums als „optimal" akzeptiert werden kann.

Das gibt den Agency-Kosten Bedeutung: *Die Agency-Kosten sind bei Informationsasymmetrie zwischen Agent und Prinzipal immer positiv.* Man versucht, durch Modifikationen bei der Zusammenarbeit von Agent und Prinzipal die Agency-Kosten *gering* zu halten. Diese Modifikationen können, wie gesagt, in der Einführung von zusätzlichen und nicht zu aufwendigen Beobachtungen und Kontrollen bestehen, die den Informationsunterschied zwischen Agent und Prinzipal verringern.

Die Literatur nennt weitere Modifikationen in einer Prinzipal-Agenten-Beziehung, um die Nachteile der Informationsasymmetrie zu mildern.

Man muss dann, wie eben am Beispiel von Beobachtungen und Kontrollen ausgeführt, für jede der elementaren Modifikationen herausfinden, ob angesichts der Kosten dieser Modifikation die anschließend noch verbleibenden Agency-Kosten wirklich verringert oder minimiert werden. Um dies zu studieren, sind Modellierungen der Prinzipal-Agenten-Beziehung aufgestellt worden. Außerdem wurden Implementierungen einer jeden Modifikation ausgewertet, wodurch eine Brücke zwischen Theorie und Praxis entsteht.

8.1.2 Modifikationen

Die Literatur nennt sechs **Elementarmodifikationen** der Prinzipal-Agenten-Beziehung, mit denen die erreichte Verringerung der Agency-Kosten gelingen soll. Die Modifikationen werden als „elementar" bezeichnet, da sie auch kombiniert werden können. Gleich im Anschluss werden drei **Arrangements** besprochen, die Kombinationen der elementaren Modifikationen darstellen. Sie werden für einen Kapitalgeber/Prinzipal *P* und einen Kapitalnehmer/Agenten *A* formuliert.

Zuvor sei betont, dass der Kapitalnehmer *A* und der Kapitalgeber *P* nur dann vertraglich zusammenfinden, wenn sie hinreichend integre Persönlichkeiten entwickelt haben. **Integrität** bedeutet, dass jeder von ihnen zuverlässig und (einigermaßen) vertrauenswürdig ist und die persönliche Grundhaltung erkennbar macht.

Hier nun die Liste der sechs elementaren Modifikationen:

1. Angesichts von Moral Hazard kann die Versicherungsgesellschaft Verträge mit **Selbstbeteiligung** anbieten.
2. Der Kapitalgeber *P* kann darauf bestehen, dass der Geschäftsführer *A* nicht nur mit einem Fixum kompensiert wird, sondern zu einem Teil mit einem Fixum und zum anderen Teil mit einer **Partizipation** an den finanziellen Rückflüssen. Dies könnte mit einem Bonus geschehen, der vom Ergebnis abhängt, oder durch eine Bezahlung mit Aktien und Optionen.
3. Modifikation: Der Kapitalgeber *P* kann auf genauere Informationen und auf einer etwas intensiveren *Kontrolle* des Geschäftsführers *A* bestehen, die dem Geschäftsführer Maßnahmen verunmöglichen, die unentdeckt blieben und eine den Kapitalgeber schadende Abweichung von der vereinbarten gemeinsamen Linie wären (**Monitoring**). Information und Kontrolle müssten vier Bereiche abdecken: erstens die wirtschaftliche Umgebung der Unternehmung, zweitens die Vorgänge im Innern, drittens die Risiken und viertens das Verhalten der Geschäftsführung *A* (→ *Jensen* und *Meckling* 1976).

4. Kapitalgeber *P* und Geschäftsführer *A* schaffen eine soziale Umgebung, die kein egoistisches Verhalten erlaubt oder duldet, weil eine kollektive Beobachtung in der Nachbarschaft stattfindet (**Delegated Monitoring**). Es wurde erstmals 1984 für Finanzintermediäre untersucht von *Douglas Diamond*. Beispielsweise verstärken gemeinsame Veranstaltungen zwischen *P*, *A* und der Mitarbeiterschaft die Kontrolle im Kollektiv. Ebenso kann die Beobachtung im Wohnviertel bewirken, dass abträgliches Verhalten vermieden wird. Der Agent *A* muss sich den entsprechenden sozialen Gepflogenheiten unterwerfen und darf sich nicht sozial entfernen.
5. Eine Modifikation der Situation bei Hold-Up könnte in einem **Pfand** bestehen, welches der Agent *A* hinterlegen muss und das nur ausgehändigt wird, wenn er keinen „Überfall" ausübt. Eine solche Pfandlösung kann in einer Abfindung bestehen, die erst bei Vertragsende festgelegt und ausgezahlt wird (→ *Alchian* und *Woodward* 1987).
6. Modifikation: Der Kapitalgeber *P* bindet sich mit seiner Einlage nur an Projekte und Unternehmen, die von Familienmitgliedern (**Kinship**) oder von sehr guten Studienfreunden geführt werden oder von Personen, die aufgrund bekannter innerer Haltung kaum Egoismen ergreifen werden (→ *Henry Mintzberg*).

8.2 Drei Arrangements

Für den Finanzvertrag zwischen Kapitalgeber und Kapitalnehmer können diese sechs elementaren Modifikationen noch spezifiziert und präzisiert sowie kombiniert werden. Dabei entstehen (komplexere) Arrangements. Auf drei dieser Arrangements soll näher eingegangen werden:

- Hierarchie bei Aufteilung der Entscheidungsrechte,
- Ergebnisbeteiligung,
- Partnerschaft durch gegenseitige Bindung.

Ein erstes Arrangement (die Hierarchie) baut darauf auf, dem Kapitalgeber/Prinzipal mehr Kontrolle und mehr an Detailinformationen zu geben. Das hat aber nur Sinn, wenn der Kapitalgeber/Prinzipal gleichzeitig Entscheidungsrechte an sich zieht, um für den Fall, dass die Kontrolle Abträgliches an den Tag bringt, drohen zu können. Der Kapitalgeber muss also wenigstens Personalentscheidungen treffen und die Geschäftsführung entlassen können. Die Hierarchie wird deutlich.

Bei diesem Arrangement wird im Finanzvertrag oder mit der Rechtsform der Unternehmung eine **Aufteilung der Entscheidungsrechte** vereinbart: Über die täglichen Geschäfte entscheidet der Geschäftsführer/Kapitalnehmer/Agent *A*, die Strategie und das Führungspersonals wählt der Kapitalgeber/Prinzipal *P* aus. Dieses Arrangement folgt der Modifikation

3 (Monitoring) und nimmt die Delegation der Entscheidungsrechte spezifisch zurück.

Beteiligung: Ein zweites Arrangement besteht darin, die Motivationen des Geschäftsführers/Kapitalnehmers/Agenten *A* dadurch zu verändern, dass *A* beteiligt wird. Damit wird der zuvor genannten Modifikation 2 gefolgt.

Ein drittes Arrangement besteht darin, dass *A* und *P* zu einer Partnerschaft finden, die insbesondere für den *A* so viele Vorteile bietet, dass ihm – auch wenn unmoralisches Verhalten unentdeckt bliebe – nicht im Entferntesten der Gedanke kommt, für einen egoistischen Vorteil den Partner zu schädigen. Das geschieht, indem sich *A* und *P* gegenseitig binden.

8.2.1 Hierarchie

Das als Erstes genannte Arrangement für die Agency-Problematik im Unternehmen besteht darin, dass der Kapitalgeber/Prinzipal mehr Kontrolle vornimmt, und dazu gewisse Detailinformationen beschafft oder sich geben lässt. Wie gesagt setzt dies voraus, dass der Prinzipal gleichzeitig Drohmöglichkeiten erhält für den Fall, dass die Kontrolle Abträgliches an den Tag bringt.

Der Kapitalgeber muss also die Personalentscheidungen behalten und die Geschäftsführung entlassen können. Im Finanzvertrag oder mit der Rechtsform der Unternehmung wird beim ersten Arrangement also eine **Aufteilung der Entscheidungsrechte** vereinbart: Über die täglichen Geschäfte entscheidet der Geschäftsführer, die Strategie und das Führungspersonals wählt der Kapitalgeber. Der Kapitalgeber wird die Entscheidungsrechte folglich *weitgehend, aber nicht gänzlich delegieren,* auch wenn dies wieder Mühen bereitet.

Der Kapitalgeber wird aus zwei Gründen die entsprechenden Entscheidungs- und Verfügungsrechte für sich behalten. Erstens wird der Kapitalgeber gewisse Kontrollen durchführen, um die Verhaltensunsicherheit seitens der Geschäftsführung zu verringern. Zweitens wird der Kapitalgeber die Rechte für ganz wesentliche Entscheidungen behalten.

Dies sind:

1. Die Festlegung der *Strategie.*
2. Entscheidungen in besonderen Situationen, etwa bei größeren Verlusten oder bei ganz großen Projekten (Akquisitionen).
3. Entsprechend wird der Kapitalgeber auch wichtige Personalentscheidungen treffen, auch über solche im Bereich der Geschäftsführung.

Jedenfalls bedeutet die Finanzierung für den Kapitalnehmer eine Abgabe von Freiraum bei Führung und Entscheidung. Ohne diese Abgabe von Rechten würde der Kapitalgeber den Finanzierungsvertrag nicht unterzeichnen. Es heißt, *Finanzierung sei der Verkauf von Rechten.*

Die Ausübung der Entscheidungsrechte (Kontrolle, Strategie, Spezialsituationen, Führungspersonal), die sich der Kapitalgeber ausbedingt, setzt voraus, dass der Kapitalgeber hinreichend über den Fortgang des Unternehmens informiert wird. Leider können bei sehr kleinen Unternehmungen und in frühen Phasen eines Projekts oder Vorhabens die Techniken des Rechnungswesens und des Controllings noch nicht angewendet werden, weil der Projektzustand zwar verbal durch einen Bericht, aber nicht quantifizierbar und nachprüfbar beschrieben werden kann.

Dann hilft nur „L'occhio del padrone ingrassa il cavallo" – Das Auge des Besitzers macht das Pferd fett (will heißen: gesund). Der Kapitalgeber wird als Arbeitszimmer einen Raum direkt neben dem Büro des Kapitalnehmers und Geschäftsführers beziehen. Dann und wann muss er sich dort auch zeigen.

Entscheidungsrechte aufteilen	Kapitalgeber legt Strategie fest, entscheidet in besonderen Situationen – bei großen Verlusten oder bei Akquisitionen – und trifft wichtige Personalentscheidungen. Kapitalnehmer entscheidet ansonsten und führt die Geschäfte. Vorteil: kein Kompetenzstreit, keine Kosten für Abstimmungen.
Ergebnisbeteiligung	Nachteile: zusätzlicher Koordinationsbedarf, unklare Kompetenzverteilung.
Partnerschaft	Kapitalgeber und Kapitalgeber sind beide zu impliziten Abmachungen bereit. Jeder von ihnen übergibt dem anderen ein Pfand, wodurch sie sich aneinanderbinden. Vorteil: Bündelt die Kräfte beider bei der Erkundigung, der Entscheidung und der Umsetzung von Festlegungen. Nachteil: Verlangt vom Kapitalgeber hohes Engagement.

Abb. 8-1: Drei Arrangements zur Minimierung von Agency-Kosten in Beziehung zwischen Kapitalnehmer und Kapitalgeber bei asymmetrischer Information.

8.2.2 Ergebnisbeteiligung

Das zweite Arrangement für die Agency-Problematik sieht eine Beteiligung des Agenten vor, sodass dieser bald die Ziele des Prinzipals zu seinen eigenen macht. Dieser Lösungsansatz wäre leicht umsetzbar, wenn ein Projekt oder Unternehmen die Rechtsform einer (kleinen) Aktiengesellschaft hat und der Geschäftsführer einen Teil der Aktien erhält, womit er selbst zu einem Risikokapitalgeber wird.

Da Geschäftsführer im praktischen Leben oft weniger Mittel haben, müssten ihm die Aktien ohne Bezahlung überlassen werden. Um dennoch die Finanzierung der über temporal unausgeglichen Aus- und Einzahlungen des Vorhabens aufrecht zu halten, könnten dem Geschäftsführer die Aktien als (unverkäufliche) Optionen zur Verfügung gestellt werden. Die Beteiligung würde jedenfalls eine gewisse Motivation bewirken, unentdeckbaren Egoismus zu reduzieren.

Allerdings gibt es hierbei zwei Nachteile für den Risikokapitalgeber. Bei der Beteiligung geht es nicht allein um den Geldbetrag, der dem Wert der überlassenen Beteiligung entspricht. Der Risikokapitalgeber gibt mit der Beteiligung des Geschäftsführers auch Entscheidungsrechte ab, was seine Entscheidungsmacht schwächt. Außerdem muss er sich in Zukunft mit dem Geschäftsführer viel intensiver koordinieren und abstimmen, da dieser über Entscheidungsrechte verfügt.

Die beiden Nachteile beim zweiten Lösungsansatz sind daher:

1. Verwässerung der Entscheidungsmacht des Risikokapitalgebers,
2. höhere Koordinationskosten.

Für den ersten Kapitalgeber wird es durch die Beteiligung einer anderen Person mühsam, sich stets abzustimmen zu müssen. *Steve Jobs* (1955-2011), Unternehmer, Mitgründer und langjähriger CEO von *Apple*, hat sich stets beklagt, dass in Meetings alle nur Kraft und Zeit verlieren. Das Erfordernis von Meetings ist eine natürliche Folge der Partizipation.

Die Kosten für die Koordination im Kreis der Kapitalgeber nimmt generell mit deren Anzahl zu. Mit zunehmender Anzahl von Risikokapitalgebern konvergieren die Entscheidungsrechte dann auf jene allgemeinen Bestimmungen, die durch die Rechtsform, etwa das Aktiengesetz, festgeschrieben sind. Damit dürften der oder die Risikokapitalgeber wenig zufrieden sein, weil sie wohl eher eine individuelle Lösung wünschen. Letztlich kommt eine Finanzierung eines unternehmerischen Vorhabens nicht zustande, wenn irgendwann eine Konstellation mit mehreren Kapitalgebern entstehen würde.

8.2.3 Partnerschaft durch Bindung

Der zuvor (→ Abschnitt 8.1) genannte Lösungsansatz 6 kann modifiziert und weiterentwickelt werden, indem er mit dem Lösungsansatz 5 kombiniert wird. Wie soll das geschehen?

> Kapitalgeber und Kapitalverwender könnten zu einer **Partnerschaft** finden, die von Vertrauen geprägt wird. Dies gründet auf gemeinsame Erlebnisse und auf zahlreiche gegenseitige persönliche Leistungen, auf die keine Seite verzichten möchte. Die gegenseitigen

Erlebnisse und Leistungen wirken so, als ob jede der anderen Seite ein Pfand gegeben hätte. Das tiefe Vertrauen zu brechen würde persönliche materielle wie psychische Nachteile mit sich bringen. Das durch Bindung entstehende tiefe Vertrauen verlangt keine oder jedenfalls nur wenig Kontrolle. Dadurch werden in der Partnerschaft Kräfte für die eigentlich zu bewältigenden Aufgaben frei.

Diese Kombination der Elementarmodifikationen 5 und 6 ersetzen somit das *Wladimir Lenin* zugesprochene Wort „Vertrauen ist gut, Kontrolle besser". Im Folgekapitel 9 wird erklärt, dass sich auf Basis einer solchermaßen echten Partnerschaft (Kombination der Modifikationen 5 und 6) gerade ein Innovator und ein Wagniskapitalgeber finden und ergänzen können. Aufgrund der geringeren Agency-Kosten findet die Partnerschaft eine komplementäre Rollenverteilung bei der Ausübung von Entscheidungen und hat so Freiraum für die verlangten Erkundigungen, Informationsbeschaffungen, Entscheidungen und Umsetzungen.

8.3 Ergänzung und Fazit

8.3.1 Ergänzung: Literatur zu den Denkströmungen

Zu den ersten Publikationen über **Moral Hazard** gehört die von **Kenneth Arrow** 1963 im *American Review*. Arrow ist der Verhaltensunsicherheit bei der Krankenversicherung nachgegangen, wo die Inanspruchnahme von Leistungen in den Händen der Versicherten liegt.

Kenneth Arrow (1921-2017) hatte zwei Professuren inne, eine für Economics und eine für Operations Research, Stanford University bei der Stadt Palo Alto im Silicon Valley (in der Nähe von San Francisco). Nobelpreis 1972. Arrow hat neben der ökonomischen Untersuchung des Moral Hazard verschiedenste andere ökonomische Fragestellungen mathematisch formuliert und geklärt, darunter 1954 die des *Marktgleichgewichts bei Unsicherheit* – zusammen mit Gerard Debreu (1921-2004, Nobelpreis 1983).

Des Weiteren soll zu Moral Hazard der Aufsatz von *Martin Hellwig* genannt werden: „Moral Hazard and Monopolistically Competitive Insurance Markets" (1983).

Die erste Arbeit zur **Prinzipal-Agenten-Beziehung** haben **Michael Jensen** und **William Meckling** 1976 verfasst. Ihr mit „Theory of the Firm: Managerial Behavior, Agency Costs and Ownership Structure" betitelter Aufsatz ist der weltweit am meisten zitierte Aufsatz auf dem Gebiet der Unternehmensfinanzierung.

- *Michael Jensen* (1939-2024) war Professor in Harvard und Geschäftsführer der Beratungsfirma *Monitor Group*. Jensen betonte die Verhaltensunsicherheit und untersuchte, wie Agency-Kosten minimiert werden können.
- *William Meckling* (1921-1998), University of Rochester, hat Motivationsstrukturen untersucht. Daneben hat Meckling bei *RAND* ökonomische Fragen im Zusammenhang mit Satelliten geklärt.

Als eine weitere Publikation ist der Aufsatz „Production, Information Costs, and Economic Organization" von **Armen Alchian** und **Harold Demsetz** im *American Economic Review* zu nennen, der vier Jahre zuvor, im Jahr 1972, erschien.

Information	Friedrich von Hayek: Informationsbedarf von Institutionen. Fritz Machlup: Information als Ressource.
Moral Hazard	Kenneth Arrow (1963): Gesundheitswesen. Martin Hellwig (1983): Versicherungsmärkte.
Prinzipal-Agenten-Beziehung	Michael Jensen und William Meckling (1976): Wie können Unternehmen die Agency-Kosten minimieren? Douglas Diamond: Delegated Monitoring.
Property Rights und Incentives	Armen Alchian und Harold Demsetz (1972): Welche Entscheidungsrechte und welche Anreizstrukturen bestehen in einer Unternehmung?
Transaktions-kosten	Ronald Coase (1937). Oliver Williamson (1979, 1985).
Hold-Up	Henry Mintzberg (1979). Oliver Williamson (1985). Armen Alchian und Susan Woodhard (1988).

Abb. 8-2: Denkströmungen zur Erfassung der durch Informationsasymmetrie ausgelösten Fragen in der Unternehmung.

Alchian und Demsetz zeichnen die Unternehmung aus der Perspektive von Eigentums- und Entscheidungsrechten (property rights), kombiniert mit der Perspektive der Anreizstrukturen (incentives). Alchian und Demsetz gehören zu den Begründern der *Los Angeles School*, mit der die neoklassische Mikroökonomie durch den Einbezug von *Eigentumsrechten* und *Motivationsstrukturen* erweitert wurde.

- *Armen Alchian* (1914-2013) lehrte an der University of California in Los Angeles (UCLA) und war wohl der Mentor der Schule.
- *Harold Demsetz* (1930-2019) lehrte und forschte an der University of Chicago. Neben seinen Beiträgen zu *Eigentumsrechten* und *Motivationsstrukturen* hat Demsetz zwei weitere Arbeits- und Denkrichtungen eröffnet. Erstens hat er sich mit *natürlichen Monopolen* auseinandergesetzt. Diese entstehen bei abnehmenden Skalenerträgen, etwa bei Netzwerkeffekten oder ganz generell bei Digitalunternehmen. Demsetz hat gezeigt, dass nicht versucht werden sollte, natürliche Monopole zu „zerschlagen", weil die Skalenerträge damit vernichtet würden. Stattdessen sollten natürliche Monopole durch die Regulierung gezwungen werden, ihre Kapazitäten temporär an Wettbewerber zu vermieten (genau wie das heute im Telekom-Bereich geschieht). Damit gab Demsetz Impulse für die Entwicklung der Theorie bestreitbarer Märkte. Zweitens hat Demsetz anhand historischer Studien die *Eigentumsrechte als Ergebnis ökonomischer Zweckmäßigkeit* charakterisiert.

Diese Überlegungen erinnern an Chandlers **Structure Follows Strategy**. Danach wird die Organisationsstruktur so gestaltet, dass sie die langfristigen Ziele und den wirtschaftlichen Zweck unterstützen. Genauso meint Demsetz, dass Eigentums- und Verfügungsrechte von der menschlichen Gesellschaft so gestaltet und verändert werden, dass sie langfristig zweckdienlich sind.

Eine Lösung für die Probleme der Informationsasymmetrie (in der Prinzipal-Agenten-Beziehung) ist das Monitoring, auf das Alchian und Demsetz 1972 eingehen. Das Monitoring kann indes auch delegiert werden, wie **Douglas W. Diamond** 1984 in seinem Aufsatz über „Financial Intermediation and Delegated Monitoring" darstellt – wobei in seiner Publikation es Finanzintermediäre (Banken) sind, die die Aufgabe einer „delegierten Überwachung" (von Schuldnern) übernehmen.

Eine wichtige Beobachtung hatte **Ronald Coase** gemacht: Die Benutzung von Märkten für Transaktionen ist mit Kosten verbunden. Mit dieser grundlegenden Idee und seinem Aufsatz „The Nature of the Firm" 1937 hat Coase die Untersuchung von Transaktionen in unterschiedlichen ökonomischen Institutionen, Märkten wie Unternehmungen, angeregt.

Coase (1910-2013), war ab 1964 Professor of Economics in der University of Chicago Law School. Nobelpreis 1991. Erwähnt sei, dass Coase auch untersucht hat, welche Einrichtung am besten die Probleme bei Externalitäten regeln könnte. Das nach ihm benannte *Coase-Theorem* gibt die Antwort.

Die **Transaktionskostenökonomie** wurde dann von **Oliver Williamson** als Forschungsrichtung weiter ausgebaut, vor allem mit einem Aufsatz 1979 und dem Buch 1985 über „*The Economic Institutions of Capitalism: Firms, Markets, Relational Contracting.*

Williamson (1932-2020) war Professor für Betriebswirtschaftslehre, Professor für Volkswirtschaftslehre und Professor für Rechtswissenschaft an der University of California in Berkeley. Nobelpreis 2009.

Eine weitere Untersuchung und ein Review des Buches von Williamson haben *Armen Alchian* und *Susan Woodward* 1988 verfasst: „The Firm Is Dead; Long Live The Firm. A Review of Oliver E. Williamson's The Economic Institutions of Capitalism."

8.3.2 Hauptpunkte

1. Agency-Kosten drücken die durch Informationsasymmetrie bedingten Nachteile aus. Sie können als Informationswert verstanden werden. Sie sind dann derjenige Geldbetrag, den der Prinzipal maximal bezahlen würde, wenn es den ihn letztlich schädigenden Informationsrückstand gegenüber dem Agenten nicht gäbe.
2. Eine Second-best-Situation – Pareto-Effizienz ist unmöglich – kann nicht mit einem Zaubertrick in eine First-best-Situation gewandelt werden. Aber man kann für eine Second-best-Situation durch gestalterische Modifikationen die Nachteile minimieren (auch wenn sie nie ganz zum Verschwinden gebracht werden können). Dazu müssen selbstverständlich die Nachteile genau definiert und gemessen werden. Bei der Prinzipal-Agenten-Beziehung geschieht dies durch die Agency-Kosten.
3. Die Prinzipal-Agenten-Beziehung kann modifiziert werden in der Hoffnung, dadurch die Agency-Kosten zu reduzieren. Sechs solcher Modifikationen sind Selbstbehalt und Partizipation, Monitoring und Delegated Monitoring, Pfand und Kinship.
4. Durch Spezifikation und kombinierende Zusammensetzung von Elementarmodifikationen entstehen „Arrangements", die Kapitalnehmer/Agent und Kapitalgeber/Prinzipal vereinbaren, um die Agency-Kosten möglichst gering zu halten. Näher betrachtet wurden drei Arrangements: Die Aufteilung der Entscheidungsrechte, die Ergebnisbeteiligung und die echte Partnerschaft.
5. Eine sehr interessante Thematik hat Ronald Coase mit der Beobachtung aufgeworfen, dass die Nutzung des Marktes mit Kosten verbunden ist. Mit weiteren Untersuchungen von Oliver Williamson ist daraus die Ökonomik der Transaktionskosten entstanden.

8.3.3 Literatur

Armen A. Alchian und Harold Demsetz: Production, Information Costs, and Economic Organization. *American Economic Review*, 62 (Dec. 1972) 5, pp. 777-795.

Armen A. Alchian und Susan Woodward: The Firm Is Dead; Long Live The Firm. A Review of Oliver E. Williamson's The Economic Institutions of Capitalism. *Journal of Economic Literature*, Vol. 26 (March 1988), No. 1, pp. 65-79.

Kenneth Arrow: Uncertainty and the Welfare Economics of Medical Care. *American Review*, Volume LIII (1963) Number 5, pp. 941-973.

Douglas Diamond: Financial Intermediation and Delegated Monitoring. *Review of Economic Studies*, Vol. 51 (1984) No. 3, pp. 393–414.

Douglas Diamond: Monitoring and Reputation: The Choice Between Bank Loans and Directly Placed Debt. *Journal of Political Economy*, Vol. 99 (1991), No. 4, pp. 689–721.

Michael C. Jensen und William H. Meckling: Theory of The Firm – Managerial Behavior, Agency Costs and Ownership Structure. *Journal of Financial Economics*, 3 (1976) 4. Doi 10.1016 - 0304-405x (76) 90026-x

Fritz Machlup: Knowledge – Its Creation, Distribution and Economic Significance – Volume I: Knowledge and Knowledge Production. Princeton University Press 1981.

Henry Mintzberg: *Structuring of Organizations: A Synthesis of the Research.* Pearson Education 1979.

Stewart C. Myers: Capital Structure. *Journal of Economic Perspectives* 15 (2001) 2, pp. 81-102.

Klaus Spremann: Profit-Sharing Arrangements in a Team and the Cost of Information. *Taiwan Economic Review*, Vol. 16 (1988) 1, pp. 41-57.

Ulrich van Suntum: *Die Unsichtbare Hand: Ökonomisches Denken gestern und heute. Springer*, Berlin-Heidelberg 2005, ISBN 978-3-642-16142-1.

Louis Velthuis: Principal Agent Theory, in J. Windsperger und A. Raha (Hrsg.): *Handbook of the Theory of the Firm*, Edward Elgar Publishing Limited, Cheltenham 2025.

Friedrich A. von Hayek: *Der Weg zur Knechtschaft Gebundene.* Olzog ein Imprint der Lau Verlag & Handel KG, 2024.

Oliver Williamson: *The Economic Institutions of Capitalism: Firms, Markets, Relational Contracting*, 1985.

Oliver Williamson: Transactions-Cost Economics: The Governance of Contractual Relations. *Journal of Law and Economics*, 22(1979)2, pp. 233–262.

9 Risiken

Die Lernfragen zu diesem Kapitel finden Sie unter:
https://narr.kwaest.io/s/1443

Wagniskapital ist gedacht für die Finanzierung unternehmerischer Vorhaben und Projekte mit *besonders großer Unsicherheit*, die neben Gefahren – einschließlich einer beträchtlichen Gefahr des totalen Scheiterns – sehr große Chancen bietet, wobei informiertes und geschicktes Agieren verlangt wird, um positive Ergebnisse zu realisieren. Wagniskapital (Venture Capital) gehört zur Gruppe des Risikokapitals und stellt Private Equity dar. Die große Unsicherheit und die Einflussmöglichkeit durch informiertes Agieren haben Konsequenzen:

Erstens kommen bei Ventures Mischfinanzierungen (Wagniskapital mit Krediten kombiniert) *nicht* in Frage, denn die Gefahr des Kreditausfalls wäre für normale Gläubiger unüblich hoch.

Zweitens: Weil Gestalt und Wirken der Unsicherheit deutlich von unternehmerischen Entscheidungen abhängen, müssen sich der Innovator/Kapitalnehmer und der Wagniskapitalgeber *partnerschaftlich* zusammenfinden, um aktiv Informationen zu beschaffen und gemeinsam Entscheidungen umzusetzen, die das Vorhaben begünstigen. Denn das ist bei Wagnissen ein großes Unterfangen – Kapitalnehmer und Kapitalgeber dürfen nicht in eine zu lose Kooperation eintreten. Die verlangte intensive, umfangreiche und konstruktive Zusammenarbeit macht in der Regel Konstellationen mit mehreren Wagniskapitalgebern unmöglich, in denen jeder der Kapitalgeber nur ein verwässertes Stimmrecht hätte. So bleibt, dass sich der Innovator und *ein* Wagniskapitalgeber in *echter* Partnerschaft verbinden müssen.

9.1 Wert und Preis

9.1.1 Zur Unternehmensbewertung

In den Wirtschaftswissenschaften drückt der **Wert** einer Sache aus, wie wünschenswert die Sache *im Allgemeinen* eingeschätzt wird, welches Äquivalent als Geldbetrag ihr *in der Regel* beigemessen wird und auf was die Gesellschaft insgesamt zu verzichten bereit wäre, um die Sache zu erhalten und zu behalten.

Um die Höhe des Werts zu bestimmen, kann folglich der Preis herangezogen werden, zu dem die Sache *typischerweise* gehandelt wird. Das bedeutet: Es kommt nicht auf den Preis einer einzelnen Transaktion an, auch nicht auf die Präferenzen zweier konkreter Personen, sondern auf die Preise, die sich *normalerweise* und bei *zahlreichen* Transaktionen einstellen. Neben einer Einschätzung, was der „Normalfall" bedeuten soll, wird auch eine *Durchschnittsbildung* über einen gewissen Zeitraum vorgenommen.

Üblicherweise wird für eine Bewertung von einem *Modell* ausgegangen, das den Marktpreis aufgrund gewisser Charakteristika der Sache bewertet. Das Modell wird mit empirischen Daten kalibriert, das heißt, die Parameter des Modells werden anhand einer großen Stichprobe von Transaktionen geschätzt. Das Modell und die Schätzwerte der Parameter müssen von Experten als sachgerecht beurteilt werden. So kann der Wert als jene Größe verstanden werden, die das kalibrierte **Bewertungsmodell** liefert.

- Üblich sind Bewertungen für Immobilien. Das Modell kann ausdrücken, dass der Wert einer Eigentumswohnung von ihrer Größe abhängt, und zwar so, dass der Wert proportional zur Größe ist. Die Kalibrierung führt dann für jedes Quartier auf einen Quadratmeterpreis. Übliche Zu- oder Abschläge werden sodann für den Zustand und die Bauqualität vorgenommen.
- Es gibt auch Bewertungsmodelle, die stark auf das Alter einer Sache abheben und den Wert aus den Anschaffungskosten errechnen, indem Abschreibungen vorgenommen werden. Etwa bei einem Fahrzeug werden Abschreibungen für die bisherige Nutzungsdauer und für die gefahrenen Kilometer vorgenommen.
- Selbstverständlich werden auch Investitionen, Beteiligungstitel, Forderungstitel und andere Finanzinstrumente bewertet. Beispielsweise bewerten Finanzanalysten eine Unternehmung anhand des für die kommenden Jahre prognostizierten Freien Cashflows, auf die zugegriffen werden kann. Die Freien Cashflows werden mit einigen Korrekturen aus den EBIT berechnet, den *Earnings Before Interest and Taxes*, für die üblicherweise eine planerische Vorschau aufgestellt wird.

Die Freien Cashflows der kommenden Jahre werden sodann diskontiert und dadurch auf den Bewertungszeitpunkt bezogen. Die Rate für die Diskontierung wird als *Kapitalkostensatz* oder *Vergleichsrendite* bezeichnet. In die Berechnung der Vergleichsrendite geht die Vorstellung ein, dass sie von den Risiken abhängt, denen der prognostizierte Freie Cashflow ausgesetzt ist. Genauer besagt ein Modell für die Vergleichsrendite, dass es auf die *systematischen Risiken* ankommt. Das sind die Risiken, die nicht mehr weiter diversifizierbar sind.

In der Tat legt die auf **Harry Markowitz** (1927-2023), University of California in San Diego, Nobelpreis 1990, zurückgehende *Portfoliotheorie* Anlegern von Finanzmitteln nahe, zu diversifizieren. Im gut diversifizierten Portfolio heben sich die diversifizierbaren Risiken gegenseitig auf, sodass Finanzanleger nur noch mit den nicht-diversifizierbaren Risiken belastet sind.

Diese werden als *systematisch* bezeichnet. Wie **William Sharpe** (geboren 1934), Nobelpreis 1990, Stanford University, mit seinem Capital Asset Pricing Model (CAPM) gezeigt hat, stellen sich die Konditionen im Finanzmarkt so ein, dass zwar die Übernahme der systematischen Risiken durch eine Prämie honoriert wird, nicht aber die unsystematischen Risiken – ungeachtet, ob ein konkreter Finanzinvestor nun diversifiziert oder nicht. Sharpe hat mit dem CAPM argumentiert, dass die mit einer Kapitalanlage verbundene Risikoprämie proportional zum **Beta-Faktor** ist, der das (relative) systematischen Risiko ausdrückt. Zwar wurden später Verfeinerungen aufgestellt, welche die Empirie genauer wiedergeben. Doch das CAPM ist, auch aufgrund seiner Einfachheit, weltweiter Standard geblieben. Es dient dazu, das Risiko zu messen und den Zusammenhang zwischen Risiko und Rendite im Finanzmarkt zu quantifizieren.

Bei der Kalibrierung des Modells für die Unternehmensbewertung werden Vergleiche innerhalb einer **Peergroup** angestellt, also innerhalb einer Gruppe von Unternehmen, die hinsichtlich ihrer Marktstellung und Branche und Produktionsstruktur ähnlich sind. Es wird angenommen, dass dann auch die systematischen Risiken in der Peergroup, also die Betas, ganz ähnlich sind. So kann die für die Bewertung eines Unternehmens benötigte Diskontrate über die durchschnittlichen Renditen der Unternehmen der Peergroup bestimmt werden.

Markt ist (ziemlich) informationseffizient.	Marktsegment ist keineswegs informationseffizient.
Für die große Mehrheit von Investoren lohnen sich eigene Bewertungen und Erkundigungen nicht, am besten wird gut diversifiziert und das Portfolio passiv gehalten.	Erkundigungen, Bewertungen und Aktivitäten (eigene Entscheidungen zur Selektion) sind verlangt, weil ansonsten die Gefahr besteht, an besser informierte Trader zur verlieren.
Anleger erhalten eine Risikoprämie und den Zins für das Halten eines gut diversifizierten Portfolios.	Aktive Investoren erhalten eine Informationsprämie (von den weniger gut informierten Investoren dieses Marktsegments).

Abb. 9-1: Informationseffizienz gegeben oder nicht?

Wofür werden Unternehmen bewertet? Drei Anwendungen:

- Unternehmensbewertungen werden immer wieder von Wirtschaftsprüfern vorgenommen. Der Wert hilft, wenn eine Transaktion geplant ist und die beiden Parteien einen „neutralen" Vorschlag als Ausgangspunkt ihrer Verhandlungen wünschen. So beispielsweise, wenn eine Nachfolgeregelung getroffen werden muss.
- Ebenso bewerten Finanzanalysten Unternehmungen. Gibt es für die Beteiligungstitel einen Markt, dann kann der ermittelte Wert des Eigenkapitals mit dem dort zustande kommenden Preis verglichen werden, um einzuschätzen, ob die Beteiligungstitel „teuer" oder „günstig" sind.
- Die Kapitalkosten sind außerdem wichtig, wenn ein Unternehmen oder ein Unternehmensteil geschaffene Kapazitäten vermietet und zur Bestimmung der „gerechten" Miethöhe eine Grundlage benötigt, um vom Mieter in Anspruch genommene Einrichtungen und Anlagen zu kalkulieren.

9.1.2 Buy-and-Hold

Ein weitbekannter Investor, **Benjamin Graham** (1894-1976), Columbia Business School in New York City, gilt als Vater der als fundamental bezeichneten Wertanalyse. Das heißt, es werden grundlegende Größen der unternehmerischen Produktion und Leistungserstellung sowie Zahlen aus Bilanz sowie Gewinn- und Verlustrechnung herangezogen, um daraus den Wert zu ermitteln.

Durch einen Vergleich mit den tatsächlichen Börsenkursen der Aktien wollte Graham und wollen seine Schüler herausfinden, welche Unternehmungen „viel Wert" (Value) bieten. Diese Aktien sollte ein Anleger kaufen und dann zuwarten, bis auch die anderen Investoren den wahren Wert erkennen und durch weitere Käufe der Börsenkurs im Verlauf der Zeit dem Wert immer näherkommt. Graham meinte, das könne durchaus drei Jahre dauern. Doch wer die Value Stocks länger zu halten beabsichtigt, sollte erwarten können, mit den Jahren den ermittelten Wert zu realisieren.

Warren Buffett (geboren 1930), ein Schüler von Graham, hat stets empfohlen, nur solche Aktien zu kaufen, die man wenigstens 50 Jahre halten möchte. Jedenfalls sind das klare Absagen für eine aktive Taktik, an der Börse immer wieder zu kaufen und zu verkaufen.

> Die Empfehlungen von Graham und von Buffet unterstreichen, dass ein Aktienanleger erwarten kann, den Wert zu realisieren, indem die Aktie einfach für immer gehalten wird. Zusammen mit der **Portfoliotheorie** würde die Empfehlung lauten, ein möglichst

diversifiziertes Portfolio zusammenzustellen, beim Kauf auf *Value* zu achten, doch dann die Titel über die Jahre hinweg zu behalten – Buy-and-Hold.

In der theoretischen und empirischen Untersuchung von Finanzmärkten gab es zahlreiche weitere Erkenntnisse. Eine besagt, dass die Börsen für die Aktien großer Gesellschaften, die auch im Börsenindex zusammengefasst sind, gar nicht so lange Zeit benötigen, bis die Kursbildung den Wert erreicht. Dies geschieht sehr schnell, praktisch sofort. Denn diese Titel haben einen liquiden Handel. Auf die Aktien werden Optionen geschrieben. Leerverkäufe sind möglich. Trader sorgen durch Käufe und Verkäufe dafür, dass neue Informationen sich innerhalb kürzester Zeit im Kurs widerspiegeln. Insbesondere sorgen Trader dafür, dass die Kurse dem Niveau entsprechen, das die Mehrzahl der Analysten in ihren Bewertungsmodellen ermitteln.

Die Börsen für die Aktien der großen Gesellschaften sind bei der Verarbeitung all dieser Informationen daher effizient, weshalb von **Informationseffizienz** des Marktes gesprochen wird. **Eugene Fama** (geboren 1939), University of Chicago, Nobelpreis 2013, hat um 1970 die *Market Efficiency Hypothesis* (MEH) theoretisch begründet und in mehreren Publikationen über die empirische Gültigkeit berichtet.

Praktisch alle Marktteilnehmer und die Millionen von Anlegerinnen und Anlegern sind der MEH entsprechend schnellstens und gleich gut informiert. Zwar kann es noch zufällige, kleine Abweichungen zwischen Marktpreis und Wert bei einzelnen Aktiengesellschaften geben, doch es gibt keine dauerhaften Abweichungen, die von Investoren identifiziert und ausgenutzt werden könnten. Das bedeutet, dass ein Anleger diese großen Titel kaufen (oder verkaufen) kann, ohne sich darüber Gedanken machen zu müssen, ob der Marktpreis gerade dem Wert entspricht oder nicht. Der Anleger sollte einfach durch gute Diversifikation das unnötige Tragen unsystematischer Risiken meiden und ansonsten sein Portfolio halten, bis es durch neue Gelder vergrößert oder bei Geldbedarf verkleinert wird.

9.2 Anlegen oder wagen?

9.2.1 Zwei Typen von Investoren

Allerdings sind die zuvor erwähnten Kräfte und Aktionen, welche die Preise schnell an die Werte angleichen – also die Finanzanalysen, die

Käufe informierter Investoren, Leerverkäufe, Positionen in Optionen – nicht so kraftvoll und drängend, wenn es um die Aktien von kleinen Unternehmungen geht, also um Nebenwerte. Erst recht müssen bei kaum gehandelten Beteiligungstiteln die vereinbarten Preise nicht nahe bei der Wertschätzung liegen.

Daher werden sich bei diesen **Beteiligungstiteln** kaum Finanzinvestoren engagieren, die einfach nur kaufen oder verkaufen und ansonsten die Aktien mit dem Ziel einer Risikominderung durch Diversifikation auf Dauer halten. Denn durchaus könnte jemand mit einer klaren Bewertung einen überlegenen Informationsstand erhalten, und solchermaßen informierte Personen könnten uninformierte Personen übervorteilen.

Die informierten Personen werden nach wie vor handeln – Positionen auf- oder abbauen. Informierte Personen und Trader werden sogar eigens jene Marktsegmente aufsuchen, in denen sie erhebliche Unterschiede zwischen Preis und Wert identifizieren können. Das sind Segmente, Unternehmungen, Projekte, Investitionsmöglichkeiten in Umgebungen, die höchst unsicher sind, sodass es dort immer wieder zu Änderungen kommt, die doch nicht sogleich im Preis reflektiert sind und wo Informierte deutliche Vorteile haben.

Diese aktiven Investoren wollen eine Prämie für ihre **Informiertheit** realisieren. Das können sie am besten durch Entscheidungen in hoch riskanten Engagements.

So gibt es zwei Typen von Investoren, und beide sind erfolgreich:

- Die einen positionieren sich in Bereichen, in denen sie auf die Informationseffizienz vertrauen können (Aktien großer Gesellschaften). Sie stellen zur Risikominderung ein gut diversifiziertes Portfolio zusammen und halten es auf Dauer. Dabei wird es immer wieder kleine Überraschungen und Abweichungen vom Erwarteten geben, doch sie können ausgehalten werden. Das ist das Risiko. Aktivismus ist deswegen nicht verlangt und es ergibt keinen Sinn, Informationen erhalten zu wollen, die etwas verbessern würden. Die Investoren wissen: Der Markt bildet die Renditen so aus, dass es eine Prämie für die Kapitalüberlassung in der Zeit gibt, den Zins. Zusätzlich gibt es eine Prämie für die übernommenen systematischen Risiken. Das ist die Risikoprämie. Da die Investoren risikoavers sind, mischen sie, je nach persönlicher Risikotoleranz, ihr Aktienportfolio mit sicheren Kapitalanlagen (etwa mit Anleihen).

- Die anderen Investoren haben einen komparativen Vorteil bei der Beschaffung und Umsetzung von Informationen. Sie sind dafür begabt. Dafür möchten sie eine Prämie erhalten. Sie meiden folglich die Hauptmärkte, die als informationseffizient gelten. Vielmehr gehen sie in Umgebungen, in denen ihre Begabung, Informationen beschaffen und umsetzen zu können, sich am besten auszahlt. Das sind wirtschaftliche Tätigkeiten mit hoher Unsicherheit, wo sich immer wieder größere Überraschungen ereignen, in denen entschieden und gehandelt werden muss, um Chancen zu ergreifen.

Am nützlichsten sind die Informationsbeschaffung, die Entscheidung und die Umsetzung der Entscheidungen dort, wo **keine Informationseffizienz** besteht. Das ist dort, wo nicht eingespielte Transformationsprozesse betrieben werden und das Bekannte bereits Orientierung bietet. Informationen beschaffen und geschickt umsetzen ist wertvoll dort, wo an etwas Neuem gearbeitet wird. Das sind die Umgebungen von Neugründungen, Projekten, Wagnissen.

Diese Unterscheidung treffen wir regelmäßig bei Wanderungen in der Natur. Hier das Beispiel: Eine lohnende Wanderung führt in 2½ Stunden Gehzeit von Schloss Laufen hinab zum Rheinfall und den Rhein entlang bis Rheinau, vorbei am Benediktinerkloster. Eine Landkarte wird nicht benötigt, denn der Weg ist gut gebahnt. Dennoch gibt es immer wieder *Überraschungen.* Beispielsweise kann am Rheinfall Wind aufkommen und die Gischt bläst ins Gesicht. Deswegen wird aber der Wanderer den Weg nicht abbrechen. Und die Wanderer fragen sich auch nicht alle fünf Minuten, ob sie besser umkehren sollten. Auch *unerwartet* schöne Blicke tun sich auf, etwa am Benediktinerkloster mit dem Blick auf den *frappierend* türkisfarbenen Fluss. Trotzdem wird nicht versucht, die schönen Momente festzuhalten, sondern es wird einfach weitergegangen. Man folgt denjenigen, die vor einem gehen. Für alle eine erfreuliche Wanderung durch schöne Natur mit kleinen Überraschungen.

Ganz anders der *Great Divide Trail* zwischen Alberta und British Columbia, der abgeschieden durch unwegsames Gelände führt, gefährliche Flussüberquerungen verlangt und mit plötzlichen Wetterumschwüngen bedrohlich ist. Eine gefährliche Situation reiht sich nach der anderen, besonders in der *Beehive Natural Area* and in der *White Goat Wilderness.* Immer wieder kommt es zu schweren Unfällen. Mut reicht nicht aus, Mut allein wäre Leichtsinn. Die Hiker dort müssen sich auskennen. Wie kann man in der Wildnis überleben und weiterkommen? Die Hiker müssen verinnerlicht haben, dass niemand einem Grizzly durch Weglaufen entkommt. Und wer auf eine unentdeckte Giftschlange tritt, muss wissen, welche Aktion sofort zu ergreifen ist. Doch der Great Divide belohnt durch unglaubliche und unvergleichliche Naturerlebnisse. Jemand, der da heil durchgekommen ist, möchte den Spaziergang am Rheinfall nicht machen.

9.2.2 Innovation und Wagnis

Mit dieser Vorbereitung kann erklärt werden, was ein Wagnis ist.

> Ein **Wagnis** ist eine Situation, die erstens sehr hohe Risiken und Gefahren mit sich bringt, aber auch Chancen für sehr große positive Ergebnisse bietet. Zweitens lenkt dabei informiertes, aktives und richtiges Handeln die Ergebnisse zum Günstigeren und mildert das Abträgliche. Situationen in ganz neuer Umgebung zeigen diese beiden Merkmale noch verstärkt.

Ein Wagnis ist also keine Lotterie mit vorgegebenen, statistisch beschreibbaren Gewinnwahrscheinlichkeiten – wie groß oder klein diese auch immer sein mögen. Ein Wagnis hat zwei besondere Merkmale (Punkte 1 und 2). Und wenn es bei dem Wagnis um etwas ganz Neues geht (so wie bei Innovationen), kommt als Drittes hinzu, dass unbedingt Erkundigungen einzuholen und ein deutliches Mehr an Informationen eingeholt werden sollte, bevor Entscheidungen getroffen und umgesetzt werden:

1. Gefahren wie Chancen sind im Wagnis sehr groß.
2. Wagemutige können durch Aktionen die Eintrittswahrscheinlichkeiten der Gefahren und der Chancen beeinflussen.
3. Falls es um ein Wagnis in einer neuen Umgebung geht, müssen Erkundigungen eingeholt und ein deutliches Mehr an Informationen beschafft werden.

Wer sollte Wagnisse eingehen? Punkt 2 sagt: Personen, die geschickt darin sind – komparative Vorteile darin haben – gut zu entscheiden und Festlegungen kraftvoll umsetzen können.

Wer sollte Wagnisse in neuen Umgebungen ergreifen, so wie sie innovative Vorhaben darstellen? Punkt 3 sagt: Personen, die zusätzlich komparative Vorteile darin haben, Erkundigungen einzuholen, und die Informationen gut beschaffen und aufbereiten können, um zu wirklich klugen, weil gut informierten Entscheidungen zu gelangen.

Damit ist der Entrepreneur genau so charakterisiert, wie ihn *Frank Knight* beschrieben hatte. Knight unterschied *Risiko* von *Unsicherheit* (→ Abschnitt 4.3).

- Der **Risikobegriff** steht für unsichere Situationen, in denen für unsichere Einflüsse, denen die Person ausgesetzt ist, Wahrscheinlichkeiten gegeben und bekannt sind. Eine mit einem externen Risiko konfrontierte Person wird zwar eine Entscheidung treffen, doch diese betrifft nur die Frage, ob das Risiko eingegangen werden kann oder nicht, ob vielleicht ein Versicherungsschutz in Anspruch genommen werden soll oder – in Finanzmärkten – eine weitere Position eingegangen werden kann, um besser zu diversifizieren. Die einem Risiko ausgesetzte Person kann indes bei dem Risikofaktor nicht die Wahrscheinlichkeitsverteilung beeinflussen.
- Von **Unsicherheit** spricht Frank Knight, wenn ein Einfluss auf die eigene Situation nicht als determiniert angesehen werden kann, aber auch kein Zufallsprozess mit erkennbaren Wahrscheinlichkeiten dahintersteht. Durchaus kann dieser unsichere und auf die eigene Situation einwirkende Faktor aber noch beeinflusst werden. Man könnte auch sagen: Die Wahrscheinlichkeiten hängen noch von Entscheidungen ab. Die Situation der Unsicherheit erinnert an eine Person, die in den Bergen klettert und mit jedem Schritt und mit jedem Handgriff den „Grad an Sicherheit“ noch beeinflussen kann.

Unsicherheit liegt nach Knight auch in Situationen vor, in denen die Faktoren und Bedingungen, die Einfluss auf die eigene Situation haben, nicht oder nicht so genau bekannt sind.

> Wir könnten von *Unkenntnis* sprechen, um das Nicht-Kennen oder Noch-Nicht-Kennen auszudrücken. Die Unkenntnis ist eine natürliche Folge des Neuen. Wer sich in ungewohnte oder ganz neue Umgebungen wagt, muss die natürliche Unkenntnis bewältigen.

Dies ist unabhängig von der Frage, ob die Einflussfaktoren durch Erkundigungen und Informationsbeschaffung noch besser gesehen werden können oder nicht. Ein wenig lernen wir schon in Kindheit und Schule, wie wir die Unkenntnis bewältigen – beim Aufwachsen ist vieles neu.

> Bei Erkundigungen und Informationsbeschaffungen sind einige Personen besser als andere. Wie bei allem hängt es von der persönlichen Kenntnis und Erfahrung ab, wie gut Erkundigungen und Informationsbeschaffungen gelingen. Und da es oftmals keine Zeit für die Informationsbeschaffung gibt, müsste die Person auch schnell reagieren können. Da gibt es Unterschiede von Person zu Person.

Das ist genau die Situation bei einem innovativen Unternehmen und beschreibt die Anforderung an einen erfolgreichen Entrepreneur. Frank Knight charakterisiert den Entrepreneur als eine Persönlichkeit, die bei Unsicherheit und bei teilweiser Unkenntnis hinsichtlich der Einflüsse auf die unternehmerische Situation (Leistungserstellung und Absatz) besser als andere Personen zu Entscheidungen finden kann (→ Abschnitt 4.2).

9.3 Eine große Herausforderung

9.3.1 Unsicherheit und Unkenntnis

Jedes Wagnis kombiniert große Unsicherheit und Unkenntnis. Wagnisse einzugehen und zu versuchen, sie zu bewältigen, sollten nur Personen oder Partnerschaften versuchen, wenn sie komparative Vorteile für zwei Aufgaben haben:

1. Managementaufgabe: Führung des Teams und der täglichen Geschäfte, um Arbeiten unter großen Gefahren (und bei großen Chancen) voranzubringen.
2. Bewältigung von großer Unsicherheit bei einer Unkenntnis, die wesentlich eine Folge der Neuartigkeit der Innovation ist.

Ein Innovator – sei es eine Person oder eine Partnerschaft – muss demnach mehrere Aufgaben bewältigen:

- Beschaffung von Ressourcen und von Kapital,
- Aufstellung eines hinreichend flexiblen Teams,
- Wahl einer guten Strategie, und deren kraftvolle Durchsetzung mit dem Ziel, den unsicheren Ausgang des Vorhabens in den Erfolgsbereich zu lenken,
- Erkundigungen und Informationsbeschaffung in einer Umgebung, in der ungewöhnlich Vieles ganz neu ist.

Dafür winken die enormen Chancen, die sich bei einem günstigen Fortgang des innovativen Vorhabens realisieren. Und nicht nur der Innovator gewinnt dann. Denn wie *Schumpeter* und *Kirzner* ausführen, schaffen Innovationen Wohlfahrtsgewinne für die Gesellschaft als Ganzes.

Unternehmung	Wagnis (Venture)
Mittlere Risiken und mittlere Unsicherheit, Unkenntnis gering.	Hohe Risiken, sehr hohe Unsicherheit und beträchtliche Unkenntnis der Situation aufgrund der Neuigkeit des Vorhabens.
Finanzierung durch Eigen- und Fremdkapital, wobei mehrere oder zahlreiche Kapitalgeber möglich sind.	Finanzierung durch einen Wagniskapitalgeber.
Führungspersonen können Entscheidungskompetenzen aufteilen und das Geschäft kontrollieren, wobei auch die Verhaltensgefahr minimiert wird.	Angesichts der ungewöhnlich hohen Anforderungen müssen die Führungspersonen wie in einer echten Partnerschaft eng zusammenhalten und bei den anstehenden Aufgaben sich vertrauensvoll ergänzend helfen.

Abb. 9-2: Unternehmung versus Venture.

9.3.2 Komplementarität in Partnerschaft

Beim Innovator dürfte es sich um eine einzige Person handeln, etwa eine erfinderisch begabte Person mit Ideen und einer starken, inneren Mission. In der Regel wird sie ein paar „gleich gesinnte" Mitarbeitende suchen, ein Team zusammenstellen und weitere Ressourcen beschaffen wollen. Deshalb benötigt die Person, der Innovator, Kapital für die Finanzierung des Vorhabens. In einigen Fällen wird der Innovator das Vorhaben selbst finanzieren können. Diese Möglichkeit wird hier und da bestehen.

Allerdings könnte die Einzelperson als Innovator bald überfordert sein: Beständig die Umgebung beobachten, den Fortschritt bei der Projektarbeit vorantreiben und kontrollieren, Entscheidungen umsetzen, das Team leiten. Und wenn sich das Vorhaben konkretisiert und die Arbeiten ausgeweitet werden müssten, kann die Finanzierung durch den Innovator selbst knapp werden.

Dann zeigen sich die Vorteile einer *Partnerschaft* aus dem Innovator/Teamleiter und einem Wagniskapitalkapitalgeber.

- Der Risikokapitalgeber wird auf eine Mitwirkung bei der Geschäftsführung bestehen, auch auf gewisse Kontrollinformationen.
- Bei innovativen Wagnissen ist die Unsicherheit enorm und es ist verlangt, aktiv Informationen zu beschaffen und in Aktionen umzusetzen.
- Diese Aktivitäten sind viel umfangreicher als in einer normalen Unternehmung, die weniger Wagnisse eingeht. Deshalb wird sich eine enge Partnerschaft zwischen dem Innovator und dem Wagniskapitalgeber herausbilden, damit sie gemeinsam diese große Aufgabe bewältigen.

- Die Erfordernis, sich angesichts der Herausforderungen wirklich als Partner zusammenzufinden, überwiegt dann die Sorge, der andere könnte durch unentdeckbare Egoismen Moral Hazard entstehen lassen.

Die Entscheidungsrechte des Wagniskapitalgebers dienen daher kaum mehr dazu, verdeckte Egoismen und Verhaltensrisiken des Innovators/Teamleiters/Geschäftsführers einzudämmen. Die Entscheidung, Mitwirkung und Verfügung des Kapitalgebers dienen bei Wagnissen primär dazu, die Aktivitäten des Innovators zu ergänzen, sodass sie zusammen jene Informationen erhalten und jene Umsetzungen vornehmen, die das Wagnis zu einem günstigen Ausgang bringen.

Komplementarität ist bei gemeinsam zu bewältigenden Wagnissen wichtiger als die Kontrolle des Partners. Die Entscheidung, Mitwirkung und Verfügung des Wagniskapitalgebers sind folglich weniger auf die Kontrolle der Tätigkeiten eines Geschäftsführers ausgerichtet. Sie ist komplementär zu den Aktionen des Innovators ausgerichtet, sodass sie sich in Partnerschaft vervollständigen.

Um eine echte Partnerschaft zu sichern, eignet sich eine beiderseitige Pfandvergabe – das Design, mit dem Hold-Up vermieden werden kann. Damit stehen ein Innovator und ein möglicher Wagniskapitalgeber vor der Frage, welches Pfand der eine und welches der andere gibt – als Zeichen der Bereitschaft zu vertiefter Partnerschaft. Als typisch darf dies angesehen werden – und womit die Überlegungen in den Abschnitten 7.2 und 8.2 ergänzt werden:

- Der Innovator nennt dem Wagniskapitalgeber Details zu seiner Idee (und gibt sich dadurch „in dessen Hand").
- Der Wagniskapitalgeber ermöglicht dem Innovator, bei egoistischem Fehlverhalten seine Reputation zu zerstören (und begibt sich durch dieses Pfand in die Hand des Innovators).

> Um ihre zu festigen, ermöglichen also beide Partner, den jeweils anderen durch Hold-Up zu schädigen, und gleichzeitig übergeben sie ein Pfand, um Hold-Up zu verhindern.

Sobald sich diese vertiefte Partnerschaft gebildet hat, können beide gemeinsam den immensen Aufgabenkatalog angehen.

Dazu nehmen sie eine Rollenteilung vor:

1. Der Innovator leitet das Team, beschafft Informationen aus dem Arbeitsprozess und der ihn beeinflussenden Risiken, trifft die entsprechenden Entscheidungen der Geschäftsführung und repräsentiert das Venture nach innen.

2. Der Wagniskapitalgeber beschafft allgemeinere Informationen aus dem weiteren Umfeld, beobachtet generelle wirtschaftliche und politische Risiken, entscheidet über die Strategie und repräsentiert das Venture nach außen.
3. Anders als der Innovator ist der Wagniskapitalgeber womöglich nicht täglich an einem Arbeitsplatz anwesend, aber er muss ansprechbar sein und sich deshalb periodisch am Ort der innovativen Arbeiten aufhalten. Dem Einsatz und der Verantwortung entsprechend wird im Finanzierungsvertrag die Ergebnisbeteiligung von Innovator und Wagniskapitalgeber Erfolg aufgeteilt.

Jedenfalls ist der Wagniskapitalgeber intensiver involviert als der Risikokapitalgeber einer auf Betrieb ausgerichteten Unternehmung, für den die Kontrolle von Verhaltensrisiken im Vordergrund stehen.

9.4 Ergänzung und Fazit

9.4.1 Ergänzung: Komplexe Risiken

In der Literatur über Risiken sind einige Bücher bemerkenswert. Dazu gehören wohl *Peter L. Bernstein*: „Against the Gods: The Remarkable Story of Risk“ und *Nassim N. Taleb*: „Der Schwarze Schwan – Die Macht höchst unwahrscheinlicher Ereignisse“. Beide Autoren, Bernstein und Taleb, gehen auch auf **komplexe Risiken** ein, also Risiken, die schwierig zu bewältigen sind, weil sie *vernetzt* sind, auf *nicht-lineare Ursachen* zurückgehen und weil ihre Wirkung durch *Kaskadeneffekte* katastrophenartig hereinbrechen kann. Eben so, wie sich Ungünstiges im Hintergrund anstauen kann und irgendwann hervorbricht.

Grundlagen zum Verständnis komplexer Risiken hatte mit dem Begriff der Fraktale der Mathematiker **Benoît B. Mandelbrot** (1924-2010) gelegt. Mandelbrot arbeitete lange Zeit am IBM Research Center und danach als Professor an der Yale University in New Haven, Connecticut.

> Mandelbrot hat die sogenannten **Fraktale** entdeckt, geometrische Formen, die ausgesprochen komplex sind und dennoch aus ganz einfachen Regeln entstehen. Sodann hat Mandelbrot die Fraktale auf finanzielle Risiken übertragen und argumentiert, dass Wahrscheinlichkeitsverteilungen mit vielen Ausreißern verlangt sind, um die Unberechenbarkeit von Finanzmärkten zu erfassen.

Oft wird zu komplexen Risiken die **Chaostheorie** erwähnt. Die Chaostheorie untersucht dynamische Systeme, die eine ausgesprochen *hohe Sensitivität gegenüber Anfangsbedingungen* aufweisen, was bei kleinen

Änderungen der Anfangsbedingungen zu scheinbar zufälligen und unvorhersehbaren Ergebnissen führt. Wanderer kennen das Zeinisjoch in 1.809 Meter Höhe, wo die Europäische Wasserscheide Atlantik / Schwarzes Meer beginnt. Der Zentimeter entscheidet, ob der Regentropfen in den Rhein oder in die Donau gelangt.

Die Erforschung dynamischer Systeme mit hoher Sensitivität wurde in einem Vortrag 1972 angeregt. Der Mathematiker und Meteorologe **Edward N. Lorenz** (1917-2008), Professor am Massachusetts Institute of Technology (MIT) in Cambridge, hatte diese Frage gestellt: „Kann der Flügelschlag eines Schmetterlings in Brasilien einen Tornado in Texas auslösen?" Kleinste Ursachen können in komplexen (und deshalb vielleicht nicht ganz verstandenen) Systemen weitreichende und unvorhersehbare Folgen haben.

9.4.2 Hauptpunkte

1. Das Capital Asset Pricing Model (CAPM) ist mit dem Namen von William Sharpe verbunden. Das CAPM besagt, dass die Risikoprämie für das Halten einer Aktie proportional zu ihrem Beta ist. Das Beta misst das relative systematische Risiko, das nicht mehr weiter diversifizierbar ist.
2. Benjamin Graham und Warren Buffett haben verdeutlicht, dass ein Aktienanleger erwarten kann, den Wert zu realisieren, wenn die Aktie für immer gehalten wird.
3. Eugene Fama hat die Market Efficiency Hypothesis (MEH) formuliert und ihre empirische Gültigkeit in den Hauptmärkten unterstrichen. Nach der MEH werden neue Informationen gleichsam ohne zeitliche Verzögerung in der Kursbildung reflektiert, sodass sich für die überwältigende Mehrheit von Aktienanlegern es sich nicht lohnen würde, eigene Bewertungen vorzunehmen, um darauf aufbauend Anlageentscheide zu treffen.
4. Ein Wagnis ist nicht einfach ein Vorhaben, das – wie eine Lotterie -- sehr große Risiken hat, den Totalausfall eingesetzter Ressourcen bedeuten kann, aber auch sehr große Chancen mit sich bringt. Ein Wagnis hat auch die Eigenschaft, dass der Ausgang des Vorhabens durch Informationsbeschaffung, kluges Entscheiden und kraftvolles Umsetzen von Aktionen zum Günstigen gelenkt werden kann. Deshalb können Personen, die einen komparativen Vorteil bei der Beschaffung und Umsetzung von Informationen haben, durchaus Wagnisse eingehen.

9.4.3 Literatur

Peter Bernstein: *Wider die Götter. Die Geschichte von Risiko und Riskmanagement von der Antike bis heute*, dtv Verlagsgesellschaft, März 2002.

Benoît Mandelbrot and Richard L. Hudson: *The Misbehavior of Markets: A Fractal View of Financial Turbulence.* L. Hudson, 2006.

Burkhard Schwenker und Klaus Spremann: *Management between Strategy and Finance – the Four Seasons of Business.* Springer 2008.

Nassim Nicholas Taleb: *The Black Swan. The Impact of the Highly Improbable.* 2nd edition. Random House Trade Paperbacks, 2010.

10 Partnerschaft

Die Lernfragen zu diesem Kapitel finden Sie unter:
https://narr.kwaest.io/s/1444

Bei einer Finanzierung mit Private Equity kann der bilaterale Finanzvertrag, den die Unternehmung und der Kapitalgeber schließen, individuell konzipiert, ausgehandelt und abgeschlossen werden. Diese Finanzierung ist daher in hohem Maße flexibel. Sie eignet sich nicht nur für „herkömmliche" Unternehmungen, die für ihre laufenden Transformationsprozesse bei der Leistungserstellung Risikokapital benötigen. Private Equity kommt auch gut für *Neugründungen* (Start-ups) infrage oder als *Projektfinanzierung* für unternehmerische Aktionen, die in absehbarer Zeit beendet sein werden.

Private Equity als individuell anpassbare Finanzierung ist ebenso geeignet, wenn *Wagniskapital* (Venture Capital) verlangt ist, weil die Risiken besonders hoch sind und Unkenntnis hinzukommt. Ein *Venture* ist eine besonders riskante Geschäftsaktivität oder ein Projekt. Oftmals soll Neuland betreten werden, weshalb nicht alle Informationen zur Verfügung stehen und es böse Überraschungen geben kann. Die Gefahr eines totalen Scheiterns ist beträchtlich.

Auf der anderen Seite wird bei einem Venture eine hohe *Chance* für Wachstum und Gewinn gesehen, was dazu verlockt, es anzugehen. Ein Beispiel für Ventures sind Innovationen, denn dort stehen Arbeiten mit neuen Technologien an, die ohne vergleichbare Vorläufer Überraschendes bringen können. Die Risiken und die Gefahr eines totalen Scheiterns sind ungewöhnlich hoch.

10.1 Business Angel und Venture-Capital-Gesellschaft

Der Innovator erhält kein Kapital, wenn nicht Informationen zum Vorhaben vorgelegt werden. Üblich sind eine klar und pointiert formulierte *Geschäftsidee*, ein überzeugendes *Geschäftsmodell* und ein *Geschäftsplan*. Auf Basis dieser Informationen – und wenn der Innovator eine integre, berechenbare und verlässliche Persönlichkeit erkennen lässt – sind Finanzierungszusagen möglich.

Die Wagniskapitalgeber sind entweder Business Angels, Venture Capital Gesellschaften oder große Unternehmen, die Corporate Venture Capital geben. Aufgrund direkter Verhandlungen zwischen den beiden Parteien wird dann ein Vorvertrag unterzeichnet, ein sogenanntes *Term Sheet.*

10.1.1 Wagnisfinanzierungen

In Deutschland werden im Jahr rund 800 Finanzierungsverträge (**Deals**) für Wagniskapital abgeschlossen und das durchschnittliche Finanzierungsvolumen beträgt rund 5 Millionen Euro (2022). Zum Vergleich die USA: Dort werden im Jahr rund 14.000 Deals abgeschlossen, und allein die über 500 Fonds für Venture Capital erhielten rund 80 Milliarden USD Einlagen. (Quelle: NVCA 2024). Rein von der Bevölkerung her sind die USA viermal so groß wie Deutschland. Gemessen an der Bevölkerungszahl sollte der Vergleich mit den USA für Deutschland jährlich 3500 Deals liefern (und nicht nur 800). Hinzu kommt: Das durchschnittliche Finanzierungsvolumen für einen Deal ist in den USA fast dreimal so hoch wie in Deutschland. Um das Drei- bis Vierfache liegt Deutschland zurück.

> Die Zahlen legen nahe, dass die Anzahl von Wagnisfinanzierungen in Deutschland ausgebaut werden sollten. Dazu sollte die gesellschaftliche Akzeptanz von Venture Capital und von Innovationen gefördert werden. Dazu gehören ein stärkeres, technisches *Grundwissen* etwa über die Funktionsweise von Innovationen, eine generell größere *Risikobereitschaft* bei wirtschaftlichen Entscheidungen, und eine stärkere Bereitschaft, jenen, die wagen, um eine Chance zu ergreifen, im Gewinnfall nicht alle Motivation zu nehmen.

Der Mehrwert innovativer Ventures für die Gesellschaft sollte in den Medien besser anklingen. Studien belegen: Für die „Zukunftssicherung“ eines Landes kommt es weniger auf allgemeine Investitionen an, sondern auf *Investitionen für Innovationen.* Investitionen in vernachlässigte Infrastruktur etwa sind nur Ersatz für bereits Verfallenes. Erneuerungen von Brücken und Bahnstrecken sind zwar wichtig, verringern aber nicht den Abstand zu innovativeren Ländern, die dann irgendwann mehr Werte schöpfen können. Um Schritt mit der Entwicklung in der Welt zu halten, muss ein Land in Innovationen investieren.

Wie kann der Innovator einen Wagniskapitalgeber finden? Drei mögliche Partner sind zu nennen:

1. Business Angels,
2. Venture-Capital-Gesellschaften,
3. Große Unternehmen, die Corporate Venture Capital geben (CVC).

Hinzu kommen als vierte Partnerin Fördergesellschaften von staatlicher Seite, darunter die Programme der weltweit tätigen *KfW-Bank* in Frankfurt/Main oder das *Zentrale Innovationsprogramm Mittelstand* (ZIM) vom

Bundesministerium für Wirtschaft und Energie. Auch die Bundesländer haben entsprechende Einrichtungen, so etwa die LfA *Förderbank Bayern*. Die staatlichen Einrichtungen ergänzen die drei zuvor genannten privaten Wagniskapitalgeber, ersetzen sie aber nicht. Während Business Angels, VC-Gesellschaften und CVC-Unternehmen die fundamentalen Besonderheiten eines jeden Einzelfalls im Sinne eines Angebots prüfen, haben staatliche Fördergesellschaften ein Antragsverfahren und achten auf formale Erfüllung ihres Katalogs von Kriterien. Zudem geben die staatlichen Einrichtungen trotz der hohen Gefahr des Scheiterns Kredite. Das heißt, sie nehmen keine Verantwortung für Entscheidungen im Venture.

10.1.2 Wer gibt Venture Capital?

Nun zu den drei genannten Wagniskapitalgebern Business Angels, VC-Gesellschaften und zu Corporate Venture Capital.

Erstens zu den Business Angels. Ein Innovator kann wohlhabende Privatpersonen mit fachlicher Expertise und Managementkompetenz ansprechen. Das sind sogenannte **Business Angels**. Woher haben die Angels ihr Geld und ihre Expertise? Die Angels sind oftmals Personen, die ein eigenes Unternehmen verkauft haben, oder es sind ehemalige Vorstandsmitglieder. Jedenfalls sind Business Angels vermögende Privatpersonen, die das Vorhaben des Innovators fachlich beurteilen können und die Zeit aufbringen können, den Innovator zu begleiten.

Oftmals haben diese Angels über Jahre ein eigenes Unternehmen geleitet. Sie haben Expertise und die Fähigkeit, junge Menschen zu motivieren, zu fördern und zu begleiten, wenn diese mit einem Projekt beginnen, an einer Erfindung arbeiten, oder einen Prototyp entwickeln. Ähnlich ist die Situation von ehemaligen Vorstandsmitgliedern. Diese Personen haben womöglich mit ihrem Ausscheiden eine Abfindung erhalten. Vom Geld und von der Managementkompetenz her gesehen sind alle Voraussetzungen für die Vergabe von Private Equity an ein Start-Up gegeben.

	Wer gibt das Kapital?
Gründung (Seed)	Familie, Freundeskreis
	staatliche Förderstelle
	Crowdfunding
Wagnis (Venture)	Business Angel
	Venture-Capital-Gesellschaft
	Corporate-Venture-Capital (Unternehmung)
	staatliche Förderstelle
	Impact Investment Fund

Abb.10-1: Wer gibt Wagniskapital?

Zweitens kann sich ein Innovator an eine **Venture-Capital-Gesellschaft** wenden, die in innovative Jungunternehmen investiert. VC-Gesellschaften verlangen allerdings deutlich sichtbare Anzeichen, dass Wachstum und Erfolg unmittelbar bevorstehen. Deshalb kommt eine Finanzierung durch sie erst in einer späteren Phase infrage.

Dafür sind VC-Gesellschaften auch zu betragsmäßig großen Engagements bereit. Die VC-Gesellschaften bieten dann auch Expertise bei Vorgängen wie einem Management-Buy-out oder bei der Vorbereitung eines Börsengangs.

Im Unterschied dazu kommen Angel-Finanzierungen bereits für den Start und in sehr frühen Phasen infrage, wenn das Projekt zwar noch scheitern kann, dafür aber der verlangte Kapitaleinsatz nicht so hoch ist.

Drittens investieren auch Tochterunternehmen und Abteilungen von Großkonzernen gezielt in Start-ups, um Zugang zu neuen Technologien, Märkten oder Geschäftsfeldern zu erhalten. Es wird von **Corporate Venture Capital** (CVC) oder von **Enterprise Venture Capital** gesprochen.

Anders als eine VC-Gesellschaft, die auf die Rentabilität ihres Engagements achtet, stehen bei CVC die strategischen Ziele des Zugangs zu neuen Entwicklungen im Vordergrund. Deshalb ist das Corporate Venture Capital (CVC) eine höchst interessante Möglichkeit für Innovatoren. Allerdings muss das CVC-gebende Unternehmen darauf achten, dass bei einem Scheitern des Projekts kein Reputationsschaden entsteht. Es setzt also mehr als nur Geld aufs Spiel. Und der CVC-nehmende Innovator muss erkennen, dass für einen Verkauf der Projektarbeit oder des Prototyps praktisch keine Partnerwahl möglich ist.

Beispiele: 1. *BMW i Ventures* investiert in autonomes Fahren. 2. *GV* wurde 2009 als *Google Ventures* als Risikokapitalgesellschaft für innovative Gründer geschaffen. 3. *Siemens Energy* nennt auf ihrer Homepage diese Ziele: „We are building a startup community with Venture Capitalists, Corporate Venture Capitalists, Accelerators, Incubators. We add value to founders and startup teams so we can build and scale the next energy and climate businesses together." 4. *SAP* hat *SAP Sapphire* eingerichtet und organisiert große Konferenzen.

Noch vor einer Finanzierung mit Venture Capital stehen vorbereitende Arbeiten, die bereits Auszahlungen verlangen (oft zwischen 20.000 und 100.000 €). Diese sehr frühe Phase für die Vorbereitung eines Start-ups – eine Idee muss formuliert, eine erste Planung ausgearbeitet werden – wird auch als **Seed** (Start) bezeichnet und es wird von **Gründungskapital** gesprochen. Meistens geben Familienmitglieder oder Freunde diese Mittel. Indes können sie auch bei staatlichen Förderstellen beantragt werden.

Manchmal kommen die Startbeträge durch **Crowdfunding** zusammen, der sogenannten Schwarmfinanzierung: Jeder Angesprochene gibt einen kleinen Betrag. Diese Gegenleistungen sind beim Crowdfunding üblich: 1. Eine kleine Sache als Anerkennung, also eine nicht-finanzielle Belohnung (Crowdsupporting). 2. Eine finanzielle Beteiligung (Crowdinvesting). 3. Eine spätere Rückzahlung des Betrags mit Zinsen. Manchmal gibt es auch keinerlei Gegenleistung (Crowddonating).

Selbstverständlich sind Verfeinerungen der hier genannten Einteilung in zwei Phasen möglich. Eine Unterscheidung in sechs Phasen nennt zum Beispiel die *Basel Area Business & Innovation*, eine unabhängige Non-Profit-Agentur, die Unternehmen, Institutionen und Start-ups hilft. Die Agentur wird in ihrer Arbeit von drei Schweizer Kantonen, von der Eidgenossenschaft und von privaten Stiftungen unterstützt.

Sie nennt auf ihrer Wissensplattform diese sechs Phasen: *1. Pre-Seed-Phase (Orientierungsphase), 2. Seed-Phase (Planungsphase), 3. Serie-A-Finanzierung (für die Aufbauphase, wobei sich der Begriff der Serie A auf Vorzugsaktien bezieht), 4. Wachstumsphase (mit Serie-B-Finanzierungen), 5. Reifephase, 6. Exitphase* (https://baselarea.swiss/de/ die-wissensplattform/).

10.2 Geschäftsidee und Geschäftsmodell

10.2.1 Geschäftsidee

Zur Vorbereitung von Gesprächen mit Kapitalgebern wird der Innovator schriftliche Darstellungen des Vorhabens ausarbeiten. Standard ist, drei Darstellungen unterschiedlicher Länge parat zu halten:

1. Darstellung der Geschäftsideen (Business Idea) in 5 Zeilen,
2. des Geschäftsmodells (Business Model) auf 2 Seiten, und
3. des Geschäftsplans auf 25 Seiten.

Die **Geschäftsidee** ist eine Darstellung in 5 Zeilen. Sie soll als sogenannter Elevator Pitch geeignet sein und Interesse wecken.

Ein **Pitch** (Wurf, Aufschlag) ist die kurze Präsentation einer Idee, eines Projekts oder eines Vorhabens, um Aufmerksamkeit und Interesse zu wecken und eine Zusage für den nächsten Schritt zu erhalten. In Stichworten sollen die fünf Zeilen der Geschäftsidee:

1. den *Zweck* treffen,
2. die *Nützlichkeit* erklären,
3. die *Hauptaktivitäten* des Vorhabens benennen.

Für den Pitch stehen 30 Sekunden zur Verfügung.

Die Geschäftsidee muss der Innovator selbst entwickeln. Dabei können dem Innovator persönliche Begabungen helfen, eine bereits gemachte Erfindung oder die Beobachtungen von Prozessen, bei denen Verbesserungsideen aufkommen. Gute Geschäftsideen lösen Probleme und bieten Nutzenvorteile. Erfolgversprechend sind technologische Ideen, die sich gut skalieren lassen. Selbstverständlich sind auch gänzlich neue Ansätze möglich, deren Realisation einen neuen Markt entstehen ließe. Vor dem Pitch empfiehlt es sich, die Idee in einer Diskussion im Freundeskreis oder in der Familie reifen und prüfen zu lassen.

	Inhalt	Zweck
Idee (5 Zeilen)	Zweck, Nützlichkeit, Hauptaktivitäten	Weckt als Pitch Interesse und Bereitschaft für einen nächsten Schritt.
Modell (2 Seiten)	Welcher Prozess für die Leistungserstellung, für wen ist diese nützlich und wer honoriert die Arbeiten?	Darstellung, von welcher Seite und mit welchen Motiven die Leistungserstellung bezahlt werden wird.
Vision Statement	*Auszug aus dem Business Modell*	Motivierende Mitarbeiter- und Kundenorientierung: Unsere Leistungen für die Gestaltung der Zukunft.
Vision	*Slogan*	Weckt Emotionen und hilft bei der Identifikation
Plan (25 Seiten)	Planung des Ressourceneinsatzes und der Finanzmittel für 20 Quartale auf 25 Seiten mit Text und Tabellen, mit Machbarkeitsstudie, Darstellung der Risiken und einer Zeitplanung der Meilensteine	Grundlage für Gespräch zwischen Innovator und Kapitalgeber, für spätere Überprüfung und Analyse von Soll/Ist-Abweichungen.

Abb. 10-2: Business Idee, Modell und Plan.

10.2.2 Geschäftsmodell

Das **Geschäftsmodell** stellt das Vorhaben auf 2 Seiten dar und ist sprachlich voll ausformuliert. Das Modell soll unter anderem diese Punkte darlegen: Wie entstehen durch Transformation von Ressourcen die Leistungen? Für wen werden diese Leistungen nützlich sein? Von welcher Seite wird Geld als Kompensation für die Leistungserstellung und Leistungsabgabe erwartet?

Der dritte Punkt wirkt ungewohnt, denn traditionell ist es so, dass jede Person für bezogene Leistungen selbst bezahlen muss. Jedoch kann das Geschäftsmodell durchaus vorsehen, dass die Person, die den Nutzen haben wird, eine andere ist als die bezahlt. Solche nicht-traditionelle Modelle sind heute weit verbreitet und haben eigene Bezeichnungen:

- Barter-Modell: Viele beziehen Leistungen über das Internet, zwar ohne zu bezahlen, aber sie geben Informationen preis, beispielsweise über das persönliche Konsumverhalten. Es findet also ein Tauschhandel statt (Produkt gegen Informationen).
- Freemium-Modell: Eine Basisversion kostet nichts, erweiterte Leistungen müssen bezahlt werden. Dieses Modell gibt es auch bei komplementären Gütern. Beispielsweise wird ein Heimdrucker sehr günstig angeboten, doch der Nachkauf von Toner oder Tinte ist teuer.
- Robin Hood-Modell: Einige wenige Kunden werden dazu gebracht, voll zu bezahlen. Sie subventionieren den Leistungsbezug von anderen.
- Werbefinanzierte Modelle: Nutzer erhalten, ohne zu bezahlen, das für sie nützliche Objekt. Allerdings ist dies mit Werbung kombiniert. Die Werbetreibenden bezahlen den Objektanbieter für die Verbindung des Objekts mit der Werbebotschaft.

Eine umfangreiche Aufstellung von Geschäftsmodellen bietet der *St. Gallen Business Model Navigator.*

Das Geschäftsmodell wird die nachstehenden sechs Kernpunkte ausführen:

1. Was ist der Zweck des Projekts, des Unternehmens? Welche Leistungen oder Ergebnisse werden angestrebt und warum sind diese nützlich und wem kommen sie zugute?
2. Was sind die wichtigsten Ressourcen, die verwendet werden? Welche Prozesse sollen ablaufen, welches sind die dominanten Aktivitäten? In welcher Größenordnung werden Finanzmittel verlangt? Welches Wissen wird benötigt?
3. Wer wird das Projekt unterstützen? Wer wird Finanzmittel geben? Welche weiteren Parteien sollten zu Unterstützung bereit sein und werden zu Stakeholdern?
4. Nach welcher Strategie wird das Unternehmen vorgehen, und wie soll es deshalb organisiert werden?
5. Wer bezahlt für die Leistungserstellung?
6. Welches sind die wichtigsten Interaktionen zwischen Ressourcen, Personen und der Organisation?

Einige Software-Werkzeuge helfen bei der Formulierung von Geschäftsmodellen. Eines dieser Werkzeuge ist das *Business Model Canvas*, eine Präsentationssoftware, die ein Geschäftsmodell auf einer Seite visuell darstellen kann. Dazu wird das Geschäft in Bausteine unterteilt: Leistung und Wertangebot, Kundenbeziehungen, Einnahmequellen, Schlüsselressourcen, Schlüsselaktivitäten, Partner, Kostenstruktur.

Ist das Geschäftsmodell beschrieben, dann kann ein Auszug daraus, eventuell leicht umformuliert, als **Leitbild** (Vision Statement) dienen. Das Leitbild soll mit einer Zukunftsvision inspirieren und zeigen, wozu das Projekt, das Unternehmen, die Abteilung oder Einheit dient. Das Leitbild wendet sich an die Mitarbeiterschaft sowie an Kunden. Es möchte eine Orientierung geben und motivieren. Dazu nennt das Leitbild Punkte wie: 1. Was ist die Situation, und was ist die Zukunftsaufgabe? 2. Wie entstehen unsere Leistungen durch Transformation von Ressourcen. 3. Für wen sind diese Leistungen nützlich? Das Leitbild muss plakativ den Wunsch und die Notwendigkeit eines positiven Einflusses auf die Welt ausdrücken.

Ein Beispiel für ein Vision Statement ist das Leitbild der *Lufthansa AG*, die sich „als führende europäische Airline Group" positioniert. Die Fluggesellschaft „verbindet Menschen und Kulturen" und „verfolgt den Anspruch, Maßstäbe in Bezug auf Kundenfreundlichkeit und Nachhaltigkeit zu setzen."

Ein anderes Leitbild: „Siemens nutzt seine Expertise in Automatisierung, Digitalisierung und intelligenter Infrastruktur, um die Lebensqualität zu verbessern und neue Perspektiven für die Zukunft zu schaffen."

Ein sehr verkürztes Leitbild ist dann die **Vision**. Die Vision ist ein Slogan, ein in drei Worten ausgedrückter Leitspruch. Die Vision soll Emotionen wecken. Beispielsweise spricht *BMW* von der „Freude am Fahren" und *Audi* setzt seit Jahrzehnten auf den „Vorsprung durch Technik". *Microsoft* hatte bei seiner Gründung mit dieser Vision begonnen: „Ein Computer auf jedem Schreibtisch" Heute leitet das Unternehmen aus „We empower the world" seine Mission ab.

10.3 Business Plan und Term Sheet

10.3.1 Der Geschäftsplan

Der **Geschäftsplan** (Business Plan) ist ein Papier, etwa im Umfang von 25 Seiten, das Text, Tabellen und Grafiken enthält.

- Der Geschäftsplan legt den Prozess der Leistungserstellung dar, die Strategie und wie sie umgesetzt werden soll, und er geht auf das Modell ein, nach dem Leistungen honoriert werden sollen.
- Sodann bietet der Geschäftsplan einen Zeitplan, der eine Vorschau für die 20 Quartale der kommenden fünf Jahre bietet.

Der Geschäftsplan geht von einer Einschätzung der Geschäftsidee, den Chancen und Risiken und der Strategie aus. Der Geschäftsplan nennt und quantifiziert die Ressourcen, insbesondere die Human Resources. Daraus leiten sich geplante Ausgaben und erwartete Einnahmen ab. Dabei werden auch Risiken quantifiziert, etwa als Standardabweichung von unsicheren Größen, für die ansonsten im Plan die erwartete Entwicklung angegeben wird.

Der Geschäftsplan zeigt die Kapitalanforderung, belegt die finanzielle Machbarkeit des Vorhabens und argumentiert, wie die Liquidität (und damit die Unabhängigkeit) gewährleistet bleibt. Sodann bietet der Geschäftsplan eine Wertschätzung – für eine ausführliche Wertermittlung dürfte es noch zu früh sein. Jedenfalls wird der Geschäftsplan mit diesen Angaben zum zentralen Schriftstück für die Verhandlung mit dem Kapitalgeber.

Der Geschäftsplan ist ziemlich verbindlich. Später sollen Abweichungen zwischen Soll und Ist quantifiziert und analysiert werden können. Außerdem soll der Geschäftsplan die Grundlage für Aktualisierungen sein, die mit der Zeit vorzunehmen sind. Besondere Betonung im Geschäftsplan liegt auf **Milestones**, also auf Zwischenzielen. Es wird zugleich gesagt, was sich nach Erreichen eines Zwischenziels ändern sollte.

Auch für den Geschäftsplan werden auf Plattformen für Gründer Hilfsmittel angeboten, um ihn in standardisierter Form erstellen zu können. Die Standardisierung des Geschäftsplans bietet den großen Vorteil, dass angesprochene Partner schneller und leichter zu Informationen und somit zur Beurteilung des Vorhabens gelangen. Die Planerstellung ist nicht delegierbar: Jeder Innovator muss den Plan selbst erstellen, weil er als Grundlage für alle weiteren Gespräche mit Kapitalgebern dient und diese sofort erkennen, wenn ein von dritter Seite erstellter Plan nur auswendig gelernt wurde.

10.3.2 Der Vorvertrag – das Term Sheet

Der mit diesen Materialien vorbereitete Innovator wird den Kontakt zu Risikokapitalgebern suchen. Erste Gespräche sind auf Venture-Capital-Messen und -Tagungen möglich, auf Ausstellungen und in Pitch-Events. Diese Kontaktmöglichkeiten organisieren ein *Bundesverband Beteiligungskapital* (BVK) in Berlin, eine *Deutsche Private Equity* (DPE) mit Sitz in München und andere Vereinigungen, die Nachfrager und Anbieter von Venture Capital zusammenbringen.

Sollten beide Seiten zusammenfinden und sich über die Konditionen für eine Wagniskapitalfinanzierung einig geworden sein, dann schließen sie einen Vorvertrag. Dieser Vorvertrag heißt **Term Sheet** und sollte auf einer Seite Platz finden.

Das Term Sheet ist eine schriftliche Absichtserklärung, die die **wesentlichen Eckpunkte einer zukünftigen Vereinbarung skizziert**, insbesondere bei Investitionen in Start-ups. Wenn die Eckpunkte noch weitere Gespräche verlangen, kann indes ein *Memorandum of Understanding* (MOU) unterzeichnet werden, damit die geknüpfte Beziehung nicht einfach wieder vergessen wird. Oder die eine Seite könnte der anderen einen *Letter of Intent* (LOI) geben.

Inhaltspunkte des Term Sheets:

- Welche Parteien sind involviert und unterzeichnen das Dokument?
- Wie hoch ist der Betrag für die Finanzierung und wie hoch sollte das Projekt oder Unternehmen bewertet werden?
- Wie sollen die Mittel verwendet werden?
- Von wem werden weitere Mittel akzeptiert und von wem nur nach erneuter Beschlussfassung?
- Wie und wem gegenüber wird berichtet?
- Welche Entscheidungsrechte sollen der Kapitalgeber und eventuelle Vertreter des Kapitalgebers haben?
- Werden Mitarbeitende eingebunden?
- Wie sollen Ergebnisse aufgeteilt werden?
- Welche Exit-Möglichkeiten soll es geben?

In der Tat müssen beide Seiten überlegen, ob und welche Möglichkeiten für einen Exit bestehen oder geschaffen werden sollten. Womöglich verkauft der Innovator die Ergebnisse der Projektentwicklung, etwa den Prototypen. Dann könnte der Kapitalgeber seinen bis dahin geleisteten Einsatz zurückerhalten. Und leider kann der Innovationsprozess auch scheitern und muss beendet werden. Deshalb muss vorweg besprochen werden, wie die Entscheidungen in einer Sondersituation aussehen sollen und welches die Umstände sind, deren Eintreten den Sonderfall auslösen würde.

Außerdem wird *Stillschweigen* vereinbart, entweder nur über die inhaltlichen Vereinbarungen oder sogar auch über den Sachverhalt, wer etwas vereinbart hat und welchen Zweck das Unternehmen verfolgt. Das Term Sheet wird also vertraulich behandelt, und die *Vertraulichkeit* wird von beiden Seiten – Innovator und Wagniskapitalgeber – *verbindlich* zugesagt. Bei einer Verletzung kann Schadenersatz gefordert werden.

Was die anderen Punkte betrifft, so kann das Term Sheet noch widerrufen werden. Aber es ist schon mehr als eine unverbindliche Inaussichtstellung. Immerhin wird es von zwischen zwei integren Personen als Ergebnis eines Verhandlungsprozesses vereinbart. Keine Seite möchte, dass ihre Verlässlichkeit in Frage gestellt wird.

Der Verhandlungsprozess ist nicht nur wichtig, damit sich beide Parteien „in der Mitte treffen". Die Verhandlungen sind wichtig, weil sich beide Seiten näher *kennenlernen* und danach einschätzen können, wie das Gegenüber *bei Schwierigkeiten oder bei Interessenskonflikten* reagieren wird.

Außerdem müssen sie sich einig werden, wie Entscheidungsrechte ausgeübt werden sollen. Wer repräsentiert nach innen, wer nach außen? Welche informellen Gespräche soll es periodisch zwischen beiden Seiten – Innovator und Risikokapitalgeber – geben? Das bedeutet, dass die Verhandlungen zum Term Sheet nicht delegiert werden können.

Nach Unterzeichnung lassen beide Seiten von Juristen das Term Sheet als Finanzierungsvertrag ausarbeiten.

Mit dem Fortgang der Arbeiten im Innovationsprozess ändert sich dessen wirtschaftliche Situation, sodass nach einiger Zeit auch andere Vertragsformen für die Finanzierung (als die des Wagniskapitals) möglich und zweckmäßig werden.

- Die Situation wird im Allgemeinen zunächst deutlich *berechenbarer*. Der Zustand kann mit Zahlen ausgedrückt werden.
- Anschließend wird die unternehmerische Einheit größer und *sichtbarer* und sie kann mitgeteilt werden.

Durch beide Entwicklungsschritte können andere Finanzierungen angestrebt werden. Dazu gehören Mischfinanzierungen aus privat gegebenem Risikokapital (Private Equity) und Krediten, und anschließend die Ausgabe von Aktien als Public Capital in einem als *Going Public* bezeichneten Vorgang.

10.4 Ergänzung und Fazit

10.4.1 Ergänzung: Arrow und Debreu

Friedrich von Hayek, die Mitglieder der Österreichischen Schule, der Chicagoer Schule, sowie zahlreiche weitere Wissenschaftler betonten die Überlegenheit von Märkten für die Allokation von Gütern. In der Tat konnten **Kenneth Arrow** und **Gérard Debreu** 1954 mathematisch beweisen, dass unter gewissen Annahmen ein allgemeines Preisgleichgewicht existiert, das alle Güter einbezieht, und bei dem für jedes Gut die aggregierte Nachfrage gleich dem aggregierten Angebot ist (Markträumung). Außerdem haben Arrow und Debreu die beiden Theoreme der Wohlfahrtstheorie bewiesen:

1. Theorem: Unter den erwähnten Annahmen ist jedes Preisgleichgewicht eine Pareto-effiziente Allokation. Das heißt, der Marktmechanismus ist eine „First-best-Organisation“.
2. Theorem: Jede effiziente Allokation lässt sich durch den Marktmechanismus als Preisgleichgewicht erreichen (sofern die Anfangsausstattungen der handelnden Agenten geeignet gewählt werden).

Allerdings sind die von Arrow und Debreu getroffenen Annahmen fordernd:

- Alle Güter müssen rein privater Natur sein. Sie dürfen *keine Externalitäten* aufweisen. Insbesondere darf es in der modellierten Ökonomie *keine öffentlichen Güter* geben.
- Die Verhaltensweisen der Personen bei ihrer Güternachfrage müssen *unabhängig* voneinander sein (Demand Independence). Sie dürfen sich also nicht zu einem gleich gerichteten Verhalten „anstecken“.
- Es herrscht perfekter Wettbewerb: Niemand denkt, Marktmacht zu haben. Alle sind *Preisnehmer.*
- Alle Präferenzen sind konvex, das heißt: *Sättigungseffekte* wirken. Niemand ist unersättlich. Auf Produzentenseite hieße dies, dass die Grenzkosten mit der Produktionsmenge zunehmen. Es soll also *keine natürlichen Monopole* geben.

Der Marktmechanismus führt jedoch nicht unbedingt auf Pareto-Effizienz, falls eines oder einige der Güter Externalitäten aufweisen oder wenn sogar öffentliche Güter vorhanden sind.

Und ebenso führt der Marktmechanismus nicht notwendigerweise auf ein stabiles Gleichgewicht, falls die verlangte **Demand Independence** nicht gegeben ist. **Gleichgerichtetes Verhalten** tritt beispielsweise in Finanzmärkten auf, wo alle Personen dasselbe wünschen, nämlich Rentabilität, und wo alle dieselbe Information haben (wegen der Informationseffizienz der großen Märkte). Das bedeutet, dass Gleichgewichte in Finanzmärkten nicht besonders stabil sind. In der Tat sind Preisübertreibungen nach oben (Hausse) wie nach unten (Baisse) Legende.

Gleichermaßen führt der Marktmechanismus nicht unbedingt auf ein Gleichgewicht, wenn einige Teilnehmende sich *strategisch* verhalten, etwa um beim Prozess der Erreichung des Gleichgewichts die Preisveränderungen zu beeinflussen. Schließlich ist die Annahme konvexer Präferenzen nicht gegeben, wenn ein Produzent abnehmende Grenzkosten hat, beispielsweise weil *Skalenerträge* oder *Netzwerkeffekte* auftreten, sodass ein natürliches Monopol entstehen kann.

10.4.2 Hauptpunkte

1. Business Angels, oft erfahrene Unternehmer, Direktoren oder ehemalige Mitglieder eines Vorstands, verbinden in einer echten Partnerschaft mit einem Innovator die Kapitalisierung des Ventures mit der Fähigkeit, Informationen beschaffen und umsetzen zu können.
2. Das Geschäftsmodell (Business Model) stellt unter anderen Merkmalen dar, welche Gruppe von Personen direkten Nutzen aus der Leistungserstellung hat und welche Partei bereit ist, dafür zu bezahlen (weil auch sie, oftmals übersehen, profitiert).
3. Der Geschäftsplan, ein verbindliches Dokument, legt den Prozess der Leistungserstellung dar, die Strategie und zeigt, wie die Leistungen honoriert werden sollen. Sodann bietet der Geschäftsplan einen Zeitplan, der eine Vorschau für die 20 Quartale der kommenden fünf Jahre bietet. Dabei nennt der Plan Zahlungen, Kapitalien, Risiken, und bietet eine Schätzung für den Wert.
4. Das Term Sheet ist ein Vorvertrag zwischen Innovator und Wagniskapitalgeber, die sich etwas genauer kennengelernt haben und zu einer echten Partnerschaft bereit sind.
5. Arrow und Debreu haben mit ihrer mathematischen Untersuchung von Marktgleichgewichten auch herausgearbeitet, in welchen Situationen nicht gesichert ist, dass der Markt zu einer ökonomisch wünschenswerten Allokation führt.

10.4.3 Literatur

Robert Finkel: *The Masters of Private Equity and Venture Capital: Management Lessons from the Pioneers of Private Investing.* McGraw Hill, 2009.

Josh Lerner: *Venture Capital & Private Equity – A Casebook.* John Wiley & Sons, New York, 2000.

Sandra Preuß: *Liste mit >250 Venture Capital Investoren in Deutschland und Europa.* KP Tech.

Burkhard Schwenker und Klaus Spremann: *Management between Strategy and Finance – the Four Seasons of Business.* Springer 2008.

Oliver Gassmann, Karolin Frankenberger und Michaela Csik im *St. Gallen Business Model Navigator*, www.bmi-lab.ch.

11 Essenz

11.1 Leitbild

11.1.1 Mission

Dieses Buch möchte mit seinen *10 Themen auf je 10 Seiten* die *Innovation* als Teilgebiet der Wirtschaftswissenschaften darstellen und anregen, unser Verständnis von der wirtschaftlichen Seite der *Innovation* zu vertiefen.

11.1.2 Die 10 Themen

1. **Neuerungen**: Die Sieben Quellen der Innovation (Peter Drucker).
2. Der **Innovationsprozess**: Produktentwicklung, Markteinführung, Marktdurchdringung.
3. **Schöpferische Zerstörung**: Die Verdrängung, wie von Joseph Schumpeter beschrieben, und vor welchem Dilemma etablierte Unternehmen stehen (Clayton Christensen).
4. **Produkt- und Marktentwicklung**: Von der Ansoff-Matrix zu Israel Kirzner.
5. **Innovationsplanung**: Top-Down oder Bottom-Up? Einzelplanung der drei Phasen des Innovationsprozesses und deren Abstimmung.
6. **Entscheidungen im Innovationsprozess**: Vom Strategischen Management bis zur Szenariotechnik und zur Delphi-Methode.
7. **Kapital**: Wer sollte was entscheiden und warum kann Verhaltensunsicherheit verringert werden?
8. **Informationsasymmetrie**: Was sind Agency-Kosten, welche Modifikationen einer Prinzipal-Agenten-Beziehung werden praktiziert, und zu welchen Arrangements (Regeln im Finanzvertrag) werden sie kombiniert?
9. **Risiken**: Wie können Innovator und Wagniskapitalgeber eine echte Partnerschaft festigen, indem sie ermöglichen, den jeweils anderen durch Hold-Up zu schädigen, und gleichzeitig ein Pfand übergeben, um Hold-Up zu verhindern. Das bindet.
10. **Partnerschaft**: Wo findet ein Innovator Wagniskapital und welche Informationen müssen vor einem Term Sheet aufbereitet werden?

11.2 Gegenstand

11.2.1 Schumpeter und Kirzner

Für *Schumpeter* ist der Unternehmer eine Persönlichkeit der industriellen Wirtschaft, die im Strom von technologischen Neuerungen Ideen aufgreift, sie in neuen Produkten oder neuen Prozessen umsetzt, diese in den (bereits vorhandenen Markt) einbringt und anschließend damit den Markt durchdringt, wobei nicht-innovative Unternehmungen verdrängt werden.

Für *Kirzner* ist der Entrepreneur eine aufmerksame Person, die bislang unbeachtete, nützliche Möglichkeiten erkennt, und mit gänzlich neuen Produkten und neuartigen Kombinationen von Bisherigem einen neuen Markt schafft oder bestehende Märkte verbindet. Niemand wird verdrängt.

11.2.2 Planung, Strategie und Szenariotechnik

Der Innovationsprozess umfasst die drei Phasen der Entwicklung, der Markteinführung und der Marktdurchdringung. Sie verlangen eigene Organisationen und eigene Ressourcen, weshalb Einzelplanungen in den Vordergrund rücken. Doch die Einzelpläne müssen abgestimmt werden. Die Werkzeuge für die Planung bieten das Strategische Management und die Szenariotechnik.

11.2.3 Wagnis

Innovationen, so wie von Schumpeter und von Kirzner verstanden, verlangen Wagnisse in Umgebungen mit – weil es um Neues geht – nur wenig verfügbaren Informationen.

- Erstens sind also die Risiken des Vorhabens besonders hoch und es kann durchaus zu einem Scheitern kommen, auch wenn die Chancen sehr versprechend sind.
- Zweitens, wie eben auch sonst bei Wagnissen, lenken die Entscheidungen und ihre Umsetzung seitens der wagemutigen Person die Ergebnisse und den Ausgang des Vorhabens.
- Und, drittens, sind aufgrund der wenig verfügbaren Informationen unbedingt Erkundigungen und Informationsbeschaffungen verlangt.

Das alles können nur Personen, oder, weil die Aufgaben so umfangreich sind, Partnerschaften, die einen *komparativen Vorteil* bei Erkundungen, bei der Informationsbeschaffung und beim Treffen und bei der Umsetzung von Entscheidungen haben. Dafür werden sie im Fall des Gelingens belohnt, wenngleich nicht nur sie: Innovationen ergeben Wohlfahrtsgewinne für die Gesellschaft insgesamt.

11.2.4 Partnerschaft

Innovationen sind Wagnisse mit großem Erkundungsbedarf, die kraftvolles Handeln verlangen und letztlich der ganzen Gesellschaft nützen. Genau wie in James-Bond-Filmen. Nur ist der legendäre Held diesmal der Innovator in Partnerschaft mit dem Wagniskapitalgeber.

Addendum

Personen und Beiträge

A

Philippe Aghion (geboren 1956, Nobelpreis 2025 für gemeinsame Arbeiten mit Peter Howitt), ist Professor am Collège de France und an der London School of Economics. In mehreren Arbeiten zeigen Aghion und Howitt, dass bei Innovation trotz Verdrängung etablierter Unternehmen (schöpferische Zerstörung) im Gesamtergebnis mehr Wirtschaftswachstum entsteht (siehe Abschnitt 1.1).

Armen Alchian (1914-2013) lehrte an der University of California in Los Angeles (UCLA) und war wohl der Mentor der Los Angeles School. Alchian ist einer der Gründer der Institutionenlehre und weithin bekannt für seine Arbeiten zu Eigentumsrechten und zur Neuen mikroökonomischen Theorie der Unternehmung, die Informationsunterschiede zwischen Management und Kapitalgebern thematisiert (→ Abschnitt 8.3).

Harry Ansoff (1918-2002), US-amerikanischer Mathematiker und Wirtschaftswissenschaftler russischer Herkunft, gilt als Begründer des Strategischen Managements. Ansoff entwirft 1957 eine Matrix, eine Produkt-Markt-Matrix, die vier Strategien aufzeigt, mit denen eine Unternehmung Wachstum fördern kann. Er argumentiert, in welchen Situationen sich die Strategien jeweils empfehlen und welche Risiken sie in sich bergen (→ Abschnitt 4.2).

Aristoteles (384-322 v.Chr.) hat erstmals die vorteilhafte Wirkung der Produktion oder des „Tuns" ausgedrückt, als er vom „Lernen durch Tun" (Learning by Doing) sprach: Mit der Produktion und dem Absatz einer Neuerung wird Wissen erzeugt, und dieses Wissen wirkt auf vielfältige Weise positiv (→ Abschnitt 2.3)

Kenneth Arrow (1921-2017), Professor of Economics und Professor of Operations Research an der Stanford University bei Palo Alto, Nobelpreis 1972. Arrow hat neben der ökonomischen Untersuchung des Moral Hazard mehrere andere ökonomische Fragestellungen mathematisch formuliert und in allgemein hoch anerkannter Weise geklärt, darunter 1954 die des *Marktgleichgewichts bei Unsicherheit* – zusammen mit Gérard Debreu (1921-2004, Nobelpreis 1983), (→ Abschnitt 8.3).

B

Frank Bass (1926-2006), Professor an der Perdue University, West Lafayette, Indiana, hat den Absatz während der Diffusion des Produkts auf Basis der logistischen Funktion modelliert (→ Abschnitt 2.3).

Richard Bellman (1920-1984), Erfinder der Dynamischen Programmierung, arbeitete zunächst bei der Rand Corporation, später als Professor für Mathematik, Elektrotechnik und Medizin an der University of Southern California in Los Angeles. Bellman erhielt für sein Werk mehrere hohe Auszeichnungen (→ Abschnitt 5.3).

Edward de Bono (1933-2921) hat zu Kreativitätstechniken publiziert, insbesondere zum lateralen Denken. De Bono hat auch die „Six Thinking Hats“ (Denkhüte) mit den Farben Blau, Weiß, Rot, Schwarz, Gelb, Grün für eine Gruppen-Kreativitätstechnik geschaffen (→ Abschnitt 1.2).

C

Alfred Chandler (1918-2007), Professor an der Harvard Business School in Cambridge, Massachusetts, hat 1977 unter dem Titel „The Visible Hand“ eine historische Analyse der Wirtschaft 1800-1850 in den USA vorgelegt. Darin zeichnet er den Wandel einer anfangs noch mittelständischen Wirtschaft, die den durch technologische Neuerungen aufkommenden Großkonzernen immer mehr den Platz überlassen musste. Im Licht dieses Wandels sieht Chandler das Wirtschaftssystem weniger als eine freie Marktwirtschaft, in der die von Adam Smith in den Vordergrund gerückte „invisible hand“ das Geschehen steuern würde. Vielmehr werden der Einsatz von Ressourcen und die Verteilung von Gütern zunehmend von einer Hierarchie von Managern verwaltet, gesteuert von einer sichtbaren Hand. Ein bekanntes Zitat von Chandler ist „structure follows strategy“, die Organisation solle die Strategie unterstützen (→ Abschnitt 6.1).

Clayton Christensen (1952-2020), US-amerikanischer Wirtschaftswissenschaftler, hatte für das Handelsministerium und dann für die Boston Consulting Group gearbeitet, war ab 1992 Professor für BWL an der Harvard Business School. Christensen zeigt das Dilemma, in das etablierte Unternehmungen geraten, wenn Innovation aufkommt, und analysiert, warum es zur Verdrängung der etablierten Unternehmungen kommen kann (→ Abschnitt 3.2).

Ronald Coase (1910-2013), ab 1964 Professor of Economics in der University of Chicago Law School. Nobelpreis 1991. Coase hat erstmalig darauf hingewiesen, dass die Benutzung von Märkten für Transaktionen mit Kosten verbunden ist. Mit dieser grundlegenden Idee und seinem Aufsatz „The Nature of the Firm“ 1937 hat Coase die Untersuchung von Transaktionen in unterschiedlichen ökonomischen Institutionen, Märkten wie Unternehmungen, angeregt. Coase hatte außerdem untersucht, welches institutionelle Arrangement am besten die Probleme bei Externalitäten lösen könnte und mit seinem berühmten Theorem beantwortet (→ Abschnitt 8.3).

D

Harold Demsetz (1930-2019), University of Chicago. Neben Beiträgen zu Eigentumsrechten und Motivationsstrukturen – Zusammenarbeit mit Alchian – hat Demsetz weitere Arbeitsrichtungen eröffnet. Erstens hat er sich mit natürlichen Monopolen auseinandergesetzt – sie sollten durch Regulierung gezwungen werden, ihre Kapazitäten temporär an Wettbewerber zu vermieten. Damit gab Demsetz Impulse für die Entwicklung der Theorie bestreitbarer Märkte. Zweitens hat Demsetz anhand historischer Studien die Eigentumsrechte als Ergebnis ökonomischer Zweckmäßigkeit charakterisiert (⟶ Abschnitt 8.3).

Douglas Diamond (geboren 1953), seit 2000 Distinguished Service Professor of Finance in Chicago. Nobelpreis 2022. Diamond untersucht unter anderem das Delegated Monitoring und die Reputation in Finanzmärkten (⟶ Abschnitt 8.3).

Peter Drucker (1909-2005), Pionier der Managementlehre, lehrte an der New York University sowie an der Claremont Graduate University. Unter anderem hat Drucker das Management by Objectives (MBO) formuliert, die Führung durch Zielvereinbarung. Drucker betonte, dass Innovationen geplant werden müssen, und er zeigte, wo die Suche beginnen sollte: 1. bei Ungereimtheiten bei den eigenen Abläufen, 2. bei Veränderungen im Umfeld. Diese Empfehlung hat Drucker als die *Sieben Quellen der Innovation* aufgefächert (⟶ Abschnitt 1.2).

F

Eugene Fama (geboren 1939), University of Chicago, Nobelpreis 2013, hat um 1970 die *Market Efficiency Hypothesis* (MEH) theoretisch begründet und anhand zahlreicher Untersuchungen über die empirische Gültigkeit berichtet. Außerdem hat Fama zusammen mit Kenneth French das Capital Asset Pricing Model (CAPM) um zwei weitere Faktoren erweitert: Die Marktkapitalisierung und das Verhältnis von Buch- und Marktwert des Eigenkapitals beeinflussen ebenso die erwartete Aktienrendite (⟶ Abschnitt 9.2).

G

Benjamin Graham (1894-1976), arbeitete anfangs in einer Investmentfirma, gründete eine Partnerschaft und entwickelte die Grundideen für eine an „Value" orientierte Aktienanalyse. Graham begann an der Columbia University in New York mit Vorlesungen. Gemeinsam mit Professor David Dodd schrieb er 1934 die „Security Analysis". Grahams bekanntestes Buch ist „The Intelligent Investor" (1949). Graham wurde 1965 Professor an der University of California (⟶ Abschnitt 9.1).

H

Friedrich von Hayek (1899-1992) ist einer der ersten Ökonomen, die Informationsunterschiede zwischen wirtschaftlich handelnden Agenten und Instanzen untersucht haben. Von Hayek, aus Österreich stammender, später britischer Ökonom und Sozialphilosoph, war ab 1931 Professor an der London School of Economics und ab 1962 an der Universität in Freiburg, Nobelpreis 1974. Neben anderen Werken – darunter Arbeiten zur Geld- und Konjunkturtheorie – hat von Hayek den **Informations-bedarf von Institutionen** thematisiert (→ Abschnitt 7.3).

Martin Hellwig (geboren 1949), Universität Bonn, war Vorsitzender der deutschen Monopolkommission und Direktor am Max-Planck-Institut zur Erforschung von Gemeinschaftsgütern in Bonn, mehrfache Würde eines Ehrendoktors, verschiedene Preisverleihungen, Gründungsmitglied der Bürgerbewegung Finanzwende, die der sich für faire, stabile und nachhaltige Finanzmärkte einsetzt (→ Abschnitt 8.3).

Peter Howitt (geboren 1946, Nobelpreis 2025 für gemeinsam mit Philippe Aghion verfasste Arbeiten und Bücher). Professor Howitt, Brown University in Providence, Rhode Island, vertiefte die Wachstumstheorie im Hinblick auf Innovation und auf Schumpeters Konzept der schöpferischen Zerstörung.

J

Michael Jensen hatte (zusammen mit William Meckling) im Jahr 1976 den Aufsatz „Theory of the Firm: Managerial Behavior, Agency Costs and Ownership Structure" verfasst, der weltweit am meisten zitierten Publikation auf dem Gebiet der Unternehmensfinanzierung. Michael Jensen (1939-2024) war Professor in Harvard und Geschäftsführer der Beratungsfirma Monitor Group. Jensen betonte die Verhaltensunsicherheit und untersuchte, wie Agency-Kosten minimiert werden können. William Meckling (1921-1998), University of Rochester, hat Motivationsstrukturen untersucht. Daneben hat Meckling bei RAND ökonomische Fragen im Zusammenhang mit Satelliten geklärt (→ Abschnitt 8.3).

K

Israel Kirzner (geboren 1930), New York University, Vertreter der österreichischen Schule der Nationalökonomie, untersucht Innovationen, die den Bereich der Möglichkeiten für den Menschen, Aufgaben und Probleme zu lösen nicht nur verbessern, sondern grundlegend erweitern. Sinnbildhaft füllen die Kirzner-Innovationen die Lücken in der „Landkarte der Märkte". Diese Lücken zu finden, gelingt dem Entrepreneur durch Aufmerksamkeit. Anbieter in den bereits bestehenden Märkten werden durch die Kirzner-Innovation *nicht* bedrängt (→ Abschnitt 4.1).

Frank Knight (1885-1972), Begründer der Chicagoer Schule in den Wirtschaftswissenschaften, hat sich mit Unsicherheit befasst und das Unternehmertum charakterisiert: Unternehmer haben Urteilsvermögen bei der Auswahl von wirtschaftlichen Ideen und der Entscheidung über Ressourcen auch bei unsicheren und ungewissen Umständen. Da bei großen Unternehmungen auch die mittleren Führungsebenen dieses Urteilsvermögen haben müssen, sollte die oberste Führungspersönlichkeit zudem entsprechende Menschenkenntnis bei der Personalauswahl haben (→ Abschnitt 4.3).

Nikolai Kondratieff (1892-1938), sowjetischer Wirtschaftswissenschaftler und Statistiker, sammelte Konjunkturdaten und entwarf die These langfristiger Wirtschaftszyklen von 40 bis 60 Jahren Dauer, bei denen die freiheitliche Wirtschaft immer wieder einen erneuernden Aufschwung erleben würde. Da die damals unter Stalin herrschende Lehre von einem endgültigen Zusammenbruch des Kapitalismus ausging, wurde Kondratieff ins Gefängnis gebracht. Nach acht Jahren Haft hatte man Kondratieff 1938 zum Tod verurteilt, Rehabilitation 1987 (→ Abschnitt 3.1).

Philip Kotler (geboren 1931), Northwestern University in der Nähe von Chicago, Begründer der modernen Marketinglehre, hat neben zahlreichen anderen Leistungen im Marketing eine Verallgemeinerung der Ansoff-Matrix vorgestellt, die Zeilen für drei Märkte enthält (im bisherigen Markt bleiben, sich geografisch ausbreiten, oder neue Zielgruppen und Kundentypen ansprechen) sowie Spalten für drei Produkte (beim bisherigen Produkt bleiben, Produktmodifizierung, Entwicklung eines gänzlich neuen Produkts), (→ Abschnitt 4.1).

L

Edward N. Lorenz (1917-2008), Mathematiker und Meteorologe, Professor am Massachusetts Institute of Technology (MIT) in Cambridge, hatte mit einer Frage einen „Schmetterlingseffekt" skizziert und damit zu Forschungen angeregt, die zur Chaos-Theorie führten. Dabei geht es um komplexe dynamische Systeme, deren Verlauf eine hohe Sensitivität gegenüber Anfangsbedingungen zeigt, sodass überraschende Ergebnisse entstehen können, wenn die Anfangsbedingungen und das dynamische System nicht ganz genau bekannt sind (→ Abschnitt 9.4).

M

Fritz Machlup (1902-1983) hat das Wissen als ökonomische Ressource erkannt und den Begriff von der Informationsgesellschaft popularisiert. Machlup gehörte zur *Österreichischen Schule der Nationalökonomie*, lehrte an der University of Buffalo, der Johns Hopkins University in Baltimore und an der Princeton University (→ Abschnitt 7.3).

Benoît B. Mandelbrot (1924-2010) arbeitete erst IBM Research Center und dann als Professor an der Yale University in New Haven, Connecticut. Mandelbrot hat die *Fraktale* entdeckt, geometrische Formen, die komplex sind und dennoch aus ganz einfachen Regeln erzeugt werden. Sodann hat Mandelbrot die Fraktale auf finanzielle Risiken übertragen (→ Abschnitt 9.4).

Harry Markowitz (1927-2023), University of California in San Diego, Nobelpreis 1990, hat die *Moderne Portfoliotheorie* geschaffen. Anleger sollten diversifizieren, wobei die Zusammensetzung des Portfolios nicht *naiv* vorgenommen, sondern auf Basis der Korrelationen der zufälligen Renditen der verfügbaren Einzelanlagen berechnet werden kann (→ Abschnitt 9.1).

William Meckling (1921-1998), University of Rochester, hat Motivationsstrukturen untersucht. Zusammen mit Michael Jensen hatte Meckling im Jahr 1976 den Aufsatz „Theory of the Firm: Managerial Behavior, Agency Costs and Ownership Structure" verfasst, der weltweit am meisten zitierten Publikation auf dem Gebiet der Unternehmensfinanzierung. Neben seinen Forschungen zur Unternehmensfinanzierung hat Meckling bei der RAND Corporation ökonomische Fragen im Zusammenhang mit Satelliten geklärt (→ Abschnitt 8.1).

Henry Mintzberg (geboren 1939), McGill University Montréal, Quebec, Kanada. Er ist bekannt für eine Typenlehre der Organisation von Unternehmungen und hat die „5 P" vorgeschlagen (Plan, Ploy, Pattern, Position, Perspective) mit denen besser verstanden werden soll, wie Strategien gebildet werden (→ Abschnitt 6.1).

Joel Mokyr (geboren 1946), Nobelpreis 2025, ab 1980 Professor an der Northwestern University, einer Privatuniversität im Staat Illinois in den USA. Mokyr ist Wirtschaftshistoriker. Seine Untersuchungen zu Innovationen zeigen die kritische Bedeutung des Wissens in der Gesellschaft im Hinblick auf Akzeptanz, Weiterentwicklung und Wachstum (→ Abschnitt 1.1).

P

Michael Porter (geb. 1947), einflussreicher Managementdenker, Harvard Business School, Cambridge, Massachusetts, rät dazu, vorrangig die Struktur des Marktes zu betrachten. In seinem Buch „Wettbewerbsstrategie: Methoden zur Analyse von Branchen und Konkurrenten" stellt Porter Fünf Kräfte dar (1. Wettbewerber in der Branche, 2. Bedrohung durch neue Anbieter im Markt, 3. Verhandlungsmacht der Lieferanten, 4. Verhandlungsmacht der Käufer, 5. Bedrohung durch Ersatzprodukte). Sie legen fest, welche Strategie die Unternehmung einschlagen sollte. Porter argumentiert in seinem Buch weiter, dass eine von drei grundlegenden

Strategien in Frage kommt: 1. Differenzierung – etwa durch neue Produkte und Innovationen. 2. Fokussierung auf ein enges Marktsegment, eine Nischen-strategie. 3. Kostenführerschaft im breiten Markt (⟶ Abschnitt 2.2 und 6.1).

R

Sherwin Rosen (1938-2001), Arbeitsökonom, Universität von Chicago, untersuchte, ob die Redundanz der Vielfalt von Produktvarianten in der freien Marktwirtschaft nicht als unökonomische Verschwendung anzusehen ist. Rosen gelangt zum Ergebnis, dass die Antwort davon abhängt, ob der Markt für Unternehmenskontrolle gut funktioniert. Wirtschaftssysteme, in denen das der Fall ist, sind zwar etwas redundant, aber diese Redundanz verschafft Sicherheit (⟶ Abschnitt 3.3).

S

Joseph Schumpeter (1883-1950), ursprünglich österreichischer Nationalökonom, lehrte von 1911 bis 1919 als Professor in Graz, von 1925 bis 1932 in Bonn und ab 1932 an der Harvard University in Boston. Schumpeter hat die Wirtschaftsordnung freier Märkte, den Kapitalismus und das Unternehmertum untersucht. Dabei hat er die enorme Bedeutung der Innovation für den Wandel in Wirtschaft und Gesellschaft aufgezeigt und in seinem Buch 1939 über Konjunkturzyklen dargestellt. Schumpeter konzentriert sich auf Innovationen, die *wesentliche Verbesserungen* von industriellen Produkten darstellen, für die es bereits einen Markt gibt. Dort kommt es zur „schöpferischen Zerstörung“ (⟶ Abschnitt 3.1).

William Sharpe (geboren 1934), Nobelpreis 1990, Stanford University, argumentiert mit seinem Capital Asset Pricing Model (CAPM), dass sich die Konditionen im Finanzmarkt so einstellen, dass zwar die Übernahme der systematischen Risiken durch eine Prämie honoriert wird, nicht aber die der unsystematischen Risiken – ungeachtet, ob ein konkreter Finanzinvestor nun diversifiziert oder nicht. Die mit einer Kapitalanlage verbundene Risikoprämie ist proportional zum **Beta-Faktor**, der das relative systematischen Risiko ausdrückt (⟶ Abschnitt 9.1).

W

Birger Wernerfelt (geboren 1951), Ökonom und Theoretiker des Managements, MIT Sloan School of Management. Sein meistzitierter Aufsatz ist *A Resource-based View of the Firm* (1984), in dem er den RBV begründet. Ausgangsüberlegung von Wernerfelt ist die Heterogenität der Unternehmungen im Hinblick auf ihre Ressourcen, weshalb eine jede versuchen sollte, aus ihrer jeweiligen Ressourcenbesonderheit Vorteile der Einmaligkeit zu gewinnen (⟶ Abschnitt 6.1).

Oliver Williamson (1932-2020) bekleidete drei Professuren an der UCLA in Berkeley, eine für VWL, eine für BWL und eine für Rechtswissenschaften, Nobelpreis 2009. Williamson hat auf Hold-Up aufmerksam gemacht und als Lösung die Übergabe eines Pfands vorgeschlagen. Außerdem hat Williamson die Ansätze von Ronald Coase aufgegriffen und die Ökonomik der Transaktionskosten ausgebaut. Mit den Büchern „Markets and Hierarchies" (1975) sowie „The Economic Institutions of Capitalism" (1985) wurde Williamson weltweit bekannt (→ Abschnitt 8.3).

Glossar

A

Achtzig-Prozent-Gesetz, hoch bestätigte Regel, dass sich die Kosten für die Herstellung und den Vertrieb einer Einheit mit zunehmendem Absatz verringern. Jede Verdopplung der insgesamt produzierten und verkauften Quantität führt zu einer Reduktion der Stückkosten auf 80%. Durch diese Kostenreduktionen hat die Unternehmung mehr Möglichkeiten, die weitere Marktdurchdringung zu unterstützen, etwa durch größere Beweglichkeit bei der Preispolitik (→ Abschnitt 2.3).

Agency-Kosten, sollen die Nachteile in einer grundsätzlich kooperativen wirtschaftlichen Zusammenarbeit ausdrücken, die wegen unterschiedlicher Informiertheit der Partner entstehen und sich aufgrund von Risiken – die wie ein Nebel die Sicht trüben – halten. Der Begriff wurde 1976 von *Michael Jensen* und *William Meckling* geprägt (→ Abschnitt 8.1).

An-Institute, organisatorisch, wirtschaftlich und rechtlich eigenständige Forschungseinrichtungen, die mit Kooperationsverträgen eng mit den Universitätsinstituten verbunden sind, aber nicht zur Hochschule gehören. Die An-Institute haben als Rechtsform meist die einer GmbH oder einer gemeinnützigen GmbH und werden finanziell von Unternehmungen oder Stiftungen unterstützt.

Aufmerksamkeit (Alertness) ist nach *Israel Kirzner* das wichtigste Merkmal der Persönlichkeit des Entrepreneurs, der Chance sieht, die andere noch nicht aufgegriffen haben, Produkte für ganz neue Märkte schafft sowie bislang nicht hergestellte Verbindungen von Märkten (→ Abschnitt 4.1).

Ansoff-Matrix oder **Produkt-Markt-Matrix**, kombiniert die Merkmale des *Produkts* mit Merkmalen des *Marktes.* Sie zeigt einer Unternehmung mögliche Strategien für das Wachstum (→ Abschnitt 4.2).

B

Beiderseitiges Hold-Up: Beide Seiten könnten Hold-Up ausüben (und damit die Gegenseite schädigen). Wenn beide Seiten der jeweils anderen Partei ein Pfand überlässt, dann zeigt jede Seite glaubhaft der anderen, dass sie sich dazu verpflichtet, auf Hold-Up zu verzichten. So wird eine tiefere Partnerschaft zwischen beiden Seiten begünstigt, tiefer als wenn beide Seiten versuchen würden, alle möglichen Entwicklungen ihrer Zusammenarbeit durch juristisch durchsetzbare Vertragswerke zu regeln (→ Abschnitt 7.2 und 8.2).

Business Angel, eine wohlhabende Person, die bereit ist, als Wagniskapitalgeber zu fungieren und die neben dem Kapital und Risikotragfähigkeit über Expertise und Zeit verfügt, um in Partnerschaft mit dem Innovator ein Vorhaben in Gang zu bringen und eine Zeit lang zu begleiten (→ Abschnitt 10.1).

C

Chaostheorie: Untersuchung dynamischer Systeme mit *hoher Sensitivität gegenüber Anfangsbedingungen*, bei denen kleine Variationen am Anfang, scheinbar zufällig, zu grundverschiedenen Ergebnissen führen. Kleinste Ursachen können in komplexen (und deshalb vielleicht nicht ganz verstandenen) Systemen also weitreichende und unvorhersehbare Folgen haben. (→ Abschnitt 9.4, → Edward Lorenz).

D

Delphi-Methode, Vorgehensweise strukturierter, anonymer und iterativer Kommunikation von Experten, um einen Konsens hinsichtlich des Szenarios – beste Entscheidungen, Einschätzung unsicherer Faktoren – zu erreichen. So soll eine von allen Experten getragene Prognose entstehen, die als wahrscheinlichstes oder zu vermutendes Szenario angesehen wird. Das Szenario zeigt die im Konsens gefundenen Entscheidungen und Festlegungen und geeignete Reaktionen angesichts unsicherer Einflussfaktoren (→ Abschnitt 6.2).

Dilemma, Entscheidungsnotstand etablierter Unternehmungen (→ Abschnitt 3.2, → Innovationsdilemma, → Clayton Christensen).

Disruption, ein tiefgreifender Umbruch. Gelegentlich wird eine Innovation als disruptiv bezeichnet: Bestehende Strukturen werden aufgebrochen und durch neue ersetzt. Disruptive Innovationen verändern eine ganze Industrie (→ Abschnitt 1.1).

Dreifache Selbstverstärkung: Während der Marktdurchdringung, der zweiten Phase im Innovationsprozess, gibt es drei Rückwirkungen des Absatzes eines innovativen Produkts, die den weiteren Absatz verstärken. 1. Der *Zeigeeffekt*, auch als *Bandwagon-Effekt* bezeichnet. Ähnlich der *Mere-Exposure-Effekt*. 2. Das *Achtzig-Prozent-Gesetz*: Die Kosten für die Herstellung und den Vertrieb einer Einheit verringern sich mit Zunahme des Absatzes. 3. *Learning by Doing*: Mit zunehmendem Absatz und zunehmender Produktion sind Verbesserungen am Produkt möglich (→ Abschnitt 2.3).

E

Enterprise Venture Capital, auch als **Corporate Venture Capital (CVC)** bezeichnet: Einrichtung und Kapitalausstattung von innovativen Vorhaben in Abteilungen oder eigenen Unternehmen durch größere

Konzerne. Die innovative Einrichtung ist durch das CVC nur lose vom Konzern abhängig, der allerdings keinen Reputationsschaden oder andere negative Rückwirkungen auf das Hauptgeschäft eingehen wird und den Verkauf der innovativen Einheit an Dritte verhindern dürfte (→ Abschnitt 10.1).

Externalitäten: Ein an sich privates Gut zeigt **externe Effekte**, wenn die Produktion oder der Konsum des Gutes den Nutzen von Dritten beeinflusst. Das kann negativ sein (wie Lärm oder eine Umweltbelastung) oder positiv, etwa wenn der eine Person ihren Platz gereinigt verlässt oder wenn Ökosysteme wie Wälder und Gewässer regeneriert werden (→ Abschnitt 1.1).

F

Fünf Wettbewerbskräfte nach *Michael Porter* (→ Abschnitt 2.2, → Wettbewerbsanalyse nach Porter mit Fünf Wettbewerbskräften).

G

Geschäftsmodell, Umfang 2 Seiten, stellt das Vorhaben mit diesen Punkten dar: Wie entstehen durch Transformation von Ressourcen die Leistungen? Für wen werden diese Leistungen nützlich sein? Von welcher Seite wird Geld als Kompensation für die Leistungserstellung und Leistungsabgabe erwartet? (→ Abschnitt 10.2).

Geschäftsplan, etwa 25-seitiges Dokument mit zwei Teilen: Erstens legt der Geschäftsplan den Prozess der Leistungserstellung dar, erklärt die Strategie und wie sie umgesetzt werden soll, und geht auf das Modell ein, nach dem Leistungen honoriert werden sollen. Zweitens zeigt der Geschäftsplan mit einem Zeitplan die Vorschau für die 20 Quartale der kommenden fünf Jahre (→ Abschnitt 10.3).

H

Heuristik, eine Faustregel, eine bewährte Vorgehensweise, die mit begrenztem Wissen zu einer praktikablen Lösung oder zu einer annehmbaren Beurteilung der Lage führt. Heuristiken basieren auf allgemeinen Einsichten oder auf Erfahrungen von Experten, sind aber nicht „exakt“ wie ein Algorithmus, der bewiesenermaßen zur Lösung eines Problems führen würde – sofern alle benötigten Daten und Informationen vorhanden wären und in die Rechenvorschrift eingegeben werden könnten (→ Abschnitt 6.3).

I

Impact Investment: Selektion und Finanzierung von Projekten und Vorhaben, die eine gewisse Rendite abwerfen sollen und gleichzeitig mit ihren Aktivitäten positive Externalitäten fördern, sodass eine messbare positive Wirkung auf Gesellschaft, Klima und Umwelt erzielt wird (→ Abschnitt 1.1).

Innovation ist ein sichtbarer Sprung zu neuer Nützlichkeit mit breiter Akzeptanz. Innovationen verbessern Bisheriges oder sie erschließen bis dahin nur angedachte Möglichkeiten (→ Abschnitt 1.1).

Innovationsdilemma, von *Clayton Christensen* aufgezeigtes Dilemma, in das etablierte Unternehmungen durch die Innovation geraten und schließlich womöglich verdrängt werden, auch wenn sie von der Innovation keineswegs überrascht sind, sondern vielleicht sogar selbst zu Anfang erfinderisch oder innovativ mitwirkten, wie *Kodak* und andere Beispiele etablierter Unternehmungen zeigen (→ Abschnitt 3.2).

K

Kondratieff-Zyklen, Konjunkturzyklen von etwa 40 bis 60 Jahren Länge. *Schumpeter* hat sie mit Basisinnovationen in Verbindung gebracht: Wo eine Innovation weitere Innovationen anregt, können durch gewisse zeitliche Verzögerungen **Trends** entstehen, die über längere Zeit wirken. Trends schwächen sich dann irgendwann ab, wodurch es zu langfristigen **Zyklen** kommt (→ Abschnitt 3.3).

M

Markenname, markenrechtlich geschützte Produktbezeichnung. Geeignete Namen hängen stark vom Kulturkreis ab. Markennamen sollten einzigartig und einprägsam sein und positive Assoziationen wecken. *EUIPO*, das *European Union Intellectual Property Office* schützt Wort- und Bildmarken (in der Reihenfolge ihrer Anmeldung) für Unternehmen und Einzelpersonen (→ Abschnitt 2.1).

Market-Based-View (MBV). Besonders *Michael Porter* betont die Bedeutung der Konstellation von Branche und Markt für die Bestimmung der Strategie einer Unternehmung. Denn Unternehmen passen ihre Strategien an die gegebene Marktstruktur an. Die gegebenen Marktstrukturen zusammen mit der optimierten Strategie einer Unternehmung bestimmt ihren Erfolg. Letztlich also bestimmt die Marktstruktur den Erfolg der Unternehmung (→ Abschnitt 6.1).

Marktdurchdringung, dritte Phase im Innovationsprozess, bedeutet das Hochfahren der Produktion und Absatzlogistik (Skalierung) sowie Strategien zur Erfolgsoptimierung. Dazu gehören das Ausnutzen der *Dreifachen Selbstverstärkung* sowie das Management von Produktverbesserungen und von Anschlussinnovationen (→ Abschnitt 3.3).

Markteinführung, zweiten Phase im Innovationsprozess: Die Vorstellung des Produkts, die Vorbereitung der Akzeptanz sowie die erste Produktion in höherer Stückzahl (→ Abschnitt 2.2).

Mere-Exposure-Effekt: Ein anfangs als neutral eingeschätztes Objekt wird, je öfters es gesehen wird, als qualitativ positiver und nützlicher eingeschätzt. Der im Marketing eingesetzte Effekt wird auch als **Vertrautheitseffekt** oder als **Zeigeeffekt** bezeichnet (→ Abschnitt 2.3).

Milestones sind Zwischenziele, die in der Planung dargestellt werden und zeigen, wann und wodurch ein als wichtig angesehener Fortschritt erreicht werden soll (→ Abschnitt 10.3).

Moral Hazard: Kaum ist eine Sache versichert, ändern die Versicherten aus Egoismus, Bequemlichkeit und Unkenntnis ihre Sorgfalt zum Schaden der Versicherungsgesellschaft. Erwähnt sind die Untersuchungen von *Kenneth Arrow* und von *Martin Hellwig*. Die gleiche Struktur findet sich bei der Prinzipal-Agenten-Theorie: Aufgrund der Risiken kann der Agent, vom Prinzipal unerkannt, sein Niveau von Anstrengung verringern (→ Abschnitt 8.3).

Multiplikatoren: Die bei der Markteinführung als erste angesprochene Personen sollen positive externe Effekte für den Weitergang des Absatzprozesses erzeugen und es so erleichtern, anschließend den Markt zu durchdringen. Multiplikatoren sind Personen, von denen aufgrund ihres Einflusses in der Gesellschaft erwartet werden kann, dass sie im Hinblick auf die Innovation wirkungsvolle, glaubwürdige und überzeugende Signale senden werden oder generell zur positiven Bewertung der Innovation beitragen. (→ Abschnitt 2.2 und 5.2).

O

Optimalitätsprinzip, von *Richard Bellman* für die Dynamische Optimierung aufgestellter Grundsatz, eine optimale Politik für ein dynamisches System durch Rückwärtsrechnung zu finden (→ Abschnitt 5.3).

P

Patente: Erfindungen können *patentiert* werden, sofern sie erstens neu sind (auch für Fachleute nicht naheliegend), zweitens auf erfinderischer Tätigkeit beruhen (Experimente, Versuchsreihen, „kombinatorische Spiele") und drittens gewerblich anwendbar sind, siehe 1 Abs. 1 PatG (→ Abschnitt 1.2).

Phasen des Innovationsprozesses: Der Prozess der Innovation setzt sich aus drei Abschnitten oder Phasen zusammen. 1. Produktentwicklung, 2. Markteinführung und 3. Marktdurchdringung. Diese Phasen erfordern unterschiedliche Organisationen, verschiedene Ressourcen und spezifische Vorgehensweisen. Die *Planung* der Ressourcen, die *Finanzen* und die Bewältigung der *Risiken* sind daher in jeder Phase des Innovationsprozesses andere (→ Kapitel 2).

Plan – Ein Plan ist die kompakte, vereinfachte Darstellung der zeitlichen, räumlichen, sachlogischen oder organisatorischen Relation zwischen mehreren Objekten, die überblickt werden sollen. Die **Planung** ist die Erstellung des Plans. Darunter fallen alle Tätigkeiten, die auf den Plan führen (⟶ Abschnitt 5.1).

Prinzipal-Agenten-Beziehung, strukturgleich mit Moral Hazard, oft auch als Agency-Theorie angesprochen. Eine jetzt als Prinzipal bezeichnete Person *P* und ein Agent *A* arbeiten zusammen, wobei das Arbeitsergebnis auch von einem externen Risiko abhängt. Das unsichere Ergebnis gehört dem Prinzipal *P*. Der Agent *A* erhält davon ein Honorar, das zu Beginn vereinbart wird. Dabei sagt der Agent zu, ein vertraglich bestimmtes Anstrengungsniveau einzuhalten. Allerdings kann der Prinzipal *P* weder beobachten, wie sich die externen Zufälle realisieren, noch kann er genau den Arbeitseinsatz und die tatsächlichen Mühen des Agenten *A* feststellen. Deshalb besteht die moralische Gefahr, dass sich der Agent *A* unerkannt egoistisch verhält und den Einsatz wie die Anstrengung gegenüber der vertraglichen Zusage verringert. Der Prinzipal kann das nicht aus dem Endergebnis erschließen, denn er kann anhand des Ergebnisses nicht unterscheiden zwischen geringer Anstrengung verbunden mit Glück und großer Anstrengung verbunden mit Pech (⟶ Abschnitt 7.2).

Produktentwicklung, erste Phase im Innovationsprozess, verlangt Prototyping und Finalisierung. Sie führt zur Serienreife. Der Prototyp muss geglättet und ästhetisch gestaltet und haptisch angenehm werden. Juristische Fragen sind geklärt. Die anschließende Finalisierung führt zum Endprodukt (⟶ Abschnitt 2.1).

Produkt-Markt-Matrix, von *Harry Igor Ansoff*, macht bewusst, dass Unternehmungen sich durch neue Produkte oder durch die Erschließung neuer Märkte weiterentwickeln können. Sie können auch erst das eine oder das andere tun. Und sie können auch beides kombinierend zugleich mit ganz neuen Produkten ganz neue Märkte schaffen (⟶ Abschnitt 4.2).

Prototyp (Beta-Version), eine vereinfachte, nicht finalisierte Vorversion des innovativen Produkts. Der Prototyp hat die grundlegenden Funktionen des finalen Produkts und, von Details abgesehen, dessen Gestalt (⟶ Abschnitt 2.1).

R

Redundanz durch Moden und Produktvarianten, ein Phänomen der freiheitlichen Wirtschaftsordnung, stellen zwar eine gewisse ökonomische Verschwendung dar, so *Sherwin Rosen*, erhöhen aber die Sicherheit des Systems (⟶ Abschnitt 3.2).

Resource-Based-View (RBV): *Birger Wernerfelt* (und andere) nennen Gründe, aus denen nicht zurückgestellt werden sollte, was eine Unternehmung kann, weil sie über entsprechende Ressourcen, über das Wissen und die Kompetenzen verfügt. Besonders wenn die Ressourcen und Kompetenzen nicht so leicht zu beschaffen und zu erwerben sind, verschaffen sie der Unternehmung einen Vorteil im Markt und geben ihr eine *Unique Selling Proposition* (USP). Deshalb muss die Unternehmung ihre Kernkompetenzen schützen und pflegen. Sie sollte Tätigkeiten übernehmen und ausführen, die genau das unterstützen. Der RBV wird oft dem MBV gegenübergestellt (⟶ Abschnitt 6.1).

S

Schöpferische Zerstörung, eine von *Joseph Schumpeter* bezeichnete Sicht: Nach der Einführung *durchdringt* die Neuerung – eine deutliche Produktverbesserung – den bestehenden Markt und *verdrängt* die bisherigen Produkte und deren Anbieter (⟶ Abschnitt 3.1, ⟶ Kapitel 7 in *Schumpeter*: Kapitalismus, Sozialismus und Demokratie, 1942).

Sieben Quellen der Innovation, aufgestellt von *Peter Drucker*. Sie raten einerseits, den Blick auf Ungereimtheiten bei den eigenen Abläufen zu werfen: 1. Unerwartete Ereignisse bei Produktion und Absatz, 2. Inkongruenzen im Betrieb, 3. unerwartete Prozessanforderungen. Andererseits sollen Veränderungen im Umfeld beachtet werden: 4. Veränderungen in der Industrie und auf dem Markt, 5. demografischer Wandel, 6. Veränderungen in der Wahrnehmung der Menschen, 7. neues Wissen (⟶ Abschnitt 1.2).

Szenariotechnik: Ein Szenario ist die Vorschau auf eine sich in der Zeit entwickelnde, wichtige Größe, deren Entwicklung erstens von Entscheidungen / Festlegungen sowie zweitens von zufälligen Einflüssen / Risiken abhängt. Durch den Vergleich mehrerer Szenarien für andere und verschiedene Festlegungen kann der Einfluss der entsprechenden Entscheidung erkannt werden und eine optimale Festlegung getroffen werden. Durch den Vergleich der Szenarien für mehrere Realisationen der Zufallseinflüsse kann die Bedeutung des Risikos herausgearbeitet und gezeigt werden, wie sich das Risiko im gewählten Zeithorizont auswirkt (⟶ Abschnitt 6.2).

T

Term Sheet, ein *Vorvertrag* zwischen Wagniskapitalgeber und Kapitalnehmer, skizziert als schriftliche Absichtserklärung die Eckpunkte einer späteren juristisch ausformulierten Vereinbarung (⟶ Abschnitt 10.3).

W

Wagniskapital, englisch: Venture Capital: Charakterisierbar durch sehr hohe Unsicherheit mit beträchtlicher Gefahr des Scheiterns mit Totalverlust, wobei die Entwicklung des Vorhabens und die Ergebnisse stark von

Erkundigungen, Informationsbeschaffungen und Geschick bei Entscheidungen abhängen. Bei günstigem Ausgang manifestieren sich sehr hohe Chancen (→ Abschnitt 9.2 und 11.2).

Wettbewerbsanalyse nach *Porter* mit Fünf Wettbewerbskräften: Die mikroökonomische Unterscheidung von Marktformen genügt nicht, um die Strategie für die zweite Phase des Innovationsprozesses festzulegen. Dazu wird, *Porter* 1984 folgend, der bestehende oder ein neuer Markt hinsichtlich von fünf Kräften beschrieben: 1. Die Rivalität zwischen den bestehenden Unternehmen in der Branche. 2. Bedrohung der vorhandenen Unternehmen durch neu in den Markt eintretende Unternehmen, die Innovationen mitbringen. 3. Verhandlungsmacht der Zulieferanten. 4. Verhandlungsmacht der Kunden. 5. Bedrohung durch Substitute (→ Abschnitt 2.2)

Personenverzeichnis

Stichwortverzeichnis